TOTE JAHRE

EINE JÜDISCHE LEIDENSGESCHICHTE

JOSEPH SCHUPACK

INHALT

Impressum	v
Vorwort	ix
Vor Kriegsausbruch	1
Die Russen kommen	9
Die Deutschen sind da	13
Bei den Russen in Brest-Litowsk	17
Das Leben in Radzyn	23
Vater und Bruder im Gefängnis	37
Neue Verordnungen, neue Schikanen	43
Meine Schwester ist nicht mehr da	51
Der Judenrat	55
Die Polen, die Deutschen, die Juden	59
Onkel Jankiel und die Zigeunerin	63
Wir schmieden Pläne	67
Die Transporte nach Auschwitz und Treblinka	73
Meine Großmutter, die Bobeschi Basia-Gella	77
Der letzte Jom-Kippur	81
Meine Familie, mein Kind	85
Allein in Radzyn	91
Als Arier in Warschau	97
Mit falschen Papieren unterwegs	105
Im Ghetto von Miedzyrzec	113
Das Ghetto wird aufgelöst	123
Majdanek	131
Auschwitz	149
Wir verlassen Auschwitz	167
Dora-Nordhausen	175
Bergen-Belsen	181
Frei	185
Die Reise nach Polen	197
Wieder in Deutschland	205
Drei Daten	209

Glossar 213
Bilder 217
Amsterdam Publishers Holocaust Bibliothek 221

IMPRESSUM

ISBN 9789492371478 (ebook)

ISBN 9789492371461 (Taschenbuch)

Copyright: Joel Shupac und Mark Shupac

Rechte zur Vervielfältigung: Amsterdam Publishers

Textredaktion: Dr. Volker Katzmann

Die Erstausgabe erschien 1984 im Katzmann Verlag Tübingen (ISBN: 9783780504234). Die Neuausgabe erfolgt mit dessen freundlicher Erlaubnis.

Im Gedenken meines Vaters, meiner Mutter, meiner Schwestern, meines Bruders, meines Kindes, meiner Chewra, aller Verwandten, Freunde, Landsleute und aller jüdischen Leidens- und Schicksalsgenossen, die im Holocaust umgekommen sind.

VORWORT

Ich habe schon immer vorgehabt, meine Erlebnisse niederzuschreiben. Daß ich mich jetzt, nach 40 Jahren, dazu entschlossen habe, ist hauptsächlich dem Drängen meiner Frau und meiner Söhne zuzuschreiben. Außerdem habe ich ein gewisses Alter erreicht und möglicherweise nicht mehr viel Zeit.

Sehr oft habe ich meinen Kindern aus meinen Leidensjahren und vom Holocaust erzählt. Niemals konnte ich alles oder auch nur das Wichtigste über mein eigenes Schicksal und das meiner Familie, Freunde und Bekannten in chronologischer Ordnung berichten. Ich hoffe, daß es mir mit diesem Buch wenigstens teilweise gelungen ist. Wichtig war mir auch, den Toten, denen ich viel verdanke, und unter ihnen besonders meiner lieben Chewra, ein Denkmal zu setzen.

Es war nicht meine Absicht, mich selber zum Thema des Buches zu machen. Aber meine Erlebnisse und Erfahrungen sind typisch für das Leiden vieler anderer, Überlebender und Toter. Ich spreche lediglich als Zeuge, versuche meine Erlebnisse in diesen schrecklichen Jahren so wahrheitsgetreu wiederzugeben, daß die Angaben dieses Berichts einer eidesstattlichen Erklärung gleichkommen.

Die Tatsache, daß nicht nur unsere Feinde, sondern auch Menschen, die sich ihrer eigenen oder der Schuld ihrer Väter bewußt sind, heute schon, noch zu unseren Lebzeiten, es wagen, Auschwitz zu verharmlosen oder abzuleugnen, den Holocaust gewöhnlichen Kriegen gleichzusetzen, Mörder und Opfer gegeneinander aufzurechnen, verpflichtet alle, die den Holocaust überlebten, der Welt die Wahrheit in allen Einzelheiten darzulegen.

Joseph Schupack

VOR KRIEGSAUSBRUCH

Kindheitserlebnisse sind entscheidend. Über gute Erinnerungen freut man sich ein Leben lang, schlechte kann man nie vergessen.

Meine Erinnerungen gehen zurück nach Radzyn-Podlaski, einer kleinen verschlafenen Kreisstadt zwischen Bug und Weichsel in Mittelpolen, wo ich als jüngster Sohn mit meinen Eltern, zwei Schwestern und einem Bruder in einer typisch jüdischen Stetl-Gemeinschaft lebte. In diesem Land geboren und groß zu werden, konnte nur wenig Glück für einen jüdischen Menschen bedeuten. Das wurde mir schon in der Kinderzeit bewußt. Wir jüdischen Kinder mußten erfahren, daß die meisten polnischen Kinder den Antisemitismus bereits mit der Muttermilch eingesaugt hatten. Schon früh mußten wir lernen, mit dem Antisemitismus zu leben.

Ich erinnere mich an die Sprachregelung der damaligen polnischen Regierung, wonach Polen eine Großmacht im Zentrum Europas und Pilsudski ein großer Feldherr war und Polen Kolonien in Afrika forderte, sobald Deutschland mehr Lebensraum verlangte.

Ich erinnere mich an einen traditionellen Lag-Baomer-Ausflug meiner Tarbut-Schule. Wir waren ungefähr 250 Schüler. Frühmorgens um 6 Uhr machten wir uns auf den Weg in einen etwa sechs Kilometer von der Stadt entfernten Wald, wo wir bis zum Abend bleiben wollten. Es war ein herrlicher sonniger Tag, fröhliche Stimmung mit viel Spiel und Gesang. Am frühen Vormittag erschienen drei halbbetrunkene polnische Rowdies. Sie bedrohten den Schulleiter und die Lehrer mit Messern und forderten uns auf, den Wald sofort zu verlassen. Alle guten Worte halfen nichts. Sie erklärten, der Wald sei wegen uns voll Knoblauch- und Judengestank. Das sei nicht nach ihrem Geschmack, und sie könnten es nicht dulden. Im übrigen sei ein Wald nicht für Juden da. Die Lage spitzte sich derart zu, daß wir gezwungen waren, den Wald zu verlassen.

Ich erinnere mich an Sommerferien mit der jüdischen Pfadfinderorganisation Haschomer-Hazair, der ich seit früher Jugend angehörte. Abseits von polnischen Dörfern waren wir in abgelegenen Siedlungen, in Scheunen oder in Zelten untergebracht, immer auf der Hut, bei den Polen nicht aufzufallen, ihre Aufmerksamkeit nicht auf uns zu lenken.

Unvergeßlich ist mir auch die bei polnischen Kindern und manchen Erwachsenen verbreitete Lüge, daß Jesus ein Pole gewesen sei und daß wir Juden ihn umgebracht hätten. Aus diesem Grunde wurden wir jüdischen Kinder mit Schmähliedern besungen, die ich noch heute in Erinnerung habe. Jedes Jahr zu Weihnachten und zu Ostern wurden diese Beschuldigungen wieder aufgefrischt und mit Beleidigungen und Beschimpfungen gewürzt, mancherorts mit eingeworfenen Fensterscheiben bekräftigt. Und jedes Mal klang es, als wenn es erst gestern geschehen und ein jeder von uns direkt daran beteiligt gewesen wäre.

Im polnischen Sejm (Parlament) wurde mehr über Juden als über alle anderen Probleme gesprochen. In den Universitäten wurden jüdische Studenten von ihren polnischen Kommilitonen schikaniert und oft sogar geschlagen. Antisemit zu sein, galt als »in«.

Als Pilsudski im Jahre 1935 starb, erklärten uns die Polen, daß unser guter Großvater gestorben sei und daß uns schwere Zeiten bevorstünden. Recht hatten sie. Bald standen an den Eingängen der jüdischen Geschäfte auf Geheiß der Regierung polnische Antisemiten und ließen keinen Kunden mehr hinein. Es gab Tage, an denen man es kaum wagte, als Jude aus dem Haus zu gehen. Und es gab auch organisierte Pogrome gegen Juden. Jedes Jahr zu Pfingsten kamen in Radzyn Tausende von Polen aus Stadt und Land zu einer antisemitischen Massenversammlung der rechtsstehenden Nationaldemokraten zusammen. Organisiert wurden sie von dem als Antisemit bekannten Senator und Großgrundbesitzer Fürst Czetwertynski und seinem Kollegen, dem Judenhasser und Sejm-Abgeordneten Bakon. Auf diesen Versammlungen wurde nur gegen Juden gehetzt. In der Stadt herrschte ausgesprochene Pogromstimmung. Erst am nächsten Tag konnte man freier atmen, wenn es nur mit einigen bei Juden eingeschlagenen Fensterscheiben und anderen Provokationen, aber ohne Pogrom, abgegangen war. Unvergeßlich ist mir der Anblick des jüdischen Viertels von Brest-Litowsk, wo ich - 1935 oder 1936 - einen Tag nach einem Pogrom zufällig war. Es war früher Abend, Straßen und Bürgersteige waren mit Glasscherben bedeckt, in der Luft flogen noch Federn aus zerfetzten Kissen und Bettzeug. Die jüdischen Häuser und Geschäfte, soweit nicht demoliert, waren verriegelt und vernagelt. In den sonst so belebten Straßen war kein einziger jüdischer Mensch zu sehen.

Auf mich, den damals Zwölfjährigen, machte das alles einen schrecklichen Eindruck. Ich teilte diese Eindrücke mit meinen Freunden; unser tägliches Leben wurde davon überschattet. Manchmal glaubte ich, es wirklich schon in der Wiege gewußt zu haben, daß es in dieser Stadt und in diesem Land keinen Platz gab für junge jüdische Menschen meines Milieus und meiner Erziehung.

In diesen Verhältnissen wurden wir ziemlich früh reif. Wir interessierten uns für alles, was um uns herum geschah: das Elternhaus, die Schule, die Jugendorganisation, Sportereignisse, das gelesene Wort, die Gespräche, die man hörte - manchmal auch, ohne sie hören zu wollen. Es ging fast immer um Diskriminierung der Juden und daß an allem nur die Juden schuld seien. Ständig mußten wir uns gegen falsche Beschuldigungen jeglicher Art wehren und gegen Unrecht verteidigen.

In Polen lebten damals mehr als drei Millionen Juden. Das Leben dieser Minderheit war geprägt durch materielles Elend, Unterdrückung der eigenen Kultur, Freiheitsbeschränkungen, geschäftlichen Boykott, Hetze und wüsten Antisemitismus. Die polnischen Antisemiten, weitgehend identisch mit der herrschenden Schicht, glaubten im Judenhaß mit den deutschen Nationalsozialisten gleichziehen oder diese gar noch übertreffen zu müssen.

Durchgeführt wurden die Judenverfolgungen vom einfachen polnischen Volk, das von der Führungsschicht jedoch dazu angespornt wurde. In diesem Land der großen Armut, der kaum lösbaren wirtschaftlichen und politischen Probleme, des weit verbreiteten religiösen Fanatismus, standen die Juden als Sündenböcke im Mittelpunkt der öffentlichen Kritik. Sie wurden für schuldig an allem befunden, im Parlament, in der Presse und sogar in der Kirche.

In den späteren 30er Jahren spitzte sich die Lage noch zu. Der wirtschaftliche Boykott und die antijüdische Hetze verstärkten sich. In manchen Straßen war der Aufenthalt für Juden nun mit großem Risiko verbunden, in manchen Dörfern die Durchreise besonders unsicher. Sogar ein Konzentrationslager wurde von den Polen in Beresa-Kartuska errichtet.

Der berühmte polnische Stolz tobte sich auf dem Rücken der jüdischen Minderheit aus. Bei der Bevölkerung fand man damit weitgehend Zustimmung. Demokratie war für das einfache Volk und die regierende Schicht des Landes gleichermaßen ein Fremdwort.

Unter diesen Umständen lebten wir in der Hoffnung auf ein besseres Morgen. Diese Hoffnung gab uns den Mut und die Kraft, die täglichen Erniedrigungen zu ertragen. Wir betrachten das Ganze als eine unschöne Im Übergangszeit in einem unfreundlichen Land. Lange verstand es die jüdische Minderheit, mit Zielstrebigkeit, Geduld und Humor das Beste daraus zu machen. Das jüdische Leben blühte und pulsierte wie nirgendwo sonst auf der Welt, und wir alle nahmen daran teil.

In dieser Stadt Radzyn mit ungefähr 4-5.000 Juden und doppelt soviel Polen lebten die Juden ihr eigenes Leben. Die hebräische Tarbut-Schule, die große Bibliothek, der starke Drang der Jugend nach Wissen und Lernen, die lebhafte Tätigkeit aller dort vertretenen Parteien und Organisationen prägten dieses Leben.

Mein kleines Leben wie auch das meiner Freunde spielte sich im Elternhaus, in der hebräischen Schule und in der zionistischen Jugendorganisation Haschomer-Hazair ab. Dort wurden wir auf dem fruchtbaren Boden der Diaspora mit Liebe zu Erez-Israel genährt. Uns mußte man den Zionismus nicht lehren, wir waren im Zionismus geboren und in ihn hineingewachsen. Die nationalen Feiertage des Landes, der 3. Mai oder der 11. November, waren für uns nur pro forma Feiertage; unsere Feiertage waren Purim und Chanukka. Die biblischen Propheten und Bialik waren unsere Dichter, Negev, Jehuda und Galilea unsere Provinzen; unsere Kinderzeichnungen waren immer mit Sonne, Palmen und Judensternen versehen. Unsere Sparpfennige flossen in die Keren-Kayemet-Büchsen. Unsere Sorgen drehten sich um das, was in Erez-Israel geschah. Wenn wir nicht gerade jiddisch sprachen, war unsere Sprache hebräisch. So lebten wir unser eigenes Leben. Ich selbst sollte - so war es vorgesehen - nach Palästina in die bekannte Agronomenschule von Beth-Schemen gehen. Aber es kam alles anders.

Es gab nur wenige Juden in diesem Land, die bereit waren, auf ihre kulturellen und religiösen Bindungen an das Judentum zu verzichten, um in die polnische Gesellschaft integriert zu werden. Und auch diesen wenigen gelang es nicht. Zwar waren sie keine echten Juden mehr, aber Polen wurden sie dadurch auch nicht. Die herrschende Schicht des Landes und die Mehrheit des polnischen Volkes lehnten alle Bemühungen um Freundschaft und Loyalität seitens der Juden entschieden ab. Statt dessen stempelten sie ihre jüdischen Bürger zu Außenseitern, die gut genug waren, Sündenböcke für alles zu sein. An allem, an buchstäblich allem, was in diesem Land schlecht war und schief ging - und vieles war schlecht und lief schief -, waren die Juden schuld.

Viele der jüdischen Menschen fühlten sich zu zionistischen, andere zu kommunistischen und sozialistischen Parolen hingezogen und wuchsen in diese Parteien hinein. Zwischen den Parteien tobten ständig heftige Auseinandersetzungen um Anhänger und die bessere Ideologie. Die Agitatoren verkündeten die schönsten, je nach Bedarf zurechtgeschnittenen Losungen, aus Wichtigtuerei oft mit Fremdwörtern durchsetzt, die sie selbst kaum verstanden. Die einen - Zionisten - beschränkten sich darauf, den Juden helfen zu wollen, die anderen - Kommunisten - wollten gleich die ganze Welt beglücken. Deswegen haben die ersten ihr Vorhaben inzwischen realisiert, während sich die anderen noch heute beim Beglücken der Welt genau dort befinden, wo sie damals schon waren.

Sorgen machten uns vor allem die schrecklichen Nachrichten aus Deutschland, die alles andere in den Schatten stellten. Wir ahnten, was wir von den Nazis zu erwarten hatten; über das Ausmaß des Kommenden konnten wir uns freilich keine Vorstellung machen. Wir wollten fliehen, fanden aber alle Tore verschlossen.

Der ganze Ernst unserer Lage wurde auf der Konferenz von Evian der Welt demonstriert. Sie fand kurz vor dem Krieg statt, als Hitler sich anschickte, seine antijüdischen Gesetze und Maßnahmen zu verwirklichen. Damals konnten die Juden noch Deutschland und Europa verlassen. Leider fand sich kein Land bereit, sie aufzunehmen. Der erste Akt der jüdischen Tragödie in Europa wurde eigentlich schon damals, 1938, in Evian eingeläutet.

Nach der Kristallnacht, dem Anschluß Österreichs und dem Einmarsch der Deutschen in die Tschechoslowakei erlebten wir den Tag des Überfalls auf Polen mit dem Kriegsausbruch am 1. September 1939. Eine große Unruhe breitete sich aus. Lebensmittel und andere Waren wurden gehortet und versteckt. Militär füllte die Straßen. Frauen weinten um ihre eingezogenen Männer und Söhne. Auf den Straßen mehrten sich die Flüchtlinge, Verdunkelung wurde angeordnet, die Menschen waren verwirrt und unsicher, das Durcheinander fing an. Trauer und Angst waren in den Gesichtern zu lesen.

Auch wir Jungens machten aus Anpassungsgründen ein trauriges Gesicht. Im Grunde waren wir aber gar nicht unglücklich. Das bisher so monoton verlaufene Leben in dieser Kleinstadt hatte plötzlich ein Ende. Das imponierte uns irgendwie. Mit einem Mal war alles anders geworden. Keiner arbeitete mehr richtig, jeder redete mit jedem. Jetzt konnten Juden sogar in den Straßen spazieren gehen, in denen sie sich bisher unsicher gefühlt hatten. Bald sah man viele polnische Soldaten in immer größerer Unordnung, dazwischen elegante polnische Offiziere in schönen Stiefeln, Umhängemänteln und in maßgeschneiderten, tadellos sitzenden Uniformen. Unseren Spaß hatten wir Jungens, als wir von Offizieren, denen die lederne Kartentasche von den Schultern baumelte, nach dem Weg nach Rumänien gefragt wurden. Daß es von Radzyn nach Rumänien fast genau so weit war wie von Warschau nach Rumänien, das wußte jeder 10jährige Schüler, der Geographie lernte. Wir konnten ihnen nur raten, auf ihren Karten nachzusehen und sich davon zu überzeugen.

Bald machten wir auch die Bekanntschaft der deutschen Stukas und Messerschmitts. Von den örtlichen polnischen Behörden war uns befohlen worden, am Stadtrand Gräben auszuheben, um dort bei Fliegeralarm Schutz suchen zu können. Als ich am zweiten oder dritten Tag nach Kriegsausbruch gerade mit dem Ausheben eines Grabens fertig war, hörte ich plötzlich das Dröhnen der deutschen Flugzeuge, und instinktiv, ohne nachzudenken, rannte ich aus dem Graben. Nur wenig später fielen genau in diesen Graben einige Bomben, und das ganze Terrain wurde mit Maschinengewehren beschossen. In der Stadt selbst fielen auch Bomben, einige Häuser stürzten ein und Menschen wurden getötet oder verletzt. Nach diesem Ereignis hatte ich das Gefühl, zum ersten Mal das Leben gewonnen zu haben. Diesmal war es nicht schwer gewesen, aber wie würde es weitergehen?

DIE RUSSEN KOMMEN

Rasch wuchs die Unordnung im Land. Soldaten, Flüchtlinge, Spione, verstopfte Straßen, dazu ein abgeschossenes Flugzeug am Rande der Stadt, die abgesprungenen Flieger. Und dann die große Neuigkeit: Die Russen marschierten in Polen ein. Polen war wieder geteilt und schien wieder verloren. Das einzige Thema dieser Tage war: Wie und wo wird die Grenze zwischen Rußland und Deutschland, zwischen der russischen und der deutschen Armee festgelegt werden? Wird es wieder die alte, sogenannte Curzon-Linie am Bug sein, oder wird sie an der Weichsel verlaufen? Radzyn liegt mitten zwischen diesen beiden Flüssen.

In der Stadt herrschte große Unruhe, Spannung, Aufregung. Es gab heiße Diskussionen, besonders bei uns jüdischen Jungens; denn für uns ging es ja ums Ganze: Hitler und Nazifaschismus oder Freiheit im Kommunismus? Nazifaschismus konnte nur totale Unterdrückung und Versklavung für uns bedeuten, vom Kommunismus erwarteten wir hingegen die totale Befreiung aller arbeitenden und friedliebenden Menschen. Alle gutklingenden Parolen über den Kommunismus, verstandene und oft nichtverstandene, würden jetzt verwirklicht werden. Unsere zionistischen Träume erwiesen sich als illusorisch, schienen von der

Geschichte überholt worden zu sein. Jüdische Mitbürger mit kommunistischer Vergangenheit, besonders diejenigen, die für kleine Vergehen wie das Aufhängen von roten Fahnen oder das Kleben von Plakaten jahrelang im Gefängnis gesessen hatten, glaubten mit dem Einmarsch der Russen den lang ersehnten Tag zu erleben.

Bald drang die Kunde durch, daß Verbände der Roten Armee in benachbarten Städten und Dörfern gesehen worden seien. Die Freude war groß, vor allem bei uns Juden. Unterdessen waren die Straßen in der Stadt und der Umgebung voll von polnischen Soldaten, Ulanen zu Pferde, Infanterie und Artillerie. Ein einziges Kommen und Gehen beherrschte das Bild. In den umliegenden Wäldern und Dörfern wurden Reste der polnischen Armee umgruppiert und zusammengezogen. Am Stadtrand erschienen dann auch tatsächlich einige Lastwagen mit Rotarmisten. Die örtlichen Kommunisten begrüßten die russischen Genossen, zogen rote Armbinden an, erhielten einige Gewehre und übernahmen die Macht in der Stadt. Alle Träume von der roten Revolution schienen in Minuten erfüllt zu sein. Die große Freiheit hatte begonnen. Polizei, soweit noch vorhanden, wurde entmachtet, Ämter wurden übernommen. Mit einigen Kommunistenhassern und Antisemiten wurde vorderhand im Schnellverfahren abgerechnet, das heißt, sie wurden ihrer Ämter enthoben. Die meisten hatten sich jedoch aus Angst schon vorher verkrochen.

Bei einigen älteren Juden gehobenen Standes und auch bei den Zionisten blieb die Freude gedämpft. Die große Mehrheit jedoch, die vielen sehr armen, jüdischen Menschen, sie waren froh und glücklich, diesen Tag erlebt zu haben: den Tag der roten Revolution, nach der alle Armen reich, alle Hungrigen satt und alle Unterdrückten frei werden sollten. Kein Wunder bei dem schweren Leben, das sie bei den Polen hatten.

In der Stadt gärte es, das Durcheinander wurde immer größer. Neue Militäreinheiten kamen und verschwanden. Einige Soldaten desertierten und zogen Zivilkleidung an. Von nah und fern hörte man das Schießen der Artillerie. Auffallend im Stadtbild die Träger der roten Binden, in großer Mehrheit jüdische junge Menschen, die sich auf beschlagnahmten Fahrrädern oder in Kutschen mit rassigen Pferden durch die Straßen bewegten.

Ich beobachtete dies alles mit Respekt und auch mit Neid. Ich kam mir vor wie einer, der auf die falsche Nummer gesetzt hatte. Nach einigem Nachdenken fand ich eine Entschuldigung in der Unerfahrenheit meiner siebzehn Jahre, fand auch Trost in der Erkenntnis, daß ich zumindest rosa war. Aber ich war mir im klaren, daß jetzt ausschließlich rot gefragt war, und das war ich leider nicht. Um in vorderster Reihe mit dabei sein zu können, hätte ich älter und roter sein müssen. Ich bedauerte es. Unter den neuen Machthabern mit den roten Armbinden entdeckte ich als einen der Rädelsführer Abraham Pinkus. Ich kannte ihn sehr gut; er arbeitete schon länger im Elektrizitätswerk der Stadt, wo ich gerade eine Beschäftigung gefunden hatte. Wie sehr hoffte ich jetzt auf einen Blick von ihm, aber er schien zu sehr beschäftigt zu sein. Er sah niemanden, und mich schon gar nicht. Dies war, Mitte September 1939, in der Tat der große Tag von Herrn Pinkus und Genossen in Radzyn, als sie dort Geschichte machten. Ob es ihr bester Tag war, weiß ich nicht.

Noch war dieser Tag nicht zu Ende, als die Russen mit ihren Lastautos in Richtung Osten abzogen und die Welt von Abraham Pinkus und Genossen völlig zusammenbrach. Im Nu erschienen polnische Ulanen auf ihren Pferden, unterstützt von Antisemiten aller Arten und Schattierungen, und sofort kam es zu einem wüsten Durcheinander. Während die selbsternannten Machthaber mit allen erreichbaren Transportmitteln hinter den Russen her nach Osten eilten, wurde in der Stadt die Gegenrechnung aufgemacht. Wer verhaftet worden war, wurde wieder freigelassen. Viele Juden versteckten sich erneut, die Ulanen beherrschten die Straßen. Sie schossen, raubten, randalierten bei uns Juden und führten den Krieg, den sie gegen die Deutschen hatten führen wollen, mit Pferden und Säbeln gegen uns.

Als junger, neugieriger Mensch war ich an diesem Tag immer dabei gewesen, inmitten des Geschehens. Nur mit großer Mühe gelang es mir jetzt, nach der Wende, auf Umwegen zu meinem Elternhaus zu gelangen. Ich sah von weitem die Tür und die Fensterläden verschlossen. Mein Rufen und Klopfen wurde nicht gehört. Auch die Nachbarhäuser waren alle verriegelt. Ich lief schnell zum Hofeingang und fand schließlich Einlaß. Auf dem Fußboden und unter den Betten hatte sich meine Familie in Angst und Schrecken versteckt. In unmittelbarer Nähe waren Schießereien zu hören, dann das Klopfen von Gewehrkolben an unserer Tür und den Fensterläden sowie Schüsse von draußen ins Haus. Wenige Minuten später hörte ich, wie die Soldaten, von polnischen Straßenjungen begleitet, im Hofeingang an die Türen klopften - dort, wo ich kurz zuvor hereingeschlüpft war. Nur eine Tür führte zu unserer Wohnung, drei weitere zu anderen jüdischen Familien. Aus dem, was zu hören war, war deutlich zu verstehen, daß sie nach dem kommunistischen Rädelsführer fragten, der im Elektrizitätswerk beschäftigt war. Es war sicher Abraham Pinkus, der gesucht wurde. Da sie nicht genau wußten, wer gemeint war, führten die Straßenjungen die polnischen Soldaten in dieses Haus, zu mir - ich hatte ja zuletzt ebenfalls im Elektrizitätswerk gearbeitet. Es war nicht schwer, die erste Tür aufzustoßen, die in eine Nachbarwohnung führte. An der Tür erschien unschuldig und an nichts Böses denkend unsere Nachbarin Sarah Kaweblum, die Frau eines Bäckers, mit ihrem Baby auf dem Arm. Sofort feuerten die polnischen Soldaten. Ihr wurde die rechte Hand abgeschossen. Danach verschwanden die Soldaten mit ihren Begleitern.

Ich sah diese Frau fast zwei Jahre lang jeden Tag mit ihrem Armstumpf, ohne Hand, getroffen von einer Kugel, die eigentlich Abraham Pinkus, aber der Verwechslung wegen mir gegolten hatte. Mein Herz blutete jedes Mal, wenn ich sie sah. So gewann ich zum zweiten Mal das Leben, per Zufall.

DIE DEUTSCHEN SIND DA

Die Russen zogen ab, die Deutschen marschierten in Radzyn ein. Die neue Grenze wurde am Bug festgelegt. Mehrere Wochen lang galt die Grenze als leicht zu überqueren. Es waren die Honigmonate des Hitler-Stalin-Paktes. Bei der jüdischen Bevölkerung entwickelte sich eine lebhafte Abwanderung gen Osten nach Brest-Litowsk, das nur ungefähr 80 km von Radzyn entfernt liegt. Hauptsächlich waren es junge Leute, die sich zu den Russen absetzten. Viele aber, insbesondere ältere Menschen, wollten nicht fliehen. Sie erinnerten sich an das bittere Flüchtlingselend des Ersten Weltkrieges und machten einander Mut zum Ausharren. Nach den Erfahrungen des Ersten Weltkrieges glaubten sie, auch mit den Deutschen leben zu können.

Je nach der Armee- oder Polizeizugehörigkeit der gerade ein oder durchmarschierenden deutschen Soldaten (wir konnten kaum den Unterschied zwischen Polizei- und Wehrmachtsangehörigen erkennen) bekam die jüdische Bevölkerung sehr bald Gewaltanwendung, Plünderung, Synagogenschändung, Arbeitsverpflichtung, Kontribution und Geiselnahme zu spüren. Oft geschah es unter den Augen und mit Unterstützung der polnischen Antisemiten. Auf diese Ausschreitungen folgten wieder Phasen, in denen wir verhältnismäßig ruhig leben konnten. Optimisten glaubten in diesen Phasen den Endzustand zu erkennen, Pessimisten befürchteten eine Verschlechterung. Letztere behielten recht.

Meine eigene Lage veränderte sich insofern, als ich, nachdem mein kommunistischer Eintagskönig Abraham Pinkus gen Osten verschwunden war, als einziger Jude im Elektrizitätswerk verblieb. Da ich mich, im Unterschied zu den polnischen Beschäftigten im Werk, mit den deutschen Soldaten sprachlich verständigen konnte, wurde ich über Nacht zu einer wichtigen Person, zum sogenannten nützlichen Juden. Deshalb konnte ich mich verhältnismäßig frei bewegen, konnte meiner Familie helfen und meinen Vater vor der sporadischen Arbeitsverpflichtung schützen, die immer mit Qualen und oft mit Lebensgefahr verbunden war. Bald aber kamen Aussiedler aus dem Westen Polens, die perfekt deutsch sprachen, und mein Stern fing an zu sinken. Dennoch brachte ich es fertig, mehr und mehr nur für deutsche Stellen zu arbeiten, und es gelang mir auch, meine Privilegien als sogenannter nützlicher Jude teilweise zu erhalten.

Sofort nach dem Einmarsch der Wehrmacht war das Zentrum der Stadt, das gänzlich von Juden bewohnt gewesen war, evakuiert und mit Stacheldraht umzäunt worden. Die Häuser wurden als Unterkunft für Soldaten beschlagnahmt, die beiden großen Synagogen als Pferdeställe verwendet. Gleiches widerfuhr der Synagoge und der Jeshiva-Schule des berühmten Rabbi Leiner aus Radzyn. Die Einrichtungen der Synagogen waren schon früher geschändet, demoliert und größtenteils vernichtet worden. Für jede neu einmarschierende Einheit waren solche Aktionen eine Pflichtaufgabe.

Viele jüdische Einrichtungen und jedes kleine Gebetshaus, das entdeckt wurde, schändete man. Nach der Erhebung von Kontributionen, nach Geiselnahmen und Plünderungen von jüdischen Geschäften etablierte sich die deutsche Besatzung. Die deutschen Stellen begannen, die Schrauben enger und enger zu drehen. Raub und Mord, Zwangsarbeit in Qualen, bei Frost und in

Matsch und Schlamm waren für uns Juden bald an der Tagesordnung. Statt Pferden wurden Juden vor die Wagen mit Kohle und anderen Waren gespannt. Ein beliebter sadistischer Sport bestand darin, den Juden die Bärte mit dem Messer oder der Schere abzuschneiden oder auch anzuzünden. Jüdische Bartträger benützten in dieser Zeit häufig Bandagen, um ein verletztes Gesicht vorzutäuschen.

Ein Judenrat wurde gebildet. Es konnte nur einer in dieser Stadt Judenältester werden, und das war Herr David Lichtenstein. Er war reich und angesehen, ein Patriarch, selbstsicher, vital, arrogant und mit Chuzpa zu jedem »du« sagend, ein Judenältester, wie es sich gehörte. Dank seiner Klugheit gelang es ihm, die deutschen Sadisten in Uniform zu zähmen; die willkürliche Arbeitsverpflichtung der Juden zu jeder Tages- und Nachtzeit vermochte er mit guten Worten und üppigen Geschenken in halbwegs geordnete Bahnen zu lenken. Aber das Leben wurde von Tag zu Tag schwerer.

Ich hatte nur noch wenige Freunde in Radzyn. Die meisten von uns waren zu den Russen abgewandert oder hatten vor, es zu tun, nachdem wir immer mehr zu der Überzeugung gelangten, daß es unmöglich sein würde, hier im Lande mit den Nazis zu leben. Auch ich trug mich mit dem Gedanken, obwohl meine Familie hiergeblieben war. Es fiel mir schwer, mich dazu zu entschließen. Ich war ja gerade erst 17 Jahre alt und noch nie von meiner Familie getrennt gewesen, außer in den Ferien beim Sommerzeltlager des Haschomer-Hazair, zusammen mit etwa 50 bis 100 Freunden gleichen Alters.

Eines Tages erlebte ich, wie SS-Leute den sehr geschätzten, von der Gemeinde bestellten städtischen Rav - sein Name war Fein - und mehrere andere angesehene Mitglieder der jüdischen Gemeinde an der zentralen Omnibushaltestelle im Stadtzentrum zusammentrieben. Auf Anordnung mußten sie die Thoras mitbringen und auf der Straße ausrollen. Sie wurden gezwungen, Tallit und Tefillin anzulegen, zu singen und auf der Thora zu tanzen. Die Bärte wurden ihnen abgeschnitten oder angezündet. Dann wurden sie von den Uniformierten mörderisch gequält und zusammengeschlagen. Nachdem ich das mit eigenen Augen mitangesehen hatte, beschloß ich, sofort gen Osten zu verschwinden.

Es gab mehrere solche Rowdy-Veranstaltungen mit Juden. Unser berühmter Rabbi Leiner lebte deswegen versteckt bei seinen Chassidim. Er tauchte später in Wlodawa, einem Grenzstädtchen am Bug, unter und arbeitete zuletzt, als Schuster getarnt, dort in einer Schusterwerkstatt. Als sich die Lage später noch mehr verschlechterte, erreichten uns seine Aufmunterungen und tröstenden Worte. Sie gaben uns Mut und neue Zuversicht. Er rief die Juden immer wieder zum Widerstand und zum Sammeln in den Wäldern auf. Ich weiß nicht, unter welchen Umständen er umgekommen ist; wahrscheinlich wurde er denunziert und von der SS erschossen.

Ich packte meinen Rucksack, nahm mein Fahrrad und fuhr los in Richtung Bug, der ungefähr 80 km von Radzyn entfernt ist.

Das war am 5. November 1939. Noch unter dem Eindruck der erschütternden Bilder der letzten Tage erreichte ich nach einigen Stunden bei Wlodawa die Grenze. Abends schloß ich mich einer Gruppe an, die das gleiche Ziel hatte. Wir bezahlten den Grenzschmuggler und stiegen - 8 oder 10 Personen - in ein Kleinboot, um den Fluß zu überqueren und nach Brest-Litowsk zu kommen. Das Fahrrad hielt ich in meinen Händen über den Kopf. Nach 20 Minuten waren wir auf der anderen Seite. Es muß etwa Mitternacht gewesen sein. Wir mußten schnell wieder in Deckung gehen, todmüde, hungrig und durstig. Nach einem Marsch in der Dunkelheit bin ich irgendwo eingeschlafen. Als ich morgens wach wurde, fand ich mich im Matsch liegend bei einer verlassenen Sommerlaube. Es war bei Domaczewa, in der Nähe von Brest-Litowsk. Mein Fahrrad war verschwunden. Wir sahen die russischen Soldaten, sie sahen uns. Es sah nach einer stillen Duldung und nach Verständigung aus.

BEI DEN RUSSEN IN BREST-LITOWSK

Am Abend des nächsten Tages kam ich nach Brest. Eine Großstadt an der Grenze, von Russen besetzt. Im Gegensatz zu meiner Heimatstadt Radzyn, wo noch alles verdunkelt war, entweder aus Angst oder um die deutsche Besatzung nicht zu provozieren, sah man hier Straßen und Häuser mehr als gut beleuchtet. Riesenportraits von Marx und Lenin, Stalin und anderen damaligen Größen, hell angestrahlt, Marschmusik und viele singende und lachende Gesichter beherrschen das Straßenbild. Ich war ungeheuer beeindruckt. So stellte ich mir die Freiheit vor.

Sehr bald jedoch wurde ich mit dem Ernst des Lebens konfrontiert. Die Stadt war hoffnungslos von Flüchtlingen überfüllt. Es war fast unmöglich, einen Schlafplatz zu finden. Ich hatte wenig Geld und wenig Erfahrung, war zum ersten Mal allein auf mich gestellt, außerhalb des Elternhauses. Ich hatte auch keine Verwandten oder Bekannten in Brest, lediglich einen Freund, der dort bei seiner Tante wohnte. Hier landete ich in einem überfüllten Haus. Mit meinem Freund schlief ich auf einem dünnen Strohsack auf dem Fußboden. Selbstverständlich erfuhr ich gleich am ersten Abend den Grund für die feierlich herausgeputzten und beleuchteten Straßen. Es war der

Vorabend des 7. November, des 24. Jahrestages der Russischen Revolution.

Am Morgen des großen Tages war in den Straßen und auf den Plätzen viel los. Marschmusik und Militärparaden, Musik, Gesang und Tanz der Jugend. Und immer wieder Portraits aller kommunistischen Helden, herausragend selbstverständlich Stalin. Stalin groß, Stalin größer und noch größer. Einige Bilder waren von so riesigem Format, daß sie, auf zwei Balken aufgebaut, links und rechts von je 6 Personen getragen werden mußten.

Auch ich hatte mich herausgeputzt und mein bestes Zeug angezogen, hatte sogar schöne Stiefel an, tadellos für diese Feier passend, und fühlte mich entsprechend wohl und in gehobener Stimmung. Ich gebe zu, meine zionistische Gesinnung und alle anderen Sorgen an diesem Tag vergessen zu haben. Die kommunistische Konkurrenz hatte doch recht: Freiheit für alle! Warum nur für die zionistische Sache kämpfen? Über dieses Thema hatten wir jüdischen Jungen Tage und Nächte diskutiert. Unsere Meinungen blieben immer geteilt, und wir konnten uns nie über den gerechteren und besseren Weg einigen. Doch an diesem Tage, mitgerissen durch die Euphorie und die feierliche Szenerie, wußte auch ich es und war bereit, meinen Irrtum selbstkritisch zuzugeben: Die Kommunisten hatten doch recht.

Ich drückte mich mit aller Kraft in die Reihen des Demonstrationszuges, um mir einen Platz zum Tragen des großen Portraits von Stalin zu erkämpfen. Gleichsam als eine Art Versöhnung wollte ich ihn selbst tragen und sein Gewicht fühlen, egal, wie schwer er war. Ich fühlte auch sehr bald, wie der Balken, auf dem er aufgebaut war, sich in meine Schulter eindrückte. In kurzen Abständen blickte ich zu Stalin hinauf und sah ihn immer wieder gütig lächelnd herabschauen. Ich fühlte mich in seiner Schuld und ihm zu Dank verpflichtet.

An diesem Novembertag war es kalt und regnerisch. Die Straßen waren matschig, die Schuhe wurden bald undicht. Kälte und Feuchtigkeit krochen von unten her den Körper hoch, ich fühlte mich auf einmal miserabel. Beim Hinaufblicken glaubte ich zu sehen, daß es dem von mir Getragenen ebenso erging. Er schien mir immer grimmiger zu werden. Zynisch herabschauend, schien er die Dummheit der Menschen zu genießen. Schließlich begann ich mich zu fragen, warum sollte man aus einem Menschen einen Gott machen und dem auch noch dienen? Ich habe es dann anderen überlassen, ihn weiter zu tragen, und den Demonstrationszug verlassen. Mir selbst gab ich das Versprechen, keinem menschlichen Gott, weder ihm noch einem ähnlichen, mehr zu dienen. Ich bin bis heute diesem Versprechen treu geblieben.

Während meines Aufenthaltes in Brest-Litowsk traf ich bald einige meiner besten Freunde aus der Schule und der Haschomer-Hazair. Wir verbrachten unsere Tage mit Diskussionen über unsere alten Probleme sowie über die neue Lage und bewunderten immer wieder die Rote Armee. Arbeit hatte keiner von uns gefunden. Überhaupt lebten die Flüchtlinge ein Leben des Provisoriums. Ihr Dasein erschöpfte sich darin, die Freiheit zu genießen und die Freiheit mit den Befreiern zu bewundern. Inzwischen aber wurden unsere Taschen langsam leer, die Hemden schmutzig, die Schuhsohlen löchrig, die Füße naß; wir wurden hungrig und fühlten uns elend. Was tun? Einige altgediente Kommunisten wurden mit wichtigen städtischen Posten betraut oder fuhren ins Innere des russischen Landes. Die anderen, die zurückblieben - und das war die große Masse - trieben mit den russischen Soldaten, die auf alle Konsumgüter neugierig waren, die sie nicht kannten, einen lebhaften Handel mit viel Witz und Spaß.

Tagtäglich sammelten sich auf dem Marktplatz, dem Tolciok, Tausende von Menschen, die mit allem handelten. Die russischen Soldaten hatten viel Geld und kauften alles. Hier konnte man auch zwei rechte oder zwei linke Schuhe, zwei verschieden große und sogar einen einzelnen Schuh verkaufen. Der Handel mit Damennachthemden als Abendkleider und mit Büstenhaltern blühte bei den männlichen Uniformierten. Besonders begehrt waren Uhren. Wenn die Soldaten schon zwei Uhren - an jedem Arm eine - hatten, kauften sie weitere Uhren und trugen sie eine über der anderen. Auch Weckuhren waren beliebt; sie brauchten nicht zu gehen, es reichte, wenn sie klingelten. Das Tick-Tack konnte der Verkäufer oder ein neben ihm stehender Kumpan mit der Zunge simulieren. Es war der einzige Platz, auf dem buchstäblich alles gekauft und verkauft wurde. Dabei wurde ungeheuer viel gelacht. Jeder lachte über jeden, die Verkäufer über die Käufer und umgekehrt, weil jeder den anderen für den Dummen hielt.

Nach so langen Jahren der Abgeschlossenheit seit der Revolution sahen die Russen jetzt wieder eine andere Welt, und die Welt sah die Russen. Es war, als wenn ein Vorhang gelüftet würde. Wir Juden, die wir schon die Nazis zu spüren bekommen hatten, wagten kaum Kritik. Wir waren froh und dankbar, in Freiheit leben zu können, und neigten dazu, alles in gutem Licht zu sehen. Wir waren vorsichtig mit unseren Äußerungen, hüteten uns, etwas Negatives zu sagen, und wagten kaum, unseren Humor zu zeigen. Denn das konnte gefährlich sein.

Aber meine Freunde und ich sahen uns in einer aussichtslosen Situation. Wir beschlossen daher, von der Möglichkeit, als Freiwillige weiter nach Rußland hinein zu fahren, Gebrauch zu machen. Für Außenstehende wie uns war es allerdings gar nicht so einfach, in das Innere des Paradieses zu gelangen. Wir meldeten uns zur Registrierung und mußten eine ganze Nacht in einer langen Reihe anstehen, bis es uns gelang, gemustert und akzeptiert zu werden. Uns wurde das Kohlenrevier in Don-Bas zugewiesen. Froh und glücklich gingen wir nach Hause. Einige Tage danach sollten wir uns am frühen Nachmittag auf dem Bahnhof von Brest zum Abtransport melden. Ich erzählte allen Bekannten und Freunden von meinem Glück und fand mich zur angegebenen Zeit, meinen Rucksack auf dem Rücken, auf dem Bahnhof ein.

Es waren Hunderte, die sich hier zum Abtransport versammelten. Meine Freunde Simon Levender und Alter Engelmann waren dabei. Doch wie ein Blitz aus heiterem Himmel tauchte plötzlich neben mir Frau Weißgroß auf. Sie hatte jahrelang in unserer Nachbarschaft gewohnt, kannte meine ganze Familie und behauptete, sie sei sogar bei meiner Brit-Mila dabeigewesen. Sie nahm mich beiseite und erklärte, sie werde mich nie nach Rußland fahren lassen. Gerade seien ihre Söhne und Verwandten von dort zurückgekehrt; sie wisse alles über das vermeintliche Paradies und könne es daher mit ihrem Gewissen nicht vereinbaren, mich allein nach Rußland fahren zu lassen. Sie versuchte, auch meine beiden Freunde von der Reise abzuhalten. Aber ihr Einfluß auf diese reichte nicht aus; vielleicht war sie nicht auf deren Brit-Mila gewesen. Meine Freunde ließen sich nicht überreden. Sie fuhren am Abend im Konvoi nach Rußland, und ich ging zu Fuß in Begleitung von Frau Weißgroß in die Stadt zurück. Ich habe weder meine Freunde noch Frau Weißgroß je wiedergesehen. Sie sind in Rußland gestorben oder umgekommen, wie ich von ihren Angehörigen erfahren habe.

Nun stand ich allein da, ohne Dach über dem Kopf und ohne irgendwelche Mittel zum Leben, verzehrt von Sehnsucht nach Heim und Familie, gleich ob unter Kommunisten oder unter Nazis. Da ich für mich hier in Brest keine Zukunft mehr sah, beschloß ich, nach Hause zurückzukehren. Ich fuhr mit der Bahn zur Grenze, wo ich andere mit der gleichen Absicht traf. Die Russen sammelten uns in Gruppen auf. Wir erklärten ihnen, soeben von der deutschen Seite gekommen zu sein. Das war ein Grund, wieder zu den Deutschen abgeschoben zu werden. Ob sie unsere Märchen glaubten, weiß ich nicht. Jedenfalls zeigten sie viel Geduld und Verständnis.

Sobald wir auf der anderen Seite angekommen waren, zerstreuten wir uns, und ein jeder fuhr in die eigene Richtung. Zu Hause wurde ich wie ein verlorener Sohn aufgenommen. Ich habe mir später immer wieder die Frage gestellt, ob diese Rückkehr richtig war. Ich sollte sie noch oft bereuen.

Nur wenig später wurden alle sogenannten Westflüchtlinge aus dem besetzten Teil Polens von den Russen gen Osten verfrachtet. Sie landeten meist in Sibirien, in Straf- und Arbeitslagern als Verschickte und Verurteilte nach damaligem russischen Muster. Eine Zeitlang noch standen wir mit denen, die wir näher kannten, in Postverbindung. Sie hatten es dort sehr schwer, aber sie wurden nicht gequält und nicht vernichtet. Aus manchen Briefen war die Sehnsucht nach Heim und Haus herauszulesen. Manche beneideten uns, zu Hause geblieben zu sein - kein Wunder, wer konnte sich schon, ohne es miterlebt zu haben, ein jüdisches Leben im Krieg, im sogenannten General Gouvernement unter den Nazi-Mördern vorstellen?

Als der deutsch-russische Krieg ausbrach, riß jede Verbindung zu den nach Osten Verschickten ab. Es dauerte nicht mehr lange, und auch sie wußten, daß wir nur noch zu bemitleiden waren.

DAS LEBEN IN RADZYN

Das Leben in Radzyn normalisierte sich, sofern man von normalen Verhältnissen in dieser Zeit sprechen kann. Nachdem die Juden aus ihren schönen Häusern am Marktplatz und in den besseren Stadtteilen vertrieben worden waren, entstand ein neues Judenviertel im schäbigsten Teil der Stadt, wo schon früher die ärmsten Juden gewohnt hatten. Es umfaßte die Kozia, Szkolna, Kalen und andere, kleinere Gassen. Der Judenrat unter der strengen Führung von David Lichtenstein funktionierte halbwegs zufriedenstellend. Er bestand überwiegend aus angesehenen Mitgliedern der jüdischen Gemeinde. Auch die jüdische Polizei bestand aus meist anständigen jungen Menschen. So hatten die Juden in Radzyn im Vergleich zu dem, was man von anderen Städten hörte, nur wenig Grund, sich ihrer sogenannten jüdischen Obrigkeit zu schämen. Aber zum Stolzsein reichte es auch hier kaum. Die Menschen waren gereizt, es waren schwere Tage, einer schwerer als der andere. Am schlimmsten waren die Freitage. Jeden, aber auch jeden Freitag überreichte die Gestapo dem Judenrat ein Paket von Befehlen und Bestimmungen, die innerhalb einer Woche ausgeführt werden mußten; denn am nächsten Freitag gab es ein neues Paket mit neuen Erlassen. Diese verhaßten Verordnungen hatten alle nur ein Ziel: uns zu schikanieren und zu dezimieren. Es wurde jede Woche unerträglicher. Auch das Arbeiten, das teils über den Judenrat organisiert war, wurde wegen der Schikanen und Ausschreitungen mancher SS-Sadisten immer schwieriger und gefährlicher. Die nächtlichen Überfälle auf einzelne Wohnungen mehrten sich. Sie endeten oft mit Raub, Demolierung und auch Mord.

Einige Leute vom Sicherheitsdienst drangen nachts in die Wohnung der Scheinmanns ein. Eli Scheinmann war ein angesehener, zionistischer Askan. Seine Frau war klug und gebildet, der Sohn mein Freund und Schulkamerad; wir waren zusammen groß geworden. Als sie von den SD-Leuten geschlagen wurden, widersetzte sich Frau Scheinmann und ohrfeigte angeblich einen SD-Mann. Sie und ihr Mann wurden an Ort und Stelle erschossen. Ihr Sohn konnte sich durch die Flucht retten, wurde aber später ebenfalls erschossen.

Unvergeßlich sind mir noch heute die langen Gespräche, die Frau Scheinmann mit uns Schuljungen geführt hat. Wir waren stolz auf diese Frau, wie sie gelebt hatte und wie sie starb. Ehre ihrem Andenken!

Um 19 Uhr war für uns Juden Polizeistunde. Dann mußten Tür und Tor geschlossen sein, bei Polen erst um 21 Uhr. Die Zimmer unserer Wohnung, die nach der Straßenseite Fenster hatte, wurden dunkel gehalten, um nicht die Aufmerksamkeit der Uniformierten auf sie zu lenken. Trotz solcher Vorsichtsmaßnahmen waren nächtliche Überfälle normal. Oft wurden Juden aus ihren Wohnungen entfernt und in ärmlichen Behausungen im Armenviertel notdürftig untergebracht. In der Stille der Nacht waren die Nagelstiefel der deutschen Patrouillen von je zwei oder vier Mann immer deutlich zu hören. Wenn sie sich näherten, wurden alle Lichter ausgeschaltet und es herrschte Todesstille. Wir atmeten erst wieder auf, wenn sich die Marschtritte entfernt hatten.

Auf Anordnung mußten wir jetzt alle ein weißes Band mit dem Judenstern auf dem linken Ärmel tragen. Auf Nichtbefolgung stand die Todesstrafe. Die Wohnung zu verlassen und in ein anderes Haus zu gehen, war verboten. Doch trotz des Verbotes kamen die Leute aus der Nachbarschaft im Hinterhof der Häuser zu abendlichen Besuchen zusammen. Kaum einer wagte es, über die Straße zu gehen; denn es wurde gleich geschossen. Was in den Hinterhöfen passierte, konnte von draußen allerdings nicht gesehen werden. Dort konnte man noch eine Zeitung lesen und den Inhalt so kommentieren, wie man darüber dachte. Radiogeräte waren uns längst abgenommen. Der Besitz von Radios und das Hören von Sendungen war unter Todesstrafe verboten.

Solche Treffen in den Hinterhöfen fanden fast jeden Abend statt, und am nächsten Tag wurde während der Arbeit oder bei sonstiger Gelegenheit über die Kommentare der letzten Nacht debattiert. So pflegte man sich gegenseitig zu stärken und neuen Mut einzupumpen. Es waren einige kluge Menschen in der Stadt, die sich dieser wichtigen Aufklärungsarbeit widmeten und damit moralisch vielen halfen.

Diese Menschen hatten sich zu dieser Arbeit weder verabredet noch waren sie organisiert. Anderen moralisch zu helfen, war einfach der Wunsch aller Leidenden in dieser schwierigen Situation. Ich erinnere mich an einen stillen Helden, an Levy Levi. Er war Schuster von Beruf, Autodidakt, ein religiös kluger Ben-Thora-Mensch, der an den hohen Feiertagen das Gebet vorbetete. Seine Kommentare waren bekannt und wirkten wie Balsam auf unsere Herzen. Wir wußten auch, daß er recht hatte, daß Hitlers Ende kommen mußte und kommen würde; doch in Bezug auf den Zeitpunkt irrte er sich.

Auch bei uns war so ein Treffpunkt. Abends, im Halbdunkel, saß man beisammen. Da war Frau Kalinka, deren Sohn und deren schöne Tochter; zwischen Hanna und mir entwickelte sich ein kleines Liebesverhältnis, das wegen ihrer Aussiedlung bald ein Ende fand. Da gab es ferner Benjamin Kupiec, einen Holzhändler, der in der Nachbarschaft wohnte, und die Familie Kaweblum. Wir diskutierten nicht nur miteinander, sondern erzählten uns auch Witze und lachten dabei oft Tränen. Hin und wieder kam ein Verwandter oder Bekannter aus einer anderen Stadt übernachten.

Dann berichtete man einander von den Ereignissen und verglich die Sorgen und Leiden.

Benjamin Kupiec hatte das Glück, durch Krankheit eines natürlichen Todes zu sterben. Ich erinnere mich auch an seine Schwägerin, die Frau von Mendel Kupiec. Ihr passierte es während einer späteren Aussiedlungsaktion, bei der sie sich aus Angst, entdeckt zu werden, mit einigen anderen in einem Kellerloch versteckt hatte, daß ihr Kind wegen seines Schreiens und Weinens versehentlich erstickt wurde. Als man das Versteck entdeckte und die Mutter herausholte, war sie von Sinnen und so durcheinander, daß sie mit nichts anderem als einem Blumentopf in der Hand hervorkam.

Alle Juden waren zu Zwangsarbeit verpflichtet, ohne jede Bezahlung. Frühmorgens sammelten sich die Arbeitsgruppen vor dem Judenrat in der Koziastraße. Diejenigen, die feste Arbeitsplätze hatten, wurden bevorzugt behandelt; sie marschierten allein oder in Gruppen zu den Arbeitsplätzen. Den Rest, die große Mehrheit, formierte die jüdische Polizei anhand von Listen zu geschlossenen Kolonnen. Diese wurden von jüdischer Polizei, polnischen oder deutschen Uniformierten zu den Arbeitsplätzen geführt.

Der Judenrat war bemüht, den Arbeitsanforderungen der Deutschen soweit wie möglich entgegenzukommen, um spontane Einzelaktionen zu verhindern. Doch er vermochte die Machthaber nicht davon abzuhalten, ihre jüdischen Opfer nach Lust und Laune aus Haus und Hof oder von der Straße weg, wo immer sie gesehen wurden, zur Arbeit mitzunehmen und erniedrigend auszunutzen. Sie fanden ihre Befriedigung darin, unseren Status als Untermenschen und den ihrigen als Herrenmenschen tagtäglich zur Schau zu stellen.

Die Arbeitskolonnen bestanden aus Männern, Frauen und erwachsenen Kindern, manchmal gemischt, manchmal nach Geschlechtern getrennt. Nicht alle waren zwangsverpflichtet; manche Juden waren so arm, daß sie sich vom Judenrat zu jeder Arbeit engagieren ließen, um ihr tägliches Brot zu verdienen. Außerdem war das fast die einzige Gelegenheit, aus dem Judenviertel herauszukommen, mit Christen Kontakt aufzunehmen, etwas einzutauschen und Eßbares zu organisieren; denn im Judenviertel gab es nichts, und es wurde dort auch nichts produziert. Mit diesen armen Menschen, die auf den Lohn des Judenrates angewiesen waren, wurde viel Schindluder getrieben. Wer Geld hatte, konnte sich beim Judenrat von der Arbeit freikaufen. So bildete sich eine privilegierte Schicht, kam es zu Filz und Vetternwirtschaft. Die Familien der Judenratsmitglieder und der jüdischen Polizei gehörten zu den ersten Privilegierten, sie waren von der Zwangsarbeit freigestellt. Als Folge davon wuchs der Haß gegen sie.

Die Menschen in den Arbeitskolonnen sahen arm und schäbig aus in ihrer vernachlässigten, geflickten Kleidung: Hosen aus gefärbtem Sackdrillich, Winterjacken mit abgenommenem Pelzbesatz, der Wärme wegen in der Taille mit einer Schnur zusammengezogen, wodurch freilich auch eine organisierte Rübe oder ein Brotlaib leichter in das Judenviertel eingeschmuggelt werden konnte. Frauen und junge Mädchen, die hartes körperliches Arbeiten in Wind und Wetter nicht gewohnt waren, bekamen raube Gesichter, aufgeplatzte Lippen und geschwollene Beine. Ein jämmerlicher Anblick, besonders bei Bekannten, die man früher anders zu sehen gewohnt war. Nur am Sonntag, falls es ruhig blieb und man zu keiner Arbeit verpflichtet war, versuchte jede vor dem Spiegel sich wieder ähnlich zu werden und ihr früheres menschliches Gesicht soweit wie möglich wieder herzurichten.

Diejenigen, die sich beim Judenrat freikauften, waren nur vor der jüdischen Polizei sicher. Für deutsche Uniformierte galten ihre Freizettel nicht, sie mußten sich verstecken. In den Straßen des Judenviertels konnte sich tagsüber niemand frei bewegen, und abends war es sowieso verboten. Die Unsicherheit hörte nie auf, sie war ein Dauerzustand. Obwohl Radzyn kein geschlossenes, mit Stacheldraht umzäuntes Ghetto hatte, wagte sich kaum einmal jemand aus dem Judenviertel heraus. Der Aufenthalt außerhalb war immer mit Unannehmlichkeiten und Risiken verbunden, sogar mit Lebensgefahr. Besonders gefährlich war es für einen Juden, an den Gestapo-Häusern und anderen Polizeidienststellen vorbeizugehen, etwa am Rathaus, Schloß, dem Haus von Wieckowski und dem früheren Haus der katholischen Priester, am Gestapo-Hauptquartier gegenüber dem Haus von Mosche Apeloig. Ohne jeden Grund konnte man hineingezerrt werden, und oft kam man nicht wieder heraus. Im günstigsten Fall wurde man zur Zielscheibe des Spotts gemacht und geschlagen.

Die Lebensmittelversorgung war in drei Kategorien gestaffelt. Reichlich versorgt wurden nur die germanischen Herrenmenschen und ihre Kollaborateure, einigermaßen ausreichend noch die Polen. Wir Juden wurden niemals regulär mit Lebensmitteln versorgt. Die uns zugestandenen Hungerrationen wurden nur sporadisch und unregelmäßig auf Marken ausgegeben, wobei es sich immer um Reste, mindere Qualität oder verdorbene Ware handelte. Wir waren vom Gesetzgeber und Besatzer zum Hungern verurteilt. Wer nicht hungern wollte, stürzte sich auf den Tauschhandel, aufs Schmuggeln und Organisieren.

Juden waren von jeder sozialen oder medizinischen Versorgung ausgeschlossen. Ins Krankenhaus wurden sie nicht aufgenommen. Das Besorgen von Medikamenten war höchstens auf Umwegen möglich. Jüdische Geschäfte waren entweder geschlossen oder beschlagnahmt und von volksdeutschen oder polnischen Treuhändern übernommen. Die meisten Juden hatten ihre früheren Arbeitsplätze verloren. Sie durften keine Vertragspartner in einem Arbeitsverhältnis sein. Die für sie reservierten Beschäftigungen waren Holzhacken, Wassertragen und ähnliches.

Wir lebten außerhalb der Gesellschaft und außerhalb des Gesetzes. Trotzdem fanden wir noch Zeit, uns gegenseitig zu trösten und zu lachen. Verwöhnt hatten uns ja die Polen auch nicht. Wir glaubten und hofften, trotz all ihren Schikanen und Judenaktionen auch die Deutschen überleben zu können, wenn sie uns nicht direkt töteten. Zwischen diesen Judenaktionen, die doch immer in gleicher Weise endeten, gab es auch ruhigere Tage, manchmal tatsächlich nur Tage, manchmal aber auch zwei bis drei Wochen. Die am Leben Gebliebenen krochen dann aus ihren Verstecken hervor und benutzten die Zeit vor allem, um Lebensmittel zu besorgen. An solchen verhältnismäßig ruhigen Tagen konnte man frühmorgens, bevor die Deutschen kamen, oder am Abend, nachdem sie gegangen waren, polnische Bauern im Judenviertel sehen, die sich mit kleinen Lebensmittelpaketen in die Häuser schlichen und mit großen Paketen wieder herauskamen.

Viele Juden gaben Polen, mit denen sie befreundet waren, die besten Stücke aus ihrem Besitz an Kleidung, Möbeln, Hausrat und allem, was sie hatten retten können, sei es, um dafür sofort etwas zum Essen zu erhalten, sei es zur Aufbewahrung bis nach Kriegsende. Solche Vereinbarungen wurden meist mündlich, ohne jede Absicherung, unter dem Schein von Humanität und Nächstenliebe abgeschlossen. Auf der einen Seite die jüdische Not und Hilflosigkeit, auf der anderen Seite polnische Gier und Bauernschläue. Das Geschäft mit der Aufbewahrung bis nach dem Krieg blühte, und zwischen manchen Bauern entbrannte ein regelrechter Konkurrenzkampf - jeder wollte mehr jüdisches Gut für spätere Zeiten aufbewahren als der andere.

Viele dieser Polen vom Lande waren sehr arm und lebten im Elend, einige noch in Chatas mit Strohdächern, ohne Fußböden, kaum oder äußerst primitiv möbliert. Sie aßen mit Holzlöffeln und schliefen auf Strohsäcken, in Kissen und Bettzeug aus kariertem, steifem Inlettstoff ohne Überzug. Ihre Kleidung war ärmlich, oft zerfetzt und geflickt. Den einzigen Anzug und das einzige Paar Schuhe, die sie besaßen, zogen sie nur sonntags zur Kirche an.

Plötzlich waren ihnen nun halbwegs reiche jüdische Häuser geöffnet, mit guten Möbeln, Damast-Bettbezügen und Decken, mit Silbergeschirr, städtischer moderner Kleidung, wovon sie früher nie zu träumen gewagt hatten. Für ein Butterbrot oder für ein gutes Wort, das ein jüdisches Herz wärmte, konnten sie all dies von den hungrigen, geplagten Juden haben. Typisch jüdische mobile Wertgegenstände dieser Zeit waren die beiden Sabbatleuchter und die Decken aus Plüsch, mit denen die Betten zugedeckt wurden, dazu noch die goldene Halskette, die damals allerdings nur noch in wenigen Häusern vorhanden war. Denn von Anfang an war uns

Juden durch die Gestapo jegliches Gold mittels Zwangskontributionen oder über den Judenrat unter Androhung der Deportation oder Erschießung abgenommen worden.

Diese Gegenstände gehörten damals zum Hausinventar, sie waren sozusagen das Statussymbol einer gutbürgerlichen jüdischen Familie. Nur im Zeichen äußerster Not durfte an sie gerührt werden. Und Not war jetzt reichlich vorhanden: Wenn man sie nicht für ein Stück Brot eintauschte, gab man sie den Bauern zur Aufbewahrung bis nach dem Krieg. Man kann mit Sicherheit annehmen, daß solche Leuchter und Plüschdecken, wo immer sie sich heute bei Polen auf dem Lande befinden, alle aus jüdischem Besitz stammen.

Die vielen armen Juden hatten dieses Problem nicht. Zwar besaßen auch sie Sabbatleuchter, aber diese waren klein und aus Messing, und die Decken waren nicht aus Plüsch. Unvergeßlich sind mir die Szenen, die sich abspielten, wenn Polen von uns Juden Kleidungsstücke, die wir am Leibe trugen, unbedingt kaufen oder auch umsonst haben wollten und dabei als Begründung anführten: »Gib mir den Anzug, den du anhast, dir wird er doch bald - bevor sie dich töten - abgenommen.« Wer kann sich vorstellen, wie es dabei in unseren Herzen ausgesehen hat?

Fast alle Juden, auch meine Familie, gaben Haushaltsgegenstände und Kleidung an die Bauern zur Aufbewahrung. Zu spät merkten wir, daß das ein Fehler war. Als ich später von meiner Familie allein zurückgeblieben war, gab ich kein einziges Stück mehr zur Aufbewahrung her. Ich verkaufte, was sich verkaufen ließ, den Rest ließ ich stehen und liegen. Diese Entscheidung habe ich niemals bedauert, manchmal war ich sogar stolz darauf.

Nur wenige dieser polnischen Bauern und Retter in der Not waren von echter Hilfsbereitschaft erfüllt, die meisten waren es nicht. Unzählige Juden wurden gerade wegen dieser Wertgegenstände von ihren »Rettern« oder deren Beauftragten später erschlagen und ermordet. Heute weiß man, daß das unrechtmäßig angeeignete jüdische Gut den polnischen Menschen nur wenig Glück gebracht hat.

Im Kampf um das tägliche Brot und die materielle Existenz fiel den jüdischen Kindern eine besondere, fast heroische Rolle zu. Als Kind konnte man sich eher durchmogeln, wurde nicht so schnell erkannt. Deshalb oblag es vor allem den Kindern, etwas Eßbares einzutauschen, zu besorgen und zu organisieren. Sie wurden frühzeitig die Brotgeber der Familien und erfüllten ihre Aufgaben vorzüglich.

Für jüdische Kinder gab es keine Schulen. Bücher und Unterricht waren tabu. Es ist nicht übertrieben zu behaupten, daß es damals bei uns gar keine Kinder gab. Sie waren alle frühzeitig erwachsen, waren in gewissem Sinne für die Eltern das, was die Eltern für die Kinder hätten sein sollen.

Abends nach der Arbeit, wenn alle vollzählig und gesund zurückkehrten, war die Freude bei den zuhause verbliebenen Familienangehörigen groß. In manchen Familien gingen die Kinder zur Arbeit, um ihre alten und kranken Eltern zu versorgen. Diese schauten sich dann die Augen nach ihnen aus und zählten die Minuten, bis sie ihre Lieben gesund wiederhatten. Herzzerreißende Szenen spielten sich ab, wenn die Kinder geschlagen oder verletzt heimkehrten oder überhaupt nicht kamen.

Jeder dieser Tage war ein Krieg für sich. Man kämpfte für die Angehörigen, für das Leben, für das Essen und für die Gesundheit. Leicht war es für uns niemals gewesen, jetzt war es schwer geworden. Aber im Vergleich zu dem, was noch kommen sollte, war es erträglich.

Wir jungen jüdischen Menschen fanden uns allmählich wieder zusammen und bildeten eine neue Chewra, eine Clique von 10-12 Jungen und Mädchen aus dem früheren Bekanntenkreis, die in Radzyn verblieben waren. Sooft wir konnten - vor allem an Sonntagen -, trafen wir uns heimlich, meistens bei den Schwestern Kamienietzki, weil sie sogenannte nützliche Jüdinnen waren und deshalb noch eine größere Wohnung hatten. Die beiden nähten Kleider, Wäsche und sonstiges für die Leute vom SD und ihre Frauen. Hier sangen wir leise unsere alten Lieder, diskutierten die

Lage und halfen uns gegenseitig, die Härte des Lebens zu ertragen. Wir besprachen alles, was sich ereignete, und waren uns einig darin, daß wir nicht in den Sog derjenigen geraten wollten, die sich Vorteile auf Kosten der Allgemeinheit beschafften. Wir dachten weiter und machten sogar Zukunftspläne, wie wir weiterleben und überleben könnten.

Da Radzyn eine Kreisstadt war und ein großes Schloß und mehrere komfortable Häuser besaß, wurde es auch Hauptsitz von Gestapo, SD, Gendarmerie, Schutzpolizei, Landratsamt usw. Alle diese Machthabenden stellten über den Judenältesten harte Anforderungen an die kleine jüdische Gemeinde. Die Judenleistungen umfaßten Holzhacken, Wassertragen, Klos reinigen, Stiefelputzen, Kohle und Brennholz besorgen, Häuser richten, Autos waschen, Straßen kehren, Pferde putzen, die Leichen von Gefolterten, Ermordeten, Erschossenen begraben, und anderes mehr. Außerdem mußten wir mehrmals große Geldsummen als Kontribution zur Verfügung stellen. Kaffee, Tee, Gold, Uhren, Schmuck, Wäsche, Ledermäntel, Pelze, Stiefel, Anzüge - alles mußte abgeliefert werden. Und nicht zu vergessen: Butter, Eier, Gänse wurden mehrfach bei besonderen Anlässen wie Geburtstagen, Feiertagen usw. angefordert.

Das Besorgen der geforderten Gegenstände wurde immer schwieriger. Die Juden durften nicht mehr aus den Häusern, durften keinen Kontakt zur Außenwelt haben, auch nicht zur polnischen Bevölkerung. Die uns zugeteilten Rationen wurden immer kärglicher, es war zum Sterben zu viel und zum Leben zu wenig. Später hörten die Zuteilungen ganz auf.

Einen besonderen Sport machten sich unsere Peiniger daraus, uns aus einer Wohnung in die andere zu jagen. Dieses fortwährende Umziehen in eine stets schlechtere Wohnung kann einem Menschen physisch und seelisch schwer zusetzen, weil bei jedem Umzug zumindest ein Teil des Besitzes oder andere unersetzbare Werte und Andenken in Verstecken verlorengingen. Daß diese Umzüge fast immer innerhalb von wenigen Stunden durchgeführt werden mußten, war für die Nazis selbstverständlich, bedeutete für uns aber eine ganz besondere Härte. Mir ist noch unser großer Schrank in Erinnerung. Bis zum Einmarsch der Deutschen hatten wir ihn niemals verschoben oder gar auseinandergenommen. Das erste Auseinanderbauen und Wiederzusammensetzen dauerte einen ganzen Tag. Dann aber, durch die vielen Umzüge geschult, schafften wir es in einer Stunde. Der mächtige Unterbau mit den großen Schubladen, die man nur in sitzender Position, sich mit den Beinen abstoßend, aufmachen konnte, der massive Oberbau, die dicken Seitenwände und die schweren geschnitzten Türen - heute hätte ein solches antikes Stück hohen Wert.

Wie Geier ihre sterbenden Opfer, so umkreisen uns außer den Nazis noch andere Antisemiten polnischer und ukrainischer Abstammung. In Radzyn wurde ein ukrainischer Bürgermeister eingesetzt, dessen Namen mir entfallen ist, doch sein Gesicht sehe ich noch vor mir. Er war bis auf die Knochen abgemagert, konnte nicht lachen, hatte dünne Lippen, tiefsitzende kleine Augen - ein fanatischer Judenhasser. Dieser Schreibtisch-Sadist fand Befriedigung anscheinend nur in der Qual der Juden. Ihm waren alle antijüdischen Aktionen der Nazis nicht schnell und nicht streng genug. Er hatte einen polnischen Beamten, der ihm zur Hand ging. Domakowski war Flüchtling und hatte sich in einem jüdischen Haus bei der Familie Schuchmacher einquartiert, nur wenige Häuser von uns entfernt. Ein kräftiger, rauher Typ, praktizierender Antisemit. Im Auftrag der Stadt beschlagnahmte er rücksichtslos jüdisches Eigentum, Wohnungen, Häuser. Er nahm sich buchstäblich alles, was ihm gefiel. Zu jeder Tages- und Nachtzeit, wann immer er etwas benötigte oder auf etwas Lust hatte, ging er in die Häuser der Juden und holte es sich. Bei diesen seinen Plünderungen wurde er oft handgreiflich und verteilte Schläge. Es ging ihm im Grunde nicht so sehr um die beschlagnahmten Dinge, er suchte den Genuß. Der Bürgermeister und sein Gehilfe Domakowski, sie lebten von unseren Leiden. Auch diese beiden Bestien versuchte der Judenälteste zu zähmen, aber mit bescheidenem Erfolg. Sie beließen es schließlich dabei, mit der Gestapo Schritt zu halten.

Damit nicht genug, kam es häufig zu Razzien durch SS-Leute und auswärtige Polizeieinheiten. Bei einer dieser Razzien wurde mein Bruder gefaßt und mit mehreren anderen abgeführt. Eine Woche lang hörten wir nichts von ihm und wußten nicht, wo die Gruppe hingekommen war. Dann erfuhren wir, daß er sich im Lager Belzec, etwa 120 km südlich von Radzyn, befand. Belzec war wie Sobibor einer der Testplätze für die späteren Vernichtungslager. Wir setzten alles in Bewegung, um ihn freizukriegen, aber ohne Erfolg. Eines Tages war er plötzlich wieder da. Es war ihm unter unglaublichen Umständen gelungen, zu fliehen. Den ganzen Weg hatte er zu Fuß gemacht, nachts, durch Felder und Wälder, um nicht entdeckt zu werden. Er erzählte von unvorstellbaren Qualen, die den Juden dort von SS-Sadisten zugefügt wurden. Einer namens Dolf oder Wolf muß ein Tier in Menschengestalt gewesen sein. Mein Bruder kam seelisch zerschlagen, schmutzig, verlaust, halb verhungert, stumpfsinnig zurück. Aber er war da, und die Freude war groß. Er hätte Wochen gebraucht, um wieder ein normaler Mensch zu werden. Aber so viel Zeit gaben uns unsere Verfolger nicht.

An einem dieser Tage meldete sich bei uns mein Freund Zwi Apeloig. Zwi war schon frühzeitig nach Kriegsausbruch geflohen, zunächst in den von den Russen besetzten Teil Polens. Da er sich dort nicht einordnen konnte, setzte er sich in das Innere Rußlands ab. Nachdem er die Zustände im russischen Paradies kennengelernt hatte, beschloß er in seiner Verzweiflung, nach Hause, nach Radzyn zurückzukehren. Als er den Bug überquert hatte und in Wlodawa ankam, wurde dort gerade eine Judenaktion von der deutschen Schutzpolizei und der Gendarmerie aus Radzyn durchgeführt. Solche Strafaktionen veranstalteten die in Radzyn stationierten Polizeieinheiten fast jeden Tag unter der jüdischen Bevölkerung im Umkreis von 100 Kilometern. Man sah Zwi an, was er erlebt hatte: Sein Gesicht war verzerrt, Tränen standen ihm in den Augen. Es kam wie von selbst aus ihm heraus. Er konnte sich nicht von den Bildern befreien, die er gesehen hatte. Eine Massenerschießung von Juden, von Männern, Frauen und Kindern. Die Straßen voller Blut von den herumliegenden Toten und Verletzten. Unglaublich, wie er es schilderte. Er war aus Rußland zurückgekehrt mit der festen Absicht, hier bei seiner Familie zu bleiben, sei es, wie es sei. Jetzt aber blieb er nur ein paar Tage, versteckt, und entschloß sich dann, wieder nach Rußland zu gehen. Um diese Zeit war das Passieren der Grenze sehr schwer geworden; doch er hatte Glück, überlebte in Rußland und lebt heute in Israel.

Ich selbst hatte noch immer insofern Glück, als ich als nützlicher Jude zählte. Der Judenälteste hatte einen Sohn, Simon Lichtenstein, der kurz vor Kriegsausbruch aus Paris zurückgekehrt war, wo er Elektrotechnik studiert hatte. Wir beide fanden uns im gemeinsamen Willen zum überleben zusammen, wobei er seine Beziehungen, ich mein handwerkliches Geschick einbrachte. Bald hatte es sich eingespielt, daß wir für sämtliche deutsche Stellen Elektroarbeiten, aber auch sonstige handwerkliche Arbeiten an Inneneinrichtungen ausführten. Gemessen an anderen, war meine Arbeit nicht allzu schwer, und ich konnte dabei einiges verdienen und organisieren. Arbeiten, die wir für die deutsche Wehrmacht ausführten, wurden manchmal vom örtlichen Zahlmeister bezahlt. Die Gestapo und verschiedene Polizeieinheiten zahlten nichts. Sie entlohnten uns damit, daß sie uns nicht töteten. Noch nicht. Manchmal passierte es, daß ich für eine besondere Leistung oder im Tausch ein Stück Brot oder Fleisch bekam, aber das war selten.

Mein Vater lebte von seinen Kontakten zu polnischen Bekannten, meistens Großgrundbesitzern, mit denen er früher Geschäfte gemacht hatte. Einige vergaßen uns nicht und halfen uns aus reiner Menschlichkeit, andere vergaßen uns. Aber Vater war jetzt wie alle Juden gezwungen, alles zu tun, was sich gerade ergab, um zu überleben.

In dieser Zeit wurden wir wieder einmal aus unserer Wohnung ausgewiesen. Sie wurde der Familie Niewyrozumski zugeteilt, während wir mit der ganzen Familie in einer Einzimmerwohnung im selben Haus unterkommen mußten. Niewyrozumski war Pole, er war früher Direktor der Volksschule von Radzyn gewesen. Anscheinend hatte er gute Kontakte zum SD. Denn er war, nachdem die Schulen auf Befehl Himmlers geschlossen worden waren, schon bald Direktor der städtischen Molkerei und der Verteilungsstelle für Tabak und Zigaretten für die Stadt und Umgebung geworden. Das waren begehrte Posten im Krieg, wo doch alles knapp und rationiert war und der Schwarzhandel blühte.

Zwischen Niewyrozumski und meinem Vater bahnte sich eine Geschäftsbeziehung an. Durch eine Zwischentür in der Attika des Hauses übergab der Pole von Zeit zu Zeit Zigaretten, für die er sein Geld bekam. Mein Vater verkaufte die Zigaretten, die ihren Absatz über mehrere Zwischenverkäufer fanden. Als eines Tages einige Zwischenhändler verhaftet wurden, verwiesen diese auf die Bezugsquelle. Niewyrozumski passierte nichts, doch mein Vater wurde verhaftet.

An diesem Tag der Verhaftung ging für mich und meine Familie eine Welt zu Ende. Ich zog mich von allem zurück, wenn ich nicht arbeiten mußte, und sofort nach der Arbeit versteckte ich mich zu Hause oder außerhalb. Wir taten alles, um den Vater freizubekommen. Alle Bemühungen über den Judenrat, alle Tricks mit Geld und Wertsachen, alle Beziehungen jeglicher Art zu den maßgebenden Stellen nutzten nichts. Wir konnten ihn nicht freikaufen.

Nach zwei oder drei Wochen wurde mein Vater nach Lublin ins Schloßgefängnis gebracht. Er sollte vor ein sogenanntes Sondergericht gestellt werden. Einer der beiden im Lande beim Sondergericht zugelassenen Rechtsanwälte war der bekannte Anwalt Hofmokl Ostrowski mit Sitz in Krakau und Warschau. Wir wandten uns an ihn, und er nahm die Verteidigung gegen gute Bezahlung an. Mir fiel die Rolle zu, mit ihm zu korrespondieren. Aufsuchen konnte ich ihn nicht, weil es Juden verboten war, zu reisen.

VATER UND BRUDER IM GEFÄNGNIS

An einem Freitagmorgen im Dezember 1941 hatte ich zusammen mit meinem Bruder die Wohnung verlassen, um den Schnee vor dem Haus wegzuräumen. Plötzlich sahen wir von weitem den Hund des Gestapochefs Fischer. Wir wußten, daß hinter einem vierbeinigen, auf Juden gedrillten Peiniger immer ein zweibeiniger kommt.

Leise sagte mein Bruder: »Laß uns abhauen, diesmal kommen sie zu mir!« Nachts zuvor war eine Großrazzia gewesen, und viele Polen - darunter in unserer Nachbarschaft der ehemalige polnische Offizier Borkowski - und Juden waren verhaftet worden. Wir wußten, daß die Gestapo bei den Verhaftungen gern auch die nächsten Angehörigen mitnahm, egal ob schuldig oder nicht. Jedes Mitgenommenwerden durch die Gestapo bedeutete mit absoluter Sicherheit Folter und Tod.

Inwieweit mein Bruder mit der nächtlichen Razzia oder mit dem verhafteten Polen Borkowski in Verbindung zu bringen war, oder was man ihm zur Last legte, etwa das Lesen und Verbreiten von Untergrundzeitungen, war mir nicht bekannt. Daß er mit Borkowski befreundet war und sich oft mit ihm unterhalten hatte, wußte ich jedoch. Schon vom Typ her muß mein Bruder der Gestapo ein Dorn im Auge gewesen sein. Er war groß, breitschultrig, von kräftiger Figur und strotzte vor Gesundheit. Er war das Gegenteil jenes Typus des Juden, wie er im *Stürmer*, dem deutschen Hetzblatt gegen die Juden, dargestellt wurde. In seiner Erscheinung und seinem Körperbau widersprach mein Bruder der nazistischen Rassentheorie. Auch das war ein Grund, solche Juden auszurotten.

Nach dem Auftauchen des Gestapohundes waren wir beide fortgelaufen und hatten uns in einer Scheune versteckt. Wie man uns später berichtete, kam der SD-Mann Adolf Dickhoff, ein Volksdeutscher, der als besonders grausam und als Judenmörder berüchtigt war, zusammen mit zwei anderen SD-Leuten und dem Hund direkt in unsere Wohnung. Es war wenige Wochen nach der Verhaftung meines Vaters. Meine Mutter und meine Schwester Idessa lagen krank im Bett. Die SD-Leute fragten nach meinem Bruder, demolierten alles, was in ihrer Nähe war, verwüsteten die Wohnung und hinterließen den Befehl, mein Bruder Meier solle sich spätestens am nächsten Montag um 7 Uhr früh bei der Gestapo melden. Von unserer Wohnung aus ging Adolf Dickhoff mit seiner Begleitung in das Haus des Judenrates, rief alle dort anwesenden Judenratsmitglieder zusammen und befahl, daß mein Bruder sich spätestens am nächsten Montag, 7 Uhr früh, der Gestapo stellen solle, andernfalls werde der ganze Judenrat (dieser bestand aus 12 Personen) und weitere 100 Juden der Stadt erschossen.

Mit diesem Ultimatum kam ein großes Unglück über die jüdische Bevölkerung der Stadt und besonders über unsere Familie. Die Alternative, vor die wir gestellt waren, war fürchterlich: Entweder wir mußten den Bruder seinen Mördern ausliefern oder den Tod von 112 Männern auf unser Gewissen laden, vom Leid der Witwen und Waisen ganz zu schweigen. Bald erschienen bei meiner Mutter einige Judenratsmitglieder und die jüdische Polizei. Einige flehten sie an, einige drohten, andere bemitleideten uns. Bekannte, Verwandte, Thoragelehrte, alle wollten helfen, fanden aber keinen Rat. An dem Ernst der Drohung zweifelte niemand.

Abends, als es dunkel wurde, verließen wir unser Versteck in der Scheune. Mein Bruder fand im Haus von Eli-Chaim Tenenbaum ein halbwegs sicheres Versteck in einer Attika. Ich hielt mich in unmittelbarer Nähe unseres Hauses im Haus von Alter Kaschemacher verborgen, wo ich aus einem Dachfenster den Eingang zu unserer Wohnung beobachten konnte. In dieser Situation mußte sich mein Bruder auch vor der jüdischen Polizei verstecken. Ich jedoch schlich mich abends in unsere Wohnung, um mit meiner Mutter und meinen Angehörigen Zusammensein zu können.

Wir saßen bei verdunkeltem Licht und geschlossenen Fensterläden beieinander. An diesem unvergeßlichen langen Freitagabend zündete meine Mutter wie jeden Freitag die Sabbat-Kerzen an und legte nach jüdischem Brauch die Hände auf die Augen, um das Gebet zu sagen. Meine beiden Schwestern, mein Schwager, sein Kind und ich, wir standen mit gesenkten Köpfen und mit Tränen in den Augen um den Tisch. Fünf gequälte, sich quälende Menschen, denen zu helfen niemand, außer dem Herrgott, imstande war. Es dauerte lange, bis meine Mutter ihr Gesicht freimachte. Es war nicht mehr dasselbe Gesicht nach diesem Gebet. Ihre Augen waren rot und angeschwollen, sie drückten das aus, was in ihrem Herzen vorging. Es waren betende Augen, und sie hatte so viel zu beten.

Heute noch ersticke ich an meinen Tränen, wenn ich daran denke. Damals wünschte ich mir so sehr, mich ausweinen zu dürfen. Ich mußte mich jedoch stark zeigen. Wir fühlten uns alle wie zum Tode verurteilt, es war wie vor einer Exekution. Im Raum herrschte Totenstille, jeder saß in seine Gedanken vertieft. Nur das Ticken der Uhr und das Schlagen des eigenen Herzens hörte man. Ein schneller Tod wäre eine Erlösung gewesen.

Es war schon grausam genug, wenn die Gestapo sich ihre Opfer aus den Häusern holte, aber zumindest brauchte man sich dann nicht selbst Vorwürfe zu machen. Unser Unglück war es, daß wir damit bestraft wurden, das Opfer mit eigenen Händen abzuliefern. Die Bestie wollte nicht nur unser Blut, sie wollte auch von uns bedient werden.

Das Ultimatum erstreckte sich auf 72 Stunden, so lange gab man uns Bedenkzeit. Damit leben und fertig werden zu müssen - das war die

Tragödie meiner Mutter und meiner Familie. Die Gefühle meines Bruders kann ich nicht beschreiben. Ich weiß nur, daß er allein keine Entscheidung treffen wollte und auf den Rat und die Hilfe der Familie wartete.

Meine Mutter, meine beiden Schwestern und ich gingen am Montag in aller Frühe in das Versteck meines Bruders Meier. Meine Mutter hatte es am schwersten, weil ihr Sohn auf ihrer Entscheidung beharrte und bereit war, sich ihr bedingungslos zu unterwerfen. Als wir bei ihm waren, wurde nicht beraten und auch nicht diskutiert. Statt dessen kosteten wir es aus, zusammen zu sein, uns gegenseitig anzuschauen und uns zu fühlen. Das war der Hunger, den wir im Augenblick sättigen mußten. Eine unbeschreibliche Wohltat für Herz und Seele. Wir verdrängten die Zukunft, auch wenn es sich nur um Minuten handelte. Wir sahen uns immer wieder an, drückten uns und küßten uns satt.

Meine Mutter schaffte es, die von ihr verlangten Worte über die Lippen zu bringen. Sie sagte: "Ich weiß nicht, mein Kind, was du tun sollst. Aber bei allem, was du tun wirst, möge dir Gott beistehen.« Ich bin sicher, es waren keine vorbereiteten Worte, sie sagte das, was sie in diesem Augenblick dachte. Wir umarmten uns noch einmal, keiner brachte ein Wort heraus. Es war das letzte Mal, daß wir uns umarmten und küßten. Nur Vater fehlte, er war im Gefängnis, bald sollten weitere Mitglieder der Familie fehlen.

Mein Bruder stand auf, verließ das Versteck und ging zum Friseur. Er ließ sich den Kopf kahlscheren, um diese Prozedur bei der Gestapo zu umgehen. Von dort ging er zur Gestapo. Er war 27 Jahre alt. Wir haben ihn niemals wiedergesehen. Zusammen mit Chaim Diamant, Isser Sonnenschein und anderen wurde er in das Schloßgefängnis von Lublin verschickt. Nun waren Vater und Bruder im selben Gefängnis. Mein Vater wußte davon nichts. Vielleicht würden wir den Vater noch einmal wiedersehen, doch für meinen Bruder - das war uns klar - bestand keine Hoffnung. Ich weiß heute, daß er in Lublin grausam gefoltert und gequält worden ist.

Die Rettungsaktion für meinen Vater ging weiter. Es gelang uns, durch einige Wachposten des Gefängnisses, die Kassiber übermittelten, mit dem Vater Verbindung aufzunehmen. Um ihm die Verhaftung Meiers nicht mitteilen zu müssen, unterzeichnete ich diese Kassiber mit dem Namen meines Bruders. Nach der Tagesarbeit schrieb ich bis in die Nacht hinein Briefe an Herrn Hofmokl Ostrowski, den Kronanwalt volksdeutscher Abstammung. Ich schlief kaum noch. Die Nächte verbrachte ich mit Träumen und Nachdenken. Der Anwalt antwortete wenig und selten. Er war unsere einzige Hoffnung, und er zeigte viel Verständnis für uns, was mich immer wieder zu weiteren Schreiben anspornte.

Schließlich kam der Tag des Prozesses für meinen Vater. Er war wegen Zigarettenschmuggels angeklagt. Die Tatsache, daß er Jude war, wurde nicht hervorgehoben, und das war unser großes Glück. Der Prozeß fand in Lublin statt. Wir Juden durften nur mit Sondergenehmigung reisen. Ich werde nie die Nacht vor dem Prozeß vergessen. Ich war traditionell jüdischzionistisch erzogen worden, aber nicht besonders religiös. In dieser Nacht habe ich nichts anderes getan, als in den Psalmen gelesen. Ich mußte einfach etwas tun und wußte nichts Besseres und Passenderes. Meine Hebräischkenntnisse reichten, um die Texte großenteils zu verstehen. Ich las nicht nur, ich betete, schluchzte, flehte und beschwor jedes Wort in meinem Herzen. Es war mein Gebet zu Gott, ich wollte meinen Vater nicht verlieren.

Als eine Art Henkerspreis für den Kopf meines Bruders hatte der Judenälteste für meine Mutter und Schwester eine Sondererlaubnis besorgt, um nach Lublin zum Prozeß per Bahn reisen zu können. Es war Mitte Februar, kalt, die Straßen vereist. Mutter und Schwester reisten im Zustand totaler Verzweiflung. In Lublin rutschte meine Mutter auch noch auf glatter Straße aus und brach sich eine Hand. Trotzdem schaffte sie es unter großen Schmerzen, dem Prozeß beizuwohnen. Mein Vater wurde zu 4 Monaten Haft verurteilt. Dank der guten Beziehungen unseres Anwalts Hofmokl Ostrowski wurde ihm sogar der Rest der Strafe von zwei bis drei Wochen erlassen. Der

Anwalt fragte meine Mutter noch, wer die beeindruckenden Briefe geschrieben habe.

Mein Vater kehrte mit Mutter zusammen zurück, die Freude war groß. Noch größer war in diesen Tagen die Sensation, daß ein Jude aus einem deutschen Gefängnis heil zurückkehrte. Verwandte und Bekannte kamen und beglückwünschten uns, es war ein freudiges Ereignis in einer Zeit der Trauer. Ich mußte an meine an vielen Abenden geschriebenen Briefe denken, die eigentlich eher als Bitten an den Herrgott gemeint, aber an den Anwalt gerichtet und von ihm richtig verstanden worden waren. Alles war so schrecklich schwer gewesen, aber es war nicht umsonst gewesen. Ich war überglücklich, den Vater wiederzuhaben.

Wir schrieben den Februar 1942, die Beschlüsse der Wannsee Konferenz begannen sich auszuwirken. Die bisher von den Nazis praktizierte Methode, die Juden zu Tode zu quälen, wurde gemäß dem Beschluß zur »Endlösung der Judenfrage« durch das Todesurteil ersetzt. Die ersten Massenexekutionen an Juden aufgrund des neuen Erlasses sollen im Schloßgefängnis von Lublin stattgefunden haben. Soweit ich mich erinnere, wurde von Zeugen damals erzählt, daß am 17. Februar 1942 alle oder fast alle dort in Haft befindlichen Juden zusammengetrieben und erschossen wurden. Nach denselben Zeugenaussagen soll an diesem Tag auch mein Bruder erschossen worden sein. Nur einen Tag zuvor, am 16. Februar, war mein Vater befreit worden, ohne zu wissen, daß sich sein Sohn im selben Gefängnis befand. Wir zu Hause konnten nur weinen über das gewonnene Leben des Vaters und das verlorene des Bruders.

NEUE VERORDNUNGEN, NEUE SCHIKANEN

Als Vater zurückkam, war er sehr verändert. Er war älter geworden und erzählte fast nichts. Die Nazis ließen uns dazu auch kaum Zeit. Wir wurden seelisch, körperlich und moralisch von den bitteren Ereignissen, die sich jetzt häuften, geradezu erdrückt.

In der Stadt und in der Umgebung mehrten sich die Massenverhaftungen von Juden und Polen. Jeden Tag kamen neue Transporte. Das Gefängnis war überfüllt. Fast täglich wurden zu Tode gefolterte Menschen dem Judenrat übergeben, um begraben zu werden - und zur Abschreckung. Im Gebäude des früheren Magistrats wurde im rückwärtigen Teil ein neues Gefängnis eingerichtet. Dort war jetzt das Schlachthaus der Gestapo, in dem Hunderte von Menschen gefoltert, getötet und im Hinterhof begraben wurden. Mit dem Ausheben der Gräber wurden meistens Juden betraut.

Infolge meiner Arbeit bei den verschiedenen deutschen Stellen kam ich einmal durch Zufall in dieses Haus. Ich sah die Wände mit Blut bespritzt, sah Peitschen und Folterwerkzeuge und Spezialtische zum Schlagen, und ich hörte die Schreie der Gefolterten. Einer der sadistischen SD-Männer hieß Auenstein, ein cholerischer, brutaler

Typ, dessen Aussehen und Stimme mir in Erinnerung geblieben sind. Auch die Namen Heyn, Kaiser, Engels sind haften geblieben.

Die Freitage waren berüchtigt als Tage der gegen uns erlassenen Verordnungen. Alles deutete darauf hin, daß es eine Organisation gab, die jede Woche neue antijüdische Vorschriften erfand. Einer dieser Freitage brachte das sogenannte Pelzdekret. Wir Juden durften keine Pelze besitzen. Diese wurden für die siegreiche Armee, die inzwischen in Rußland fror, dringend benötigt. Der Befehl besagte ausdrücklich, daß man nicht nur Pelzbekleidung, sondern jedes Stück Pelz und alles, was wie Pelz aussah, etwa Ärmel-, Mützen- oder Kleiderbesatz, abzuliefern hatte. Zwiderhandlungen wurden mit dem Tod geahndet. Juden besaßen indessen damals kaum noch Pelze, die meisten waren längst in Lebensmittel eingetauscht. Zum Erschießen von Juden gab dieser Befehl trotzdem immer wieder Anlaß.

Eines Tages erschienen einige Gestapoleute bei der Familie Neumann, einem Friseur und Nachbarn von uns. Sie behaupteten, den Geruch von verbrannten Pelzen zu riechen, und erschossen an Ort und Stelle die Frau und die Tochter. Die Pelzaktion forderte noch weitere Opfer in der Stadt. Immer wieder wurde von Verhaftungen und Erschießungen erzählt. So hatte man auch Berl Lichtenstein, genannt Mydlarnik, in einen Strohsack verpackt dem Judenrat zum Begraben übergeben. Als er bestattet werden sollte, stellte man jedoch fest, daß er noch lebte. Die Gestapo bestand trotzdem darauf, daß er sofort begraben wurde.

Mit der Übergabe der Leichen an den Judenrat war meistens Berl Joel beauftragt. Er war früher Fuhrmann gewesen und bei der Gestapo zum Stallmeister aufgestiegen. Die Angehörigen der Verhafteten und Getöteten sahen an ihm häufig die Kleidung der Opfer wieder. Auch deshalb wurde er der Zusammenarbeit mit der Gestapo verdächtigt. Alle hatten Angst vor ihm. Es dauerte aber nicht lange, und sogar dieser Held wurde von der Gestapo erschossen. Wir atmeten auf und empfanden es beinahe als eine Genugtuung. Wir glaubten, hier eine gute Tat des Judenältesten erkennen zu dürfen.

Man merkte ihm die Zufriedenheit an; einige zeigten ihm ihre Dankbarkeit, durch die er sich sehr bestätigt fühlte.

Für die Nazis war es die große Zeit ihres Lebens. Die uniformierten Herrscher konnten alles nehmen und alles genießen, was jüdisch war. So geschah es auch, daß ein Hauptmann der Schutzpolizei sein Augenmerk auf ein bildhübsches, junges jüdisches Mädchen richtete, an das er anscheinend sein Herz verlor. Das Mädchen konnte infolgedessen bald besser leben, sich besser kleiden und stand unter besonderem Schutz.

Sie war verführerisch schön und wurde bald auch mit anderen uniformierten Polizeioffizieren bekannt. Neben dem Judenältesten avancierte sie sogar zum Stadlanut. Bei Arbeitsverpflichtungen, Judenaktionen, Verhaftungen und sonstigem Zores versuchte sie, so gut sie konnte, zu helfen. Eine kleine Königin Esther war unser Fräulein F. Ob sie auch etwas über die Nürnberger Rassengesetze wußte, bezweifelte ich. Daß ihr stolzer Hauptmann in ihrer Nähe diese Gesetze als Last empfand und schleunigst vergaß, dafür konnte man als Mann Verständnis haben.

Doch eines Tages erschien einer ihrer Freunde und Beschützer in ihrer Wohnung. Ich weiß nicht, wie lange er bei ihr war, aber als er sie verließ, lag sie tot in ihrem Bett in einer Lache von Blut. Er hatte sie dort erschossen, wo er sie wahrscheinlich am meisten genossen hatte. Dadurch blieb ihm möglicherweise ein Prozeß wegen Rassenschande erspart.

Dank unserer Arbeit bei den deutschen Stellen ergab sich eines Tages für Simon und mich die einmalige Gelegenheit, im Kino einer Filmvorführung für deutsche Soldaten beizuwohnen. Das »Scala« gehörte einer jüdischen Frau, es war selbstverständlich beschlagnahmt und ausschließlich für die deutsche Wehrmacht reserviert. Der Saal war voll von Soldaten. Zu sehen war der Film »Jud Süß«.

Besonders beeindruckt hat mich jedoch die Wochenschau. Es muß wohl 1941 gewesen sein, kurz nach dem Einmarsch der Deutschen in

Litauen und Lettland. Den Zuschauern wurden die Taten ihrer siegreichen deutschen Brüder bei der Eroberung Rigas vorgeführt: wie sie in die dortige Synagoge eindrangen, die Juden dort zusammentrieben, das Haus schändeten, die Thora-Rollen auf dem Fußboden ausrollten, darauf traten und die Juden zwangen, ebenfalls darauf herumzutrampeln; wie sie die Juden verspotteten und mißhandelten und schließlich die Synagoge demolierten und anzündeten. Das Lachen der Uniformierten auf der Leinwand, die brüllenden Kommentare der Soldaten im Kinosaal, die giftige Blechstimme des deutschen Wochenschaukommentators - das alles ist mir heute noch im Ohr.

In dieser Zeit rief mir eines Morgens der SD-Mann Engels, ein Rheinländer, aus seinem Fenster heraus zu: »He Jude, komm herein.« Ich ging hinein. Er war gerade aufgestanden und noch nicht ganz angezogen. Er befahl mir, mich auf einen Schemel zu setzen. Dann gab er mir Schuhcreme, Bürste und Lappen. Er setzte, oder besser: legte sich in einen tiefen, weichen Sessel, streckte seine bestiefelten Beine meinem Mund entgegen und befahl: »Jude, putz mir meine Stiefel!« Ich putzte. Dann fing er an zu reden: »Was bist du eigentlich, du Jude, du bist kein Hund, kein Pferd, kein Tier, aber auch kein Mensch, einfach ein Jude... ein Jude...« Ich schwieg und versuchte, meine Gefühle nicht zu zeigen. Inzwischen merkte er, daß seine Stiefel auf Hochglanz poliert waren. Er stand auf und entließ mich in der ganzen Würde seines Herrenvolkwahns: Weder bedankte er sich, noch gab er mir den erwarteten Fußtritt. Er sagte einfach: »Hau ab, Jude.« Ich bin abgehauen und fühlte mich nicht einmal beleidigt oder erniedrigt. Aber dieser Vorfall gab mir Anlaß zum Nachdenken. Was war das für ein Mensch und was für Ideen trieben ihn an, daß er einen anderen Menschen von der Straße hereinrief, um sich die Stiefel putzen zu lassen, und so zu ihm sprach? Welche Art Perversion, welche Ideologie bewegte so einen Sadisten?

Ein großer Teil der jüdischen Menschen in der Stadt arbeitete am Bau eines Militärflugplatzes in Marianki, etwa 10 km von Radzyn entfernt. Dieser Flugplatz wurde in aller Eile für den Aufmarsch gegen Rußland aus dem Boden gestampft. Tag und Nacht wurde gearbeitet. Infolge schlechter Ernährung und fehlender Bekleidung litten die Menschen besonders unter der Kälte. Juden wurden nur zu schweren Arbeiten herangezogen; sie mußten mit Spaten und Hacke gegen den steinhart gefrorenen Boden kämpfen. Je nach Laune des Aufsehers wurden sie gequält oder besser behandelt. Trotzdem war es eine einigermaßen erträgliche Übergangszeit, weil man das Gefühl hatte, eine nützliche Arbeit zu leisten und dadurch ein Lebensrecht zu besitzen. Diese Nützlichkeit wurde vom Judenrat finanziell ausgeschlachtet. Nach dem Einmarsch der Deutschen in Rußland wurde der Flugplatz geräumt und die Arbeit eingestellt. Damit war jede Hoffnung auf feste Arbeit und auf die damit verbundene Sicherheit wieder dahin.

Trotz allen Unheils hatten wir das Lachen noch nicht ganz verlernt. Monatelang war eine Anordnung in Kraft, die alle Juden verpflichtete, jeden deutschen Uniformierten durch Abnehmen der Mütze zu grüßen. Es kam natürlich vor, daß ein Uniformierter auf der anderen Straßenseite übersehen und nicht gegrüßt wurde. Mancher Jude bekam dafür Schläge. Um nicht mit dem Gesetz in Konflikt zu kommen, verfielen wir auf den Ausweg, daß jeder Jude auf der Straße ständig seine Mütze ab und aufsetzte. Das wurde jedoch bald erkannt und als Spott und Geringschätzung der deutschen Uniform angesehen. Prompt wurde es Juden unter Todesstrafe verboten, einen deutschen Uniformierten zu grüßen. Nur das Lachen stand noch nicht unter Todesstrafe. Noch nicht.

Noch bevor dieses Grußverbot erlassen war, fuhr ich eines Tages an einem Gendarmerieposten vorbei, ohne den Wachhabenden zu grüßen oder die Mütze abzunehmen. (Durch meine Arbeit war ich als Jude so weit privilegiert, daß ich während der Arbeitszeit ein Fahrrad benutzen durfte.) Zum Karabiner greifend, rief er mich brüllend zu sich, gab mir eine Backpfeife und befahl mir, 10 Mal an ihm vorbeizufahren und jedes Mal die Mütze zum Gruß abzunehmen. Ich tat es, ohne ihn anzusehen, ich tat es 12 Mal.

Der Sitz des Judenrates befand sich in der Koziastraße. Früher hatte dort der Hilfsrabbiner (Moreh Horaha) gewohnt und es gab dort auch ein kleines Gebetshaus. Der Judenälteste Lichtenstein wohnte in der Nähe unserer Wohnung, im Haus der Familie Slimak. Zu ihm kamen oft jüdische Männer und Frauen mit ihren Sorgen, dabei spielten sich erschütternde Szenen ab. Infolge der gemeinsamen Arbeit mit Lichtensteins Sohn Simon, mit dem ich auch schon Unangenehmes erlebt hatte, ging ich dort ein und aus, sah und hörte so manches. So sah ich einmal, wie ein Paket zum Postversand fertiggemacht wurde, in dem sich Gold und anderer Schmuck und Wertsachen befanden. Es war adressiert an »Fischer in Erfurt«. Fischer war der Gestapochef für Radzyn und Umgebung. Ich merkte mir die Stadt Erfurt. Den Namen Fischer brauchte ich mir nicht mehr zu merken, den konnte ich nicht vergessen. Er sollte mir später noch einmal begegnen.

Nur noch die Gegenwart zählte jetzt. Mit ihr fertig zu werden, sich vor Schlägen, vor Pein und Schikanen zu schützen, sich satt essen zu können, am Leben zu bleiben, nur darauf kam es an. Jeder Jude, ohne Unterschied von Alter und Geschlecht, kämpfte diesen Kampf.

Nach der Sorge um den Vater und die Trauer um den Bruder kam neues Leid über unsere Familie. Meine Tante Chaja Turkeltaub hatte sich aus Angst vor einer bevorstehenden Judenaktion bei einem polnischen Bauern im Dorf Zabikow, etwa 6 km von Radzyn entfernt, versteckt. Sie wurde, ich weiß nicht, ob durch Zufall oder bei einer Durchsuchung, entdeckt, als Jüdin erkannt und an Ort und Stelle erschossen. Von diesem Bauernhaus aus ging die Gendarmerie in weitere Häuser. Sie fand noch zwei ältere jüdische Frauen, Frau Geliebter und eine Frau Steinberg, und erschoß auch sie. Sowie das bekannt wurde, machten sich mein Cousin Mendl Turkeltaub und einige Bekannte aus den Familien der beiden Frauen auf den Weg, um die Toten zu holen und auf dem jüdischen Friedhof in Radzyn zu bestatten. Sie mieteten einen polnischen Fuhrmann mit einem Pferdewagen und fuhren nach Zabikow. Die Gendarmerie stellte den Wagen mit den vier Insassen kurz vor dem Dorf. Sie fragte nach ihren Absichten, erkannte sie als Juden und erschoß auch sie. Auch dem Judenrat wurde später nicht gestattet, die Leichen der

Erschossenen zu begraben. Sie blieben im Straßengraben liegen, nur oberflächlich von den Bauern mit Erde zugedeckt.

Die Art und Weise, wie diese sieben Unschuldigen ermordet wurden, erschütterte die jüdische Bevölkerung der Stadt. Durch den polnischen Fuhrmann und dann auch durch die Bauern des Dorfes erfuhren wir, daß es die in Radzyn stationierte Gendarmerieeinheit war, die den Mord begangen hatte. Wir sahen diese Männer - sie stammten größtenteils aus Hamburg - tagtäglich. Sie sahen aus wie jeder von uns. Trotzdem waren sie Mörder, Mörder in Uniform.

Die Trauer war groß, wir beweinten unsere Toten. Jeder fühlte sich als Opfer; denn jeder wußte, daß diese Kugeln auf jeden Menschen jüdischen Glaubens und jüdischer Abstammung gezielt waren. Meine Tante Turkeltaub war eine bescheidene, pedantische Frau gewesen, von den Ihren ungemein geliebt und geschätzt. Ihr einziger Sohn starb am gleichen Tag, von gleicher Mörderhand. Ihr Mann, Onkel Nathan, der viel Sinn für Humor gehabt hatte, veränderte sich seit diesem Geschehen völlig. Er litt und reagierte anders als viele andere. Als religiöser Jude hatte er sein Haus bis dahin koscher gehalten, jeden Tag gebetet und regelmäßig die Synagoge besucht. Von diesem Tag an tat er demonstrativ alles, was Juden ihrer Religion nach verboten war. Er war nicht nur von den Menschen, sondern auch von Gott enttäuscht. Er hatte den Mut zu sagen, was viele dachten. Niemand widersprach ihm, alle hatten für ihn Verständnis.

Sein Humor versiegte. Er erzählte keine Geschichten mehr über seine fast zehnjährige Dienstzeit als Soldat beim russischen Zaren vor dem Ersten Weltkrieg, machte auch keine Witze mehr über das Stetl und seine Typen. Seine Lebenskraft nahm rapide ab, er verstand die Welt nicht mehr. Seine Energie verwendete er nur noch auf Trotzaktionen. Trotz des Verbots bewegte er sich außerhalb der Stadt ohne Judenarmbinde. Von einer dieser Eskapaden kehrte er nicht mehr zurück. So hatte sich sein Wunsch, nicht nach Treblinka verschickt zu werden, erfüllt.

MEINE SCHWESTER IST NICHT MEHR DA

Kurze Zeit später verbreitete sich in der Stadt das Gerücht von einer bevorstehenden Judenaktion. Einige flüchteten in die benachbarten Dörfer, um sich zu verstecken. In solchen Situationen besprach man sich kaum noch vorher in der Familie, dazu blieb keine Zeit; jeder handelte für sich allein. Die Parole hieß: Rette sich, wer kann.

Meine Schwester Sonia, die nur drei Jahre älter war als ich, flüchtete zu einem Bekannten, dem Bauern Matynkowski in Zabikow, und versteckte sich dort. Das Unglück wollte es, daß ein Gendarm, der in Radzyn stationiert und oft an unserem Haus vorbeigegangen war, Sonia also vom Sehen her kannte, sie dort entdeckte, als sie das Haus verließ. Ohne eine Frage zu stellen, erschoß er sie an Ort und Stelle. Diesen Gendarmen würde ich heute noch wiedererkennen; er war von auffallend kleiner Statur. Meine Schwester wurde im Straßengraben begraben. Es wurden zu dieser Zeit so viele Juden in den Wäldern und Feldern erschossen, daß niemand mehr wagte, die Leichen abzuholen, besonders nach den letzten Vorfällen. Erst nach dem Krieg gelang es mir über Verwandte, die sich vorübergehend dort aufhielten, die Reste meiner Schwester Sonia aus dem Graben holen und auf dem jüdischen Friedhof in Radzyn, der längst kein jüdischer mehr war, bestatten zu lassen.

Sonia war damals 23 Jahre alt, ein bildhübsches Mädchen, gutmütig, lebenslustig und in der Liebe zu Haus, Freunden und Zion erzogen. Die zionistische Jugendorganisation Haschomer-Hazair war auch ihre zweite Heimat. Sie versteckte sich, weil sie so sehr das Leben liebte und leben wollte, und wurde das Opfer eines uniformierten Mörders. Es lag weder ein Verhaftungsbefehl vor, noch geschah es während einer Judenaktion. Sie wurde wie ein Tier im Wald oder wie ein Vogel in der Luft aus reiner Lust und Willkür erschossen. Kein Protokoll wurde angefertigt, keine Polizei, kein Staatsanwalt bemüht, kein Platz auf einem Friedhof bestellt, kein Grab ausgehoben, kein Stein gesetzt, keine Steinchen nach jüdischer Sitte und kein Blumenschmuck gelegt. Und der Mörder trug eine graugrüne Uniform mit dem Hakenkreuz auf der Brust, das »Gott mit uns« in seine Gürtelschnalle eingestanzt...

Was mit uns Juden geschah, drängte zu Fragen an Gott, an das Gewissen der Menschheit. War es der gleiche, große, allmächtige und barmherzige Gott, zu dem wir beteten, der all dies zuließ? Wie konnte es geschehen, daß von all den Menschen, die doch alle in seiner Obhut waren, die einen zu Mördern, die anderen zu Gemordeten wurden?

Meine Eltern empfanden diese Tage als Strafe Gottes. Im Gegensatz zum Gesetz der Natur, nach dem Kinder ihre Eltern überleben und zu Grabe tragen, mußten sie erleben, wie ihre Kinder ihnen durch Mörderhand entrissen wurden - nach dem Sohn jetzt die Tochter.

Unsere Herzen waren schwer. Wir sprachen kaum miteinander. Es gab nichts, worüber man noch sprechen konnte. Ein stiller Kadisch und ein paar Tränen waren der Abschied von meiner Schwester Sonia, 23 Jahre alt, irgendwo an einem Straßengraben mit Erde bedeckt, getötet, weil sie Jüdin war.

Es war Sommer 1942, die Vernichtung der Juden lief auf vollen Touren. Unser Leben war nur noch ein Leben auf Abruf. Die noch Lebenden waren eigentlich auch schon tot, sie warteten nur auf die Stunde der Exekution. Jeder von uns trug das eigene Leiden, und das war schwer genug. Das Leiden der anderen Familienmitglieder zu sehen, war noch schlimmer.

Jeder war zu jedem Opfer bereit, um seine Nächsten vor weiterem Leiden zu bewahren. Für uns Juden gab es nur noch den einen großen Einsatz - unser Leben. Alles andere war uns schon genommen worden. Mit unserem Leben spielten auch unsere Verfolger. Sie nahmen unser Leben in Raten, weil sie dabei mehr Befriedigung fanden. Unsere Väter sollten die Kinder zu Grabe tragen, Männer ihre Frauen, Brüder ihre Schwestern, und umgekehrt - der letzte Jude sollte wie der erste enden. Daß unser aller Ende nahe war, das wußten wir. Nur fiel den bis zuletzt überlebenden die Qual des Abschieds und das Beweinen der Angehörigen zu. Ihr Überleben war ein schmerzliches Privileg. In der Zeitspanne, die ihnen blieb, mochte sie auch noch so kurz sein, steckte immer noch eine Hoffnung auf Gott und seine Gerechtigkeit, wie auch die Hoffnung auf ein Wunder in letzter Minute. Auch darauf setzten wir - wie alle zum Tode Verurteilten.

Nazimörder sind mit anderen Mördern nicht zu vergleichen. Jeder Vergleich mit anderen Mördern, mit Verbrechen vorher oder nachher, kommt einer Verunglimpfung ihrer Opfer gleich. Nie hat es dergleichen in der Geschichte gegeben. Zeugenaussagen wie meine gibt es nur wenige. Sechs Millionen Opfer können keine Aussage mehr machen.

Aus meiner Familie waren noch verblieben: mein Vater, meine Mutter, meine älteste Schwester Idessa mit ihrem Mann und ihrem fünfjährigen Kind.

DER JUDENRAT

Unter dem Druck der Gestapo wurde die Macht des Judenältesten und seines Rates für uns immer bedrohlicher. Der Judenrat war eingesetzt worden, um der Gestapo bei der Durchführung ihrer Maßnahmen gegen die jüdische Bevölkerung Beihilfe zu leisten. Seine Mitglieder wurden nicht von den Juden gewählt, sondern von der Gestapo nominiert.

Durch ihre Stellung waren die Ratsmitglieder dem Hunger und den täglichen Schikanen nicht ganz so ausgesetzt wie ihre Leidensgenossen. Sie lebten einerseits in der Illusion, mehr Macht zu besitzen als jene und geschützter zu sein, mußten sich andererseits aber jeder Anordnung, auch der unmöglichsten, ohne Widerspruch beugen. Bei der Erfüllung ihrer Aufgaben fanden sie einen gewissen Rückhalt in der Überlegung, daß irgend jemand anderes, falls sie sich weigern würden, die Befehle der Gestapo doch ausführen müßte, und suchten das Beste aus ihrem Amt zu machen.

Immer wieder versuchte der Judenrat, mit guten Worten, mit Geschenken und Entgegenkommen jeglicher Art die Nazis beruhigend zu beeinflussen. Indessen gab es für Ratsmitglieder, die sich in ihrer Arbeit engagiert hatten, mit der Zeit kaum mehr eine

Möglichkeit, sich zurückzuziehen. Sie gerieten immer tiefer in den Morast und wurden - oft in innerem Gewissenskampf - immer mehr ein Werkzeug der Gestapo.

Im Rückblick sind - von einigen wenigen Ausnahmen abgesehen - die Judenräte in ihrer Tätigkeit insgesamt eher zu bemitleiden als zu verurteilen. Sie bestimmten mit über die Vergabe von Wohnungen, Arbeit, Lebensmitteln usw. Ebenso wie die Lebensmittelrationen mußten sie auch das Kontingent des Leidens auf die jüdische Bevölkerung verteilen.

Zur Durchführung der von der Gestapo angeordneten Maßnahmen brauchte der Judenrat viel Geld. Um aus der jüdischen Gemeinde soviel Geld wie möglich herauszupressen, mußte er sich den Geldgebern erkenntlich zeigen, sei es in Form von Arbeitsbefreiung oder anderen Erleichterungen, sei es durch die Zuteilung von Wohnungen usw. Dadurch wurden die einen begünstigt, die anderen benachteiligt. Das führte zwangsläufig zu Haß und Neid unter uns Juden, was sicher in der Absicht der Gestapo lag. So konnten sich einige für Geld von der Zwangsarbeit freikaufen oder sich doch wenigstens einen besseren Arbeitsplatz aussuchen. Und es waren wieder die Armen, die Flüchtlinge und die bereits übermäßig Gequälten, die Tag für Tag jede Dreckarbeit und jedes Risiko auf sich nehmen mußten, um nicht zu verhungern.

Äußerst kritisch wurde die Lage im Zuge der Endlösung, als der Judenrat zum verlängerten Arm der Gestapo bei der Liquidierung der Juden wurde - aus reinem Egoismus und eigenem Lebensdrang.

Zu Beginn der Aussiedlungsaktionen waren viele Juden, möglicherweise auch Judenratsmitglieder, gutgläubig und naiv. Aber bald wurde das Geheimnis gelüftet und die Wahrheit über Treblinka allen bekannt. Trotzdem wurden weiter Listen vom Judenrat zusammengestellt. Anhand dieser Listen konnte der Judenrat entscheiden, wer früher und wer später dem Tode zugeführt wurde. Mit diesen Listen wurde ein schlimmes Spiel getrieben, wahrscheinlich das schlimmste in der Geschichte der Judenräte.

Es war ein Teufelskreis: Das eine Opfer sollte das andere erpressen und in den Tod treiben. Der Letzte sollte mit dem Vorletzten tun, was der Erste mit dem Nächsten getan hatte. Das Traurige dabei war, daß sich bis zum bitteren Ende immer jemand dafür hergab, obwohl jeder wissen mußte, daß ihn das gleiche Schicksal erwartete.

In Radzyn löste sich der Judenrat von sich aus auf. Die meisten Mitglieder verschwanden oder wurden verschickt. Es blieben nur der Judenälteste Lichtenstein und sein erster Gehilfe Grünblatt, der die Listen erstellte. Solange ich noch in Radzyn war, beschäftigte er sich mit dem Aufstellen von Listen, obwohl damals nur noch 60-80 Juden in dieser Stadt lebten.

Der unmenschliche Befehl der Gestapo bestand darin, daß der Judenrat bis zu einem bestimmten Zeitpunkt eine bestimmte Sollzahl der zu tötenden jüdischen Menschen zur Verfügung zu stellen hatte. Für Lichtenstein und Grünblatt war es in dieser Stadt - wie für viele andere in anderen Städten - eine Strafe, daß sie entscheiden mußten, wer jeweils wann sterben sollte. Sie bestimmten zuerst die Geisteskranken, danach die Älteren, die Gebrechlichen und Arbeitsunfähigen und die, die ohnehin nur noch eine kurze Lebensdauer zu erwarten hatten, zum Abtransport. Auf diese Weise glaubten sie, die Rolle der göttlichen Obrigkeit, die ihnen für eine kurze Frist von der SS zugewiesen worden war, nach den Gesetzen der irdischen Gerechtigkeit erfüllt zu haben. In Wahrheit aber wurde Gottes Ordnung von ihnen in Ausübung der unmenschlichen Befehle mißbraucht. Denn von Anfang an waren Geld, Verwandtschaft, freundschaftliche und andere Beziehungen zu diesen beiden Herren ausschlaggebend für den Zeitpunkt der Aussiedlung. So wurde manches Urteil verschoben - doch keines aufgehoben.

Kein Wunder, daß diese beiden Menschen als absolute Herrscher über Leben und Tod von allen in der Stadt lebenden Juden gefürchtet und gehaßt wurden. Alles andere spielte keine so große Rolle mehr. Doch sie waren es nur für kurze Zeit; denn bald wurde die Auswahl kleiner. Dann blieb ihnen nur noch die eigene Familie und die eigene Person, und bald auch das nicht mehr. So war es in unserer Stadt und in allen anderen Städten, in denen Juden lebten.

DIE POLEN, DIE DEUTSCHEN, DIE JUDEN

Mit der Zeit sahen wir ein, daß es unmöglich sein würde, hier am Leben zu bleiben. Um sich zu retten, gingen viele Juden in die Dörfer und in die Wälder. Hier suchten sie Verbindung zu den Partisanen; angeblich verbargen sich russische Kriegsgefangene und auch Polen im Wald. Als die Gestapo das herausbekam, setzte sie für jeden abgelieferten Juden eine Belohnung von 1 kg Speck und 1 kg Zucker aus. Von da an mehrten sich die Fälle, daß polnische Bauern die Juden auf ihre flachen Wagen banden und sie wie Schweine auf den Markt fuhren und für den Schandlohn an die Gestapo ablieferten.

Es mehrten sich auch die Fälle, daß Juden erstochen, erschlagen und ausgeraubt aufgefunden wurden. Aus diesem Grunde kehrten viele von denen, die in den Wald gegangen waren, moralisch gebrochen und enttäuscht in die Judenviertel der Städte oder in die Ghettos zurück. Einige versuchten ihr Glück und meldeten sich freiwillig, als Polen getarnt, als Fremdarbeiter nach Deutschland, andere versuchten in den Großstädten unterzutauchen. In allen diesen Fällen war man auf die Unterstützung der polnischen Bevölkerung angewiesen, die leider selten genug war. Im Gegenteil, die Stärke der Nazis beruhte auch darauf, daß die antijüdischen Gesetze und Verordnungen erheblichen Nachhall in der polnischen Bevölkerung fanden. So war es kein Zufall, daß von den Nazis Polen zum Ort der Ausrottung der Juden bestimmt wurde.

Wir jüdischen Menschen, vor allem wir jungen Menschen, wir wußten genug über unsere Lage, um sie richtig einzuschätzen. Wir waren alle bereit, unser Leben im Kampf gegen die Nazis zu opfern. Wir wären glücklich gewesen, wenn wir Widerstand hätten leisten können. Das war kein Heroismus, wir hatten nichts mehr zu verlieren. Leider fehlte uns Juden damals eine zentral gelenkte Organisation. Die ganze Nazi-Maschinerie arbeitete gegen uns. Es gab für uns keine Postverbindung, kein Telefon, keine Eisenbahn oder Straßenbahn, keinen Omnibus, keinen Lastwagen oder Pferdewagen, kein Motorrad oder Fahrrad. Nichts, nichts durfte von Juden benutzt werden, auf alle Vergehen stand die Todesstrafe. Ein Jude, der sich ohne Judenstern unter Polen bewegte, wurde immer - wenn nicht von den Deutschen, dann sicher von den Polen - erkannt und der Gestapo gemeldet. Ein Jude konnte nicht einmal fünf Minuten vor seinem Haus stehen, ohne Gefahr zu laufen, von Gestapo, Schutzpolizei, jüdischer Miliz, zivilen Geheimagenten usw. mitgenommen zu werden. Jeder dieser Aufpasser konnte uns in das nächste städtische Gefängnis mitnehmen oder sonstwohin, beispielsweise zum Stiefelputzen, Toilettenreinigen usw. Alle erniedrigenden Arbeiten konnten sie einfach nach Lust und Laune anordnen. Sie konnten uns auch nach Auschwitz, Treblinka oder Majdanek verschicken. Unsereinen durften sie erschlagen, berauben, erschießen; wir waren für vogelfrei erklärt, jederzeit zum Abschuß freigegeben. Wie oft hatte man auf der Straße zufällig jemanden getroffen, mit ihm etwas besprochen und ein Wiedersehen vereinbart, und am anderen Morgen war er einfach nicht mehr da. Die Nazis wollten die Zerstörung jeder Kommunikation. Mit ihrer Unmenschlichkeit überraschten sie uns auf Schritt und Tritt. Ihre Maßnahmen waren so, daß wir sie keinem Menschen zutrauten. Deshalb war es für uns auch immer zu spät, ihnen auszuweichen.

Bei den deutschen zivilen und militärischen Dienststellen schmolz langsam die frühere Siegesstimmung dahin. Der anhaltende, zunächst in perfekter Ordnung durchgeführte Aufmarsch der deutschen Armee gegen Rußland war in unserer Stadt, die 70-80 km von der Grenze entfernt lag, besonders spürbar gewesen. Nun wurde er in dieser Perfektion jeden Tag schwächer. Immer öfter sah man statt dessen Transporte von Verwundeten und zerschlagenen deutschen Soldaten aus Rußland zurückkommen. Zugleich sah man aber auch Tausende von russischen Soldaten in Gefangenentransporten. Diese russischen Gefangenen wurden oft unter freiem Himmel zusammengezogen; sie verhungerten massenweise. Einigen gelang es, auszubrechen und sich in den Wäldern zu verstecken, wo sie dann ebenfalls an Erschöpfung, Krankheit und Unterernährung starben.

ONKEL JANKIEL UND DIE ZIGEUNERIN

Trotz allem, das Leben ging weiter. Der Ausstoß von Erlassen und Verordnungen hörte nicht auf, jeden Freitag gab es neue. Dazu noch die Wannsee-Beschlüsse: das Todesurteil. Jeden Tag Verhaftungen, Überfälle, Erschießungen, durchgeführt von der örtlichen wie von der deutschen Polizei oder von SS Männern. Mit jüdischem Fatalismus ließen wir alles über uns ergehen. Am schlimmsten waren die Judenaktionen. Gemäß den Wannsee-Beschlüssen sprach man jetzt von Aussiedlungs- oder von Strafaktionen. Das Resultat war immer das gleiche, am Ende gab es verschleppte, geschlagene, verwundete und getötete Juden. Eine solche Aktion galt als besonders gelungen, wenn sie überraschend kam. Daher erfolgten sie meistens nachts oder in den frühen Morgenstunden. Dabei wurden immer auch die Wohnungen und Häuser demoliert.

Als wieder einmal die Nachricht von einer bevorstehenden Aktion durchsickerte, versteckte ich mich zusammen mit meinem Onkel Jankiel Hochbaum am Stadtrand in einer abgelegenen Scheune. Mein Onkel befand sich damals schon in vorgerücktem Alter, man hätte ihn für meinen Großvater halten können. Er war sehr klug und genoß großes Ansehen. Obwohl er schwer um die tägliche Existenz zu kämpfen hatte, zehrte er noch von seinen Glanzjahren.

So lebte er bis zuletzt davon, daß er Schiedsgerichte leitete und Eizes gab und verkaufte. Nebenbei wußte er angeblich auch sein Hobby, das Kartenspielen, für den Lebensunterhalt zu nutzen. Der Judenälteste Lichtenstein schätzte seine Klugheit so sehr, daß er eine schützende Hand über ihn hielt, solange er konnte.

Da wir bis dahin in der Familie kaum Berührung mit Onkel Jankiel gehabt hatten, wußte ich wenig über ihn. In der Zeit des gemeinsamen Untertauchens konnte ich ihn näher kennenlernen und war begeistert von seinen Geschichten. Er hatte die Begabung, von den Ereignissen seines Lebens fesselnd erzählen zu können. Ich war ein guter Zuhörer und fühlte mich immer wieder davon verzaubert. Eine dieser wahren Geschichten ist mir in Erinnerung geblieben.

Einige Jahre vor Kriegsausbruch, kurz vor dem 1. Mai, hatte einer seiner Söhne in der Stadt kommunistische Plakate an die Mauern geklebt, was damals verboten war und unter Strafe stand. Durch Zufall beobachtete ihn dabei eine Nachbarin, die Frau eines polnischen Polizisten. Sie ging ihren Bürgerpflichten gemäß zur Polizei, und mein Cousin wurde verhaftet. Ihm drohte eine Gefängnisstrafe bis zu fünf Jahren. Mein Onkel fand natürlich keine Ruhe, er mußte den Sohn freibekommen. Aber wie? Eines Tages erschien eine Zigeunerin an der Tür seiner Wohnung, die sich als Wahrsagerin anbot. Da er an so etwas nicht glaubte, versuchte mein Onkel, sie loszuwerden. Die Zigeunerin aber wollte etwas verdienen, blieb hartnäckig und bestand darauf, ihre Künste zu zeigen. Schließlich ließ er sie doch in die Wohnung. Sie wahrsagte alles mögliche, was bei meinem Onkel in das eine Ohr hinein und aus dem anderen wieder hinausging. Er merkte jedoch, daß er es mit einer gerissenen Person zu tun hatte. So erzählte er ihr von seinem Sohn im Gefängnis, der wegen jener Zeugenaussage eine hohe Strafe zu erwarten hatte. Beide verstanden sich bald ausgezeichnet, und auf Befragen erklärte die Zigeunerin sich bereit, ihre Kunst des Wahrsagens mit allen Tricks auch bei dieser Kronzeugin zu versuchen. Mein Onkel berichtete ihr alles Nähere über die Familie des polnischen Polizisten.

Kurz vor dem Prozeß ging die Zigeunerin in die Wohnung dieser Frau, als sie allein zu Hause war, und bot ihre Dienste als Wahrsagerin an. Wie mein Onkel, versuchte auch die Frau, sie loszuwerden, doch die Zigeunerin brachte es mit List und Tücke fertig, in die Wohnung eingelassen zu werden. Zuerst sagte sie ihr alles, was sie durch meinen Onkel über die Familie erfahren hatte. Erstaunt hörte sich die Polizistenfrau das an und bekam immer mehr Respekt vor der Zigeunerin. Schließlich vertraute sie ihr und ließ sich aus der Hand lesen. »Ich sehe einen dritten Menschen, dessen Leiden und Leben von dir abhängt. Wenn diesem Menschen das Leben gerettet wird, sehe ich für dich viel Glück; deine Krankheit, an der du leidest, wird allmählich heilen, dein Mann wird befördert und deiner einzigen Tochter steht eine glückliche Heirat bevor. Wenn du aber am Leiden oder gar am Tod dieser dritten Person beteiligt bist, sehe ich etwas Schreckliches voraus: Deine Krankheit wird sich lebensgefährlich komplizieren, dein Mann steht vor einem dienstlichen Auftrag, dessen Ende tragisch für die Familie sein kann. Auch bei der einzigen Tochter ist Schlimmes zu befürchten.« Die Frau des Polizisten war zutiefst beeindruckt und wußte sofort, wer und was gemeint war.

Einige Wochen später fand der Prozeß statt. Die Frau änderte ihre Aussage; sie erklärte, nicht ganz sicher zu sein, ob es mein Cousin gewesen war, der die kommunistischen Plakate geklebt hatte. Infolgedessen wurde der Angeklagte wegen Mangels an Beweisen freigesprochen. Die Zigeunerin hatte ihren Auftrag ausgeführt und wurde dementsprechend belohnt. Ungefähr zwei Jahre später wurde auch über ihr Schicksal entschieden. In Auschwitz.

Die Frau des Polizisten aber blickte vertrauensvoll in die Zukunft. Schließlich war es nicht Schuld der Zigeunerin, daß der Krieg bald ausbrach und ihr Mann nicht befördert werden konnte. Der kommunistische Plakatkleber setzte sich nach Kriegsausbruch in das rote Paradies ab, aus dem er nicht zurückkehrte. Meinen Onkel ereilte das Schicksal fast aller Juden.

WIR SCHMIEDEN PLÄNE

Unsere Freundesclique, die Chewra, kam nun öfter zusammen. Wir schmiedeten Pläne. Führender Kopf dabei war mein etwas älterer Freund, Moschke Gellermann. Er arbeitete beim Fotografen Karlowicz. Dort war auch ein Mädchen aus Warschau, eine polnische Patriotin, beschäftigt. Sie fühlte sich vom Schicksal der Juden betroffen und wollte helfen. Außerdem befand sich Moschkes Cousin, Saul Ackermann, ein Flüchtling aus Danzig, in Radzyn. Dieser stand in Verbindung mit einem ehemaligen polnischen Marineoffizier, der aus Danzig vertrieben war und zur Zeit in Bedlno bei Radzyn lebte. Seine Frau und er waren polnische Patrioten, judenfreundlich und im polnischen Untergrund tätig.

Etwa zur gleichen Zeit erschien Ojser Ojsermann in Radzyn, unser Freund aus Miedzyrzec, der wie wir alle der Haschomer Hazair angehörte. Er berichtete uns über eine Jugend- und Widerstandsgruppe, die sich in Warschau und anderen Städten organisierte, und spornte uns an, etwas zu tun. Wir nahmen das mit großer Begeisterung auf, aber unsere Pläne nahmen wegen der Kommunikationsschwierigkeiten kaum ernstere Formen an.

Damals war gerade das etwa 15 km entfernte Gut Suchowola beschlagnahmt worden, angeblich weil sein Besitzer, der polnische

Fürst Czetwertynski, der früher schon antijüdische Pogrome organisiert hatte, eine Art Quislingrolle ausgeschlagen hatte, die ihm die Deutschen angeboten hatten. Die Verwaltung des Gutes hatte der SS-Mann Schulz übernommen. Er wurde bald durch seinen Terror und seine Brutalität in der ganzen Gegend bekannt. Schulz unterhielt auf dem Gut ein Lager, in dem er Juden nicht nur zur Arbeit, sondern auch für seine sadistischen Neigungen mißbrauchte. Die Zahl der Insassen dieses Lagers hing von seinen Launen ab. Es war ein Ein-Mann-Regime. Bei seinen Terror-Gastspielen in der Umgebung kam er fast immer allein auf einem Pferd angeritten. Wenn Schulz in der Stadt war, gehörte die Stadt ihm allein. Er mordete, quälte und genoß die Angst, die er heraufbeschwor. Natürlich ritt er nur dorthin wo die Juden wohnten, immer auf dem Bürgersteig; dann herrschte Totenstille im Städtchen. Jeder versteckte sich, aber er fand trotzdem seine Opfer. Er spürte sie auf wie ein Hund, im Haus und auf der Straße, und wo er sie traf, traktierte er sie erst einmal mit Schlägen. Er nahm sie mit oder ließ sie frei, je nach Lust und Laune. Sein brutales Aussehen paßte zu dem, was er tat, ein Gesicht wie aus einem Schwerverbrecheralbum.

Mein bester Freund Scholke Gellermann, mit dem ich zusammen aufgewachsen war, wurde eines Tages das Opfer seiner Willkür. Schulz nahm ihn mit in sein privates Judensklavenlager auf dem Gut. Zu seiner Überraschung fand Scholke Gellermann große Sympathie bei Schulz; er wurde von ihm zum Judenältesten seines Lagers ernannt. Den Umständen entsprechend hatte er es dort verhältnismäßig gut, war auch sicher vor sonstigen Aktionen und Aussiedlungen. Er konnte bald seinen Bruder Moschke nachkommen lassen, und beide wurden die Manager des Schulz-Lagers in Suchowola. Nach kurzer Zeit ließen sie auch ihre Eltern, Bekannten und Freunde kommen. Mir sind unter anderen Idl Turkeltaub, Idessa Turkeltaub, Rochelle Nussbaum, Mosche Kaschemacher, Jechiel Leuchter und Tova Elfenbaum in Erinnerung, die dort durch Gellermanns Schutz fanden. Sie arbeiteten auf dem Felde, hatten einigermaßen zu essen und fühlten sich als sogenannte nützliche Juden lange Zeit sicher.

Unter dem Vorwand, in Radzyn Verschiedenes besorgen zu müssen, kamen die Brüder Gellermann fast jeden Sonntag in die Stadt. Wir von der Chewra trafen dann mit ihnen zusammen, meistens bei den Geschwistern Kamienietzki oder bei mir, und besprachen die Lage. Gemeinsam gelangten wir zu der Überzeugung, daß für uns in Radzyn keine Chance mehr zum überleben bestand. Wir waren uns darüber einig, daß wir nicht so sterben wollten wie unsere Leidensgenossen zuvor. Oft sprachen wir über Helden unserer Geschichte, Bar Kochba, die Makkabäer, und träumten von der Rettung der Ehre unseres Volkes. Wir schämten uns der Gegenwart. Durch die Gellermanns in Suchowola hatten wir mehr Möglichkeiten als bisher in Radzyn. Wir hatten sogar einige Waffen dort, obwohl kaum einer von uns mit Waffen umgehen konnte. Eine wichtige Rolle bei unseren Plänen spielte ein Freund von uns, der aus Warschau stammte und nach dort Verbindung hatte. Wir wußten, daß es mehrere Gruppen im Lande mit dem Willen zum überleben gab. Aber zusammenzukommen, sich zu organisieren, war fast unmöglich. Dennoch - ein kleiner Anfang war gemacht. Wir hatten durch ein paar Freunde Verbindung zum polnischen Untergrund. Durch unseren Freund aus Warschau (den Namen habe ich leider vergessen) hielten wir Verbindung zur Haschomer-Hazair-Zentrale in Warschau.

In Anbetracht unserer begrenzten Möglichkeiten entschlossen wir uns, falsche arische Papiere zu besorgen und uns nach Warschau abzusetzen, um in den Massen der Großstadt unterzutauchen. Es dauerte nicht lange, und die Papiere samt Geburts- und Arbeitskarten lagen in Suchowola fix und fertig bereit. Unsere polnische Fotografin, die mit Moschke früher bei Karlowicz beschäftigt war, wurde ins Vertrauen gezogen und übernahm eine wichtige Rolle; sie stellte die Wohnung ihrer Mutter in Warschau als erste Absteigadresse zur Verfügung. Die Frau des polnischen Marineoffiziers aus Danzig, die zur Zeit in Bedlno lebte, war bereit, jeweils zwei von uns nach Warschau zu begleiten. Dort sollten wir zu zweit bei Polen, die im Untergrund tätig waren, außerhalb des Ghettos einquartiert werden. Die Kosten mußten selbstverständlich von uns aufgebracht werden. Aus diesem Grunde beschlossen wir, ab sofort alles zu verkaufen und zu Geld zu machen, was wir nicht mitnehmen konnten. Wir waren 12 Jungen und Mädchen, die sich als Chewra zusammengefunden hatten, doch noch viel mehr junge Leute warteten auf eine solche Fluchtmöglichkeit. Aus Sicherheitsgründen sollte keine der Zweiergruppen die Adresse der anderen wissen. Nur Moschke und der Freund aus Warschau sollten alle Adressen kennen und die Verbindung zu allen aufrecht erhalten.

Wir glaubten tatsächlich, in der Großstadt, in dem Meer so vieler Menschen, einfach untertauchen zu können. Es war außerdem ein gutes Gefühl, nicht einfach auf Befehl der SS zu sterben. So waren wir hell begeistert von der Möglichkeit, uns dem Widerstand anzuschließen und an der Untergrundarbeit teilzunehmen. Heute weiß ich, daß es naiv und kindisch war, nach Warschau zu gehen, und daß manche Juden aus Warschau zu gleicher Zeit in der Provinz eine Chance sahen. Heute weiß ich auch, daß sich in den schwer zugänglichen Wäldern bei Parczew, ungefähr 40-60 km von Radzyn entfernt, einige hundert Juden versteckt hatten, und überlebten.

Der Judenälteste Lichtenstein besaß eines der schönsten Häuser in der Stadt. Beim Einmarsch der Deutschen war das Haus beschlagnahmt und von deutscher Besatzungsprominenz belegt worden. Hier wohnten der Landrat, Herr Brückner, und Herr Möbius, beide aus Dresden, wie auch mehrere Familien von Gestapo-Leuten. Dieses Haus brannte eines Tages und wurde dadurch stark beschädigt. Das veranlaßte Lichtenstein, in aller Eile 40-50 jüdische Fachleute zusammenzutrommeln, die imstande waren, das Haus wieder aufzubauen. Da die Renovierung im Interesse der deutschen Behörden lag, glaubte er, mit diesen Arbeitsplätzen zusätzlich 50 Menschen als nützliche Juden retten zu können. Die Deutschen waren damit einverstanden. Die Arbeiten bezahlen brauchten sie sowieso nicht. Daß sie das Lebensrecht der beschäftigten Juden um die benötigte Arbeitszeit verlängerten und vorläufig diese Juden von den Listen nach Treblinka freistellten, war Entlohnung genug. Vorläufig...

Auch ich arbeitete an der Wiederherstellung des abgebrannten Hauses mit. Außerdem machte ich mich bei verschiedenen deutschen Stellen nützlich. Aber die Hauptsache war: Ich hielt mich fest an dem starken Arm des Sohnes des Judenältesten, Simon Lichtenstein. Meine Schwester und mein Schwager, die mit uns in einer Kleinstwohnung zusammenlebten, arbeiteten bei der deutschen Firma Overbeck aus Bremen. Diese Firma verkaufte Haushaltswaren und Maschinen gegen Coupons, wofür die Bauern Getreide abliefern mußten. Durch die Arbeit bei dieser Firma hatten Schwester und Schwager einigermaßen reichlich zu essen. Vor allem fühlten sie sich sicher in dem Glauben, als echte nützliche Arbeitsjuden einen berechtigten Anspruch auf Leben zu haben. Die deutschen Arbeitgeber aus Bremen bekräftigten sie in diesem Glauben.

Doch als der Augenblick der Entscheidung kam, erwies sich alles als Illusion. Die Herren aus Bremen ließen meinen Schwager und meine Schwester fallen.

DIE TRANSPORTE NACH AUSCHWITZ UND TREBLINKA

Die Todesmaschinerie lief jetzt - Mitte 1942 - auf vollen Touren. Auch die letzten Optimisten, die noch an ein Überleben geglaubt hatten, gaben auf. Judentransporte aus allen Städten und Ländern rollten in Richtung Auschwitz und Treblinka. Die Endlösung war kein Geheimnis mehr. Alle sprachen vom Tod.

Daß aus Radzyn keine Transporte mehr direkt in das Vernichtungslager Treblinka gingen, galt als Verdienst des Judenältesten Lichtenstein. Der wirkliche Grund war jedoch, daß es im Städtchen nur noch wenige Juden gab und daß es sich nicht lohnte, Eisenbahnzüge für diese wenigen einzusetzen. So gingen die Transporte aus Radzyn eben nur nach Miedzyrzec, dem nächstgelegenen Sammelplatz für die ganze Region, und von dort nach Treblinka und Auschwitz. Die Herren Grünblatt und Lichtenstein fühlten sich inzwischen so abgeschirmt, daß sie sich beim Aufstellen der Listen für den Abtransport nicht mehr beeinflussen ließen. Nur wirklich Protegierte, die etwas Besonderes zu bieten hatten, fanden noch Zutritt zu ihnen. Geld und Wertsachen hatten an Wert verloren. Aber das Listenmachen wurde für Lichtenstein und Grünblatt immer schwieriger. Alte, Kranke, Arbeitsunfähige, später die von den Arbeitsfähigen abhängigen

Familienangehörigen, dann Kritiker, Nörgler, Unbeliebte - das war die Reihenfolge gewesen. Jetzt wurde die Ware jüdischer Mensch knapp. Aber die Todesmaschinerie arbeitete weiter, solange noch ein einziger Jude am Leben war.

Die Transporte von Juden aus Radzyn nach Miedzyrzec spielten sich wie folgt ab. Für den jeweiligen Tag wurden 50-100 Bauern mit ihren Pferdewagen in aller Frühe in das Judenviertel, die Koziastraße, befohlen. Hier stellten sie sich im Konvoi zusammen. Vom Judenrat und jüdischen Polizisten wurden die Juden der Liste nach aufgerufen. Deutsche und polnische Polizei paßte auf, daß alles nach Vorschrift ablief. Beim kleinsten Widerstand gegen die jüdische Polizei - was oft genug passierte - griff die Gestapo mit der Pistole ein, womit sich die Reise für die Betreffenden erübrigte. Ergeben, meist apathisch, nahmen die aufgerufenen Todeskandidaten ihre wenigen Sachen, ein Kissen, eine Decke, verabschiedeten sich von den Angehörigen, Verwandten und Bekannten und reihten sich im Konvoi ein. Es gab herzzerreißende Szenen; denn häufig mußten aus einer Familie gleich mehrere Angehörige für immer fort. Die Zurückgebliebenen begleiteten sie wie zum Schafott Verurteilte; sie wußten, daß bald auch sie an der Reihe waren.

Ohne Todesopfer erreichte keiner der schwer bewachten Transporte Miedzyrzec, das war bekannt. Schon nach kurzer Fahrt - die Stadt liegt etwa 25 km von Radzyn entfernt - pflegte ein Auto neben der Kolonne aufzutauchen, besetzt mit Gestapoleuten, die blindlings in die Pferdewagen schossen. Dabei fanden jedes Mal 10 bis 15 der Insassen den Tod. Wenn der Konvoi sich Miedzyrzec näherte, wurde er kurz vor der Stadt von der dortigen Polizei und der SS in der gleichen Weise empfangen, so daß wieder einige Menschen starben. Wer übrig blieb, kam in das geschlossene Ghetto. Dort verloren sich die zum Tode Verurteilten unter den anderen Namenlosen, vegetierten dahin bis zum Abtransport nach Treblinka.

Während die Züge in die Todeslager rollten, mehrten sich die Fälle, daß vor allem jüngere Menschen aus den fahrenden Waggons sprangen. Von einigen, die gesprungen und nach Radzyn zurückgekehrt waren, erfuhren wir, daß die Zahl der Springer ziemlich hoch war. Die Menschen in den Zügen wußten, daß sie in den Tod fuhren; sobald die ersten gesprungen waren, folgten andere, als wirke es ansteckend, und so kam es vor, daß manche Waggons halb leer ankamen. Leider gab es jedoch auch dabei viele Opfer. Denn die mitfahrenden SS-Männer schossen unaufhörlich aus ihren Wachverschlägen. Viele der Flüchtenden wurden getroffen, einige blieben verwundet irgendwo liegen, und diejenigen, denen es glückte, heil davonzukommen, waren auf die Gnade der Polen angewiesen. Die meisten von ihnen, ob verwundet oder unverletzt, wurden von den Polen beraubt und erschlagen oder für den Schandlohn von 1 kg Zukker und Speck an die Gestapo ausgeliefert. Nie wird man erfahren, wie viele jüdische Menschen, die aus den Todeszügen gesprungen waren, an den Strecken nach Treblinka, Majdanek und Auschwitz ihr Leben durch diese Sünde verloren haben. Einige wenige kehrten zurück ins Ghetto. Im Ghetto durfte nicht über die Zugspringer gesprochen werden; denn die Gestapo hatte überall Ohren und angeblich auch Zuträger. Daher erhielt das Springen die Tarnbezeichnung »Tralala«. Woher kommst du? Tralala, das heißt, ich bin gesprungen. Da das jeden anging, kursierten bald genaue Anweisungen für die Kunst des Springens. Es mußte immer im Schwung der Fahrt und in Fahrtrichtung erfolgen, wie beim Hechtsprung ins Wasser, immer in weiche Gräben, niemals auf Sträucher, Bäume oder Steine, auch nicht in einer Innenkurve, weil dann die Treffsicherheit der SS-Schützen am höchsten war. Ferner war es ratsam, stets ein scharfes Messer bei sich zu tragen, um bei einem Transport ein Loch in die Waggonwand schnitzen zu können. Erst dann nämlich konnte man die Außenwandverriegelung öffnen und die Schiebetür von innen aufmachen.

MEINE GROSSMUTTER, DIE BOBESCHI BASIA-GELLA

Über jüdische Mamas ist viel geschrieben und gesungen worden, über jüdische Bobes weniger, obwohl gerade sie es waren, die Güte und Familienwärme ausstrahlten. Eine von ihnen war meine Bobeschi Basia-Gella, eine bescheidene Frau, die wir alle besonders liebten, damals schon fast 70 Jahre alt. Immer wenn ich als Kind etwas angestellt und Angst hatte vor meinen Eltern, ging ich zu Bobeschi Basia-Gella. Sie war mein guter Anwalt und stets zu meiner Verteidigung bereit. Sie war sehr fromm, betete jeden Morgen und Abend und ging an jedem Sabbat morgens in die Synagoge. Am Nachmittag bis in den dunklen Abend hinein las sie dann die Zeena-Reena genau so, wie sie geschrieben ist, ohne sich jemals zu versprechen, ohne ein Wort oder Komma auszulassen, immer in der gleichen Lautstärke und Tonhöhe. Kaum ein Satz, der nicht mit einem Seufzen endete.

Wo es hieß: »Moses redete zu den Kindern Israels, und er sagte... «, oder: »Moses sprach zu den Kindern Israels und erklärte« provozierten wir sie mit Fragen nach dem Unterschied von sagen, reden, sprechen und erklären. Das brachte sie oft in Verlegenheit, und dann redete sie sich mit dem Hinweis heraus: »Es steht so geschrieben.« Sie war sicher, daß Moses auch die Zeena-Reena auf dem Berg Sinai empfangen habe. Religion und Familie - das war ihre Welt und ihr Leben.

Politik interessierte sie nicht. Ob gerade die Russen, die Ukrainer oder die Polen regierten, war ihr gleichgültig. Die Pogrome, Verfolgungen, Schikanen waren für die Juden doch fast immer die gleichen. Warum also sollte es bei den Deutschen anders sein? Als Jude sei man nun einmal zum Leiden geboren, glaubte sie, und das werde sich nur ändern, wenn der Messias komme. Daß er kommen würde, daran hatten weder meine Bobeschi Basia-Gella noch alle anderen jüdischen Bobes je gezweifelt. Warum auch? Erstens steht es so geschrieben, und zweitens beteten sie regelmäßig an den Wochentagen und lasen an jedem Sabbat die Zeena-Reena, ohne ein Wort zu verfälschen oder gar zu überspringen, genau wie es geschrieben steht.

Bobeschi Basia-Gella war für mich die Güte und Bescheidenheit in Person und eine Quelle der Lebensweisheit. Im Unterschied zu den jüdischen Männern dieser Generation, die bei jeder Unterhaltung mit Zitaten aus der Bibel prahlten und deshalb für gelehrt gehalten wurden, hatten sich die Bobes bescheiden zurückzuhalten. Sie zählten als Frauen nicht.

Die Unterhaltung mit meiner Bobeschi war dafür gewürzt mit Bildern, Gedanken und Weisheiten, die weder aus der Bibel noch aus anderen Büchern oder von Philosophen stammten. Ihr Ursprung war das tägliche Leben. Einige Beispiele:

Über zwei Menschen, die als Partner zusammenpassen, pflegte sie zu sagen: »Jedes Töpfl hat sein Sterzel.« (Jeder Topf findet seinen passenden Deckel.)

Trauriges Wetter: »Wie bei den Juden in den Herzen.« (Weil die Juden infolge der Verfolgungen immer traurig waren.)

Wenn klar war, daß etwas nicht lange dauern würde: »So lange soll die jüdische Diaspora dauern.«

Beim Erzählen von Gutem und Schönem vergaß sie niemals, in hebräischer Sprache vorauszuschicken: »Ohne ein böses Auge«.

Beim Erzählen von Schlechtem und Bösem: »Möge uns Gott davor beschützen und beschirmen, meine Kinder, unsere Kinder und alle jüdischen Kinder."

Über Tote: »Mögen sie in Frieden ruhen und von uns abgeschieden sein.«

Bei schwer Erkrankten: »Möge uns Gott behüten vor Spitälern, und vorsorglich auch vor Kriminälern.«

Zusätzlich schloß sie der Reihe nach in solche Gebete ein die eigene Familie, sonstige Verwandte, Bekannte, alle Kinder Israels, in dieser Stadt und diesem Land, und dehnte das aus auf alle guten Menschen in der Welt; nicht einmal unseren Feinden und Verfolgern wünschte sie Krankheiten. Sie beendete diese Beschwörung mit einem Tfu, Tfu, Tfu, Tfu, Tfu, Tfu: ein leichtes Spucken nach rechts, nach links und in die Mitte.

Bei tiefer Sorge: »Wenn Gott so will, muß es sicherlich oder vielleicht so sein. Denn er sitzt oben und richtet unten.«

In großer Verzweiflung: »Wie Gott die Welt führt - da kann man manchmal zerplatzen.«

Nein, sie war nicht rebellisch oder revolutionär, meine Bobeschi. Sie zitierte nur die unsterblichen Volkssagen und Volksweisheiten, die heute noch passen und gelten. Ich hörte sie so gern und habe sie niemals vergessen können.

Als meine Bobeschi Basia-Gella, als eine von Tausenden jüdischer Bobes, gemäß den Wannsee-Beschlüssen nach dem Willen der hiesigen Gestapo vom Judenrat auf die Todesliste gesetzt und mit Hilfe von jüdischer und polnischer Polizei auf den Panjewagen verladen wurde, um zuerst nach Miedzyrzec, dann nach Treblinka ausgesiedelt zu werden, konnten wir nur an ihre Worte denken und fragen: Wie Gott die Welt führt - kann man da nicht wirklich zerplatzen? Ob sie dasselbe dachte? Oder dachte sie: Wenn Gott so will, muß es sicherlich oder vielleicht so sein? Diesmal sagte sie nichts.

Mit erhobenem Kopf, ohne Tränen, stieg sie auf den Panjewagen. Es war ihr Blick, der mir in Erinnerung blieb. Zusammen mit einigen hundert jüdischen Menschen fuhr sie an diesem Tag in den Tod. Bei der Ankunft in Miedzyrzec traf sie die erste Kugel des SS-Schergen Heyn, der sich als eifriger Schütze auf diese Transporte hervorgetan hat.

So geschah es meiner Bobeschi Basia-Gella, und so geschah es vielen vielen anderen jüdischen Bobes. Mögen sie alle in Frieden ruhen.

DER LETZTE JOM-KIPPUR

Unvergeßlich ist mir der Jom-Kippur 1942 in Radzyn. An diesem Tag des Fastens und der Versöhnung sind alle Juden sehr ernst und beten den ganzen Tag hindurch. Es ist der einzige Tag unserer Religion, den wir ganz in der Furcht des Herrn verbringen. Der Judenälteste ließ diesmal alle seine Verbindungen spielen, um zu erreichen, daß wir an diesem Tag ungestört beten konnten. Ohne daß es ausgesprochen worden wäre, wußte jeder, daß es der letzte große Tag des Betens und der letzte Jom-Kippur war - es sei denn, ein Wunder würde geschehen. Es war, als wollte man noch einmal Gott anflehen, anschreien, anbeten oder mit ihm abrechnen, jeder auf seine Weise. Ein letzter Versuch, vielleicht half Gott doch noch, vielleicht... Denn bald würde es auch für die letzten von uns zu spät sein. Dieses Gebet an diesem Jom-Kippur-Tag war das Herzzerreißendste, das ich je miterlebt habe. Wenn es überhaupt ein Gebet gibt, das im Himmel nicht überhört werden darf, konnte es nur dieses Gebet sein.

In der Nähe der Geschäfte der Familien Weidenbaum und Mandelbaum verbrachten wir diesen Tag in einem Stiebe. Etwa 50 Männer und Frauen fasteten, beteten und weinten dort zusammen. Die Einzelheiten kann ich nicht beschreiben, vielleicht könnte es derjenige, der den »Hiob« geschrieben hat. Trotz des Versprechens, das Gebet nicht zu stören, kam die Gestapo, machte sich über uns lustig und nahm einige Beter mit dem Gebetsschal mit zur Arbeit. Alle Betenden, aber auch alle, weinten, und sie weinten nicht nur Tränen, sie gossen ihre Herzen vor Gott aus. Aus dem ewig wiederholten »Mi lechaim, Mi lamowet« (Wer zum Leben, wer zum Tode) kam die verzweifelte Frage: Warum, warum sind nur wir lamowet (zum Tode) gezeichnet? »Skila sreifa hereg wchenek« (Steinigung, Verbrennung, Töten, Ersticken)? Ist das die Art des Todes, die für uns, dein Volk, bestimmt wurde? Großer Gott, ist das dein Urteil über uns, dein angeblich auserwähltes Volk? Warum? Warum? Nicht nur an den Flüssen von Babylon, auch hier, zwischen Bug und Weichsel, sitzen wir und weinen. O Gott, lieber Gott, warum hast du uns verlassen? Wie kannst du zusehen, was mit uns geschieht?

Als Ruhe eintrat, war es wie die Stille des Todes. Zwischendurch immer wieder ein Seufzen und Schluchzen, das wie ein Messer in der eigenen Brust zu spüren war. Die Menschen sprachen nicht miteinander. Sie hatten sich nichts zu sagen. Hilflos zu einer Schicksalsgemeinschaft zusammengeschmolzen, erfüllte sie alle der gleiche Gedanke: Wenn unser Gebet auch diesmal nicht gehört und wenn uns nicht geholfen wird, dann wehe uns, wehe, wehe.

Der schon erwähnte Levy Levi war der Vorbeter. Er war ein echter Schliach-Zibur an diesem Jom-Kippur. Seine Worte kamen als Schmerzensschreie aus der Seele, sie gaben die Leiden einer gequälten und verzweifelten Gemeinde wieder. In Ehrfurcht machten die Betenden von der Möglichkeit Gebrauch, ihre Leiden klagend und anklagend, bittend und bettelnd vor dem himmlischen Gericht auszuschütten. Wie Tausende von Jahren vorher war es hier der Wunsch und das Gebet der Stunde, daß nur das himmlische Gericht, auf das wir allein noch vertrauten, und kein Richter und kein Gericht auf Erden unser Schicksal bestimmen möge. Alle waren wir wie nie zuvor im Gebet um himmlische Hilfe gegen irdische Grausamkeit vereint. Alle hatten nur den einen Wunsch: das nackte Leben zu retten. War es zu viel verlangt? In Schweiß gebadet, zitternd, waren wir alle nur auf die eine bange Frage konzentriert: Werden unsere Gebete diesmal gehört?

Uns war eigentlich schon alles genommen, aber an »Glaube und Hoffnung« wollten wir mit letzter Kraft festhalten. Niemals zuvor hatten wir das Gebet »Al cheith, w'al chatoim schechatanu« (Für meine und unsere Sünde) mit so viel Hingabe gesprochen. Nach jüdischer Sitte bekennt man sich zu seiner Sünde, indem man sich bei diesen Sätzen an die Brust schlägt. Am Ende werden Gott und die Menschen um Verzeihung und Versöhnung gebeten. In unserer Not hofften wir, daß der Herrgott, dessen Liebe und Barmherzigkeit wir priesen, uns auch diesmal verzeihen, uns vor weiterer Pein schützen und uns das Leben schenken würde.

Als der Vorbeter das Totengebet mit »El-moleh-rachamin« (Gott der Barmherzige) anstimmte und aller ermordeten, verbrannten, erschlagenen Männer, Frauen und Kinder, Väter und Mütter, Schwestern und Brüder gedachte, erstickte die Gemeinde an den Tränen. Es waren so wenige, die so viele beweinen mußten. Und bald würden auch die hier noch Versammelten zu den Beweinten gehören, und keiner würde für sie das Totengebet mehr sprechen können.

Seit damals verfolgen mich immer bei solchen Gebeten die Bilder und Gedanken jener Zeit. Sie sind nicht aus meinem Gedächtnis zu löschen.

Wie alle Jahre zuvor, endete der Gebetstag mit dem Wunschgebet »Lschana-habaha b'Jeruschalaim« (Nächstes Jahr in Jerusalem). Und es änderte sich nichts, es dauerte auch kein Jahr, und es war nicht Jerusalem, es war Treblinka. Ich bin der einzige aus dieser Gemeinde von Betenden, der zufällig überlebt hat.

Bald spürten wir am eigenen Leib, daß es zumindest in dieser Stadt und in diesem Land für uns Juden keine Barmherzigkeit mehr gab, auch kein Verzeihen und kein Vergeben, und daß wir der irdischen Ungerechtigkeit nicht entgehen konnten. In dem Wunsch, uns seelisch an die Gottesliebe anzulehnen, und in dem Appell an die himmlische Gerechtigkeit fühlten wir uns abgewiesen und verwiesen an die Zuständigkeit der zur Zeit auf Erden herrschenden Ungerechtigkeit.

Die Aussiedlungsaktionen, die Transporte nach Treblinka, Majdanek und Auschwitz gingen weiter. Die noch in Radzyn verbliebenen Juden ließen sich von den Deutschen und vom Judenrat in Sicherheit lullen, vertrauten auf die Nützlichkeit ihrer Arbeit und die damit verbundene Berechtigung zum Leben.

Weil wir ständig die Wohnung wechseln mußten und es in Radzyn kein geschlossenes Ghetto gab, bauten wir keine richtigen Verstecke. In anderen Städten wurden ausgeklügelte Bunker angelegt, und mit etwas Glück konnten manche Juden dort einige Aussiedlungsaktionen überstehen. In Radzyn jedoch wurden wir vom Tag der großen Aussiedlung überrascht und waren den Mördern innerhalb kurzer Zeit ausgeliefert.

MEINE FAMILIE, MEIN KIND

Im Spätsommer 1942 wurden wir eines Tages gegen 4 Uhr früh von einer Aktion überrascht. Das Judenviertel war von SS, Gendarmerie, Schutzpolizei, polnischer Polizei und vom besonders gefürchteten ukrainischen Sonderdienst umstellt. Von allen Seiten wurde geschossen, Menschen wurden geschlagen, Häuser demoliert und geplündert. Wie die Geier fielen sie über uns her. Jeder dieser Mörder glich einem Raubtier, wenn er einen Juden packte. Den Opfern blieb nur Resignation.

An diesem Morgen wurden etwa 600 Juden aus ihren Häusern getrieben. Aus Lautsprechern kam die Durchsage: Wer im Haus bleibt oder sich versteckt, wird sofort erschossen! Alle Juden zum Sammelplatz! Einigen Familien wurde 10 Minuten Zeit gegeben, das Haus zu verlassen. Es gab kein Entrinnen. Dann standen wir alle auf dem Platz und warteten, wie über unser Schicksal entschieden würde.

Das übliche Ritual begann. Gestapochef Fischer erschien mit voller Mannschaft und seinem Hund. Der Judenälteste und sein Stellvertreter Grünblatt waren in ihrer Nähe. Sie hatten eine Liste bereit, aus der Namen verlesen wurden. Wer aufgerufen wurde, mußte vortreten und auf der Straße gegenüber Aufstellung nehmen.

Momente kaum erträglicher Spannung. Unsere Sinne waren ganz auf das Erfassen der Namen konzentriert. Das Urteil des Jom-Kippur-Gebets »Mi lechaim, Mi lamowet« (Wer zum Leben, wer zum Tode), hier wurde es von Grünblatt im Auftrag der SS verkündet. Doch bald merkten wir, daß die Aufgerufenen zum Bleiben bestimmt waren: Wir erlebten eine sogenannte Selektion.

Etwa 70 Menschen wurden aussortiert. Es waren sogenannte »Arbeitsjuden«, aber ohne ihre Frauen, Kinder, Eltern oder sonstigen Angehörigen. Nur der Judenälteste Lichtenstein und sein Stellvertreter durften ihre Familienangehörigen dabehalten. Aus meiner Familie wurde ich allein als nützlicher Jude aufgerufen. Ich allein, nicht meine Mutter, mein Vater, meine Schwester, mein Schwager und ihr kleines Kind. Bis zur letzten Sekunde hofften meine Schwester und mein Schwager Süßmann auf die Herren von der Firma Overbeck aus Bremen, die doch so oft versprochen hatten, ihren treuen arbeitsamen Juden zu helfen. Aber diese Hoffnung war vergeblich.

Die auf dem Sammelplatz Zusammengetriebenen waren umzingelt von SS und Polizei. Ältere Menschen, die gehbehindert waren, wurden auf der Stelle erschossen. Weinende, schreiende Frauen wurden mit Gewehrkolben geschlagen, manches Kind, das im Wege stand, wurde erschossen. Familienangehörige versuchten, einander an den Händen festzuhalten. Nur wenige der Juden hatten einen Koffer oder eine Decke oder einen Mantel mitgenommen. Bei einigen merkte man an den sich bewegenden Lippen, daß sie ein Gebet murmelten.

Als meine Angehörigen sahen, daß nur ich zum Bleiben aussortiert wurde, gaben sie dem Kind meiner Schwester den Schlüssel zur Wohnung, um ihn mir zu bringen. Es muß ein letzter Versuch gewesen sein, das Kind zu retten; denn die Wohnung war nicht richtig verschlossen. Jedenfalls trippelte das kleine Mädchen, nichtsahnend lächelnd und mit dem Schlüssel in seinen Händchen zu mir über die Straße. Wie durch ein Wunder hielt es niemand auf, es kam zu mir und überreichte mir den Schlüssel. Ich konnte es zwischen den engen Reihen, in denen wir Aufstellung genommen hatten, sofort verstecken. So wurde es gerettet. Vorläufig.

Für alle, die an diesem Tag auf dem Sammelplatz zusammengetrieben worden waren, war es das letzte Zusammensein. Alle wußten, daß der Weg nach Treblinka in die Gasöfen führte. Auch meine Familienangehörigen und ich sahen uns zum letzten Mal in die Augen. Es gab keine Hysterie, kaum jemand weinte, der Schmerz verschlug uns die Sprache. In den stillen Blicken lag beim Abschied alles. Manche faßten es als Gottesurteil auf, vielleicht hat das ihren Schmerz erleichtert.

Die zum Verbleib Bestimmten gingen in die leeren Häuser zurück, die anderen wurden bald darauf mit Lastwagen in das Vernichtungslager Treblinka abtransportiert. So blieb ich noch einmal am Leben - wenn man dieses Leben als Leben bezeichnen konnte.

An diesem Tag vollzog sich der Untergang der Juden von Radzyn. Auch meine Welt ging an diesem Tag unter. Wie alle anderen verlor ich meine Familie, meine so sehr geliebten Eltern, meine zweite und letzte Schwester und den Schwager. Einsam blieb ich zurück, an meiner Seite ein kleines Mädchen, »mein Kind«. Wie oft habe ich mir Vorwürfe gemacht, warum ich damals nicht das Los meiner Familie geteilt habe. Wäre das nicht gerecht gewesen? Was war Gottes Gerechtigkeit? Ich wünschte mir damals, daß sich die Erde öffnete und uns alle verschlänge. Ich bin sicher, daß dies der Wunsch der meisten von uns war. Doch die Erde öffnete sich nicht.

Ich weiß nicht, woher wir die Kraft nahmen, nach Hause zu gehen. Ich hatte meinen letzten und geliebten Familienbesitz, mein Kind, meine kleine Sarah Süßmann an der Hand gefaßt und ging mit ihr in unsere Wohnung. Das Kinderhändchen war mir wie angeschmiedet, wir sahen uns an, keiner brachte ein Wort heraus. Ich war 19, das Kind kaum 6 Jahre alt. In Wirklichkeit war Sarah an diesem Tag älter geworden als ich. Ein bis jetzt fröhliches, süßes Mädchen hörte plötzlich auf zu lachen.

Wenn ich morgens zur Arbeit ging, bestand Sarah'le darauf, mit mir zusammen aufzustehen, mich bis an die Eingangstür des Bürogebäudes zu begleiten und so lange zu warten, bis sie mich nicht mehr sehen konnte. Zum Eingang führten fünf oder sechs Stufen. Auf diesen Stufen saß mein Kind, wenn um 13 Uhr die Mittagspause anfing, und wartete auf mich. Nach der Mittagspause begleitete es mich zurück, wartete wieder, bis ich aus seiner Sicht war, und abends saß es wieder auf den Stufen. So war es jeden Tag und bei jeder Witterung, bei Kälte und Regen.

Auch zu Hause wollte sich Sarah'le nicht von mir trennen, wollte nur mit mir zusammen in einem Bett schlafen. Mit aller kindlichen Kraft wurde ich dann von ihr umarmt und umschlungen. Nur so schlief sie ein. Ich mußte weinen, aber sie durfte es nicht merken. Nicht nur das Lachen hatte sie verlernt, ich konnte sie auch nicht zum Singen bringen. Sie sprach nur leise und antwortete klug und sachlich auf jede Frage... Aber sie sprach sehr wenig. Sie hat nie mehr gespielt, nie mehr geweint, sich nie mehr beschwert, nie nach etwas verlangt, war so ganz anders als vorher. Ich hatte in den letzten zwei Jahren so viel gesehen und miterlebt, aber kein Erlebnis hat mich so erschüttert, so erdrückt wie diese Tage und Nächte mit meinem Kind Sarah'le Süßmann. Ihre Augen strahlten etwas aus, das ich nur beweinen, aber nicht beschreiben kann.

Geld und Wertsachen besaß ich nicht. Zu Hause gab es noch ein paar Lebensmittel, davon ernährten wir uns. Die wenigen Mahlzeiten - wenn man sie so nennen kann - nahm ich immer zusammen mit meinem Kind ein. Es war ein bißchen so, wie Vögel ihre Jungen füttern, gleichsam von Mund zu Mund; jeder wollte, daß der andere satt wird, weil er den anderen länger als sich erhalten wollte.

Sarah'les Liebe zu den Eltern hatte sich verlagert auf mich. Es war eine merkwürdige Mischung von plötzlich erwachtem Ernst und starker Kindesliebe, die mich überraschte und herausforderte. So gut ich konnte, spielte ich die mir zugefallene Rolle, um dem Kind das Leben zu erleichtern. Mit aller Kraft, aber leider ohne nennenswerten Erfolg versuchte ich, es aufzuheitern, abzulenken, mit ihm zu spielen - nach außen lachend, innen voller Trauer und Sorge. Dem Kind war anzusehen, daß es die ganze Wahrheit kannte; es wußte, daß die Eltern verschleppt und ermordet wurden. Gleichgültig hörte es sich meine Ausreden an, daß Vater und Mutter verreist wären und bald zurückkehren würden. Sarah'le wußte es besser. Wie aus einem offenen Buch konnte man in ihrem Gesicht lesen. Sie wußte, daß bald alle, auch sie, nach Treblinka gehen würden. Und sie glaubte nicht einmal, Vater und Mutter dort noch anzutreffen.

Es lebte nur kurz, dieses Kind, nur einige wenige Jahre, wie fast alle jüdischen Kinder dieser Zeit. In seinem Leiden drückt sich für mich das Leiden aller dieser jüdischen Kinder aus. Und sooft ich das Bild jener Menschenmassen sehe, die auf die Frage ihres Propagandachefs, ob sie den totalen Krieg wollten, mit dem bekannten brüllenden Jaaaa antworteten, erscheint in meiner Erinnerung das Bild dieses Kindes, stellvertretend für all die Kinder, gegen die dieser totale Krieg geführt worden ist. Keine Stimme, keine Hand hat sich gegen diesen in der Menschheitsgeschichte einmaligen Kinder-Holocaust erhoben. Und keine Zeugen wurden später darüber vernommen. Kinder können Opfer sein, aber keine Zeugen. Außerdem sind fast alle tot.

Zum Glück für uns beide fand sich schon bald eine Schwägerin meiner Schwester ein, die sich bei der großen Aktion versteckt hatte und so ihrem Schicksal zunächst entgangen war. Sie nahm sich ihrer Nichte an und versorgte sie, wie es eine Frau besser kann als ein junger Mann. Ich war ihr dafür sehr dankbar.

ALLEIN IN RADZYN

Nach dieser letzten, überraschenden Aktion hat sich die Lage in der Stadt nicht mehr normalisiert. Sie blieb äußerst gespannt. Jedes Vertrauen auf deutsche Versprechungen war dahin. Die Aussichtslosigkeit unseres Daseins wurde uns bewußt. Es gab keinen vollzähligen Judenrat mehr, nur Lichtenstein und Grünblatt waren noch da, auch keine jüdische Polizei und keine bei der Gestapo arbeitenden Juden. Alle waren mit dem Transport verschwunden. Jacob Ponczak und sein Freund Rosenzweig, die im Pferdestall der Gestapo beschäftigt und vorgewarnt gewesen waren, hatten mit viel Glück fliehen können. Sie hielten sich im Hause der Mikva versteckt. Ich wohnte in der Nähe und versorgte sie, soweit es mir möglich war, für einige Tage mit Essen, bis sie verschwanden und untertauchten. Ponczak überlebte, ist aber inzwischen in Israel verstorben. Einige andere, denen es gelungen war, sich während der Aktion zu verstecken, tauchten jetzt wieder auf. Aber es dauerte nicht allzu lange, und sie wurden nach Miedzyrzec ins Ghetto abgeschoben. Bei einem dieser Transporte war, wie ich später erfuhr, auch mein Kind mit der Tante dabei.

In der Stadt sah man bald Kolonnen von Arbeitern, diesmal nicht von Juden, sondern von Polen und Ukrainern. Nach der Aussiedlung der Radzyner Juden waren ihre Häuser frei, und so wurden die jüdischen Wohnungen leergeräumt. In der Synagoge wurden Möbel, Hausrat, Kleidung usw. gelagert. Die dort stationiert gewesenen Wehrmachtseinheiten waren mit ihren Pferden längst abgezogen. Alles wurde nach Qualität sortiert; Wertvolles war längst nicht mehr dabei, war heim ins Reich verschickt oder verschoben worden. Manches von dem Verbliebenen wurde an Nichtjuden verteilt, anderes verbrannt.

Für uns 60-70 Juden, die noch hier lebten, war es schrecklich, dieser unserer eigenen Liquidation beizuwohnen. Für die Nazis und besonders auch für die polnischen Antisemiten waren es fröhliche, lang ersehnte Tage.

Am Abend, wenn es dunkelte, waren schattenhaft Menschen zu sehen, wahrscheinlich Polen aus der Umgebung, mit Säcken unter dem Arm auf dem Weg zu kleinen Plünderungen. Diese Tage gehörten den Asozialen und Antisemiten. »Hulliet, hulliet, heut ist eure Zeit« - so hieß es treffend in einem jüdischen Lied. Es sah nach einem Ende aus, dem Ende einer Stadt, einer Zivilisation oder der Menschheit, ich wußte es nicht. Jedenfalls war es ein Ende.

Unsere Chewra war von der großen Aktion verhältnismäßig verschont geblieben. Wie ich waren auch die Geschwister Kamienietzki als nützliche Juden aussortiert worden; ihre Mutter hatte man bereits früher nach Miedzyrzec verschickt. Die Gebrüder Gellermann und noch einige andere waren in Suchowola. An einem Wochenende kamen wir in meinem Häuschen, das eher eine Hütte war, zum ersten Mal wieder zusammen. Meine Familie hatte noch kurz vor der Aktion wieder einmal umziehen müssen, und ich bewohnte jetzt allein die häßliche Holzbude in der Nähe des Ritualbades und anderer ehemals jüdischer öffentlicher Einrichtungen. An manchen Tagen stank es dort unerträglich. Aber diese Lage hatte den großen Vorteil, daß man am Stadtrand war und fast zu jeder Nachtzeit ungesehen aus der Stadt verschwinden konnte. Das paßte vorzüglich in unsere Pläne.

Wir berieten wie immer die neueste Lage und waren uns einig, daß der Tag X bevorstand und daß wir - wenn überhaupt - nur mit arischen Papieren eine Überlebenschance hatten. Mit arischen Papieren konnte man entweder in einer Großstadt untertauchen oder nach Deutschland als Fremdarbeiter gelangen. Letzteres war freilich besonders schwierig, weil es Juden verboten war, als Fremdarbeiter nach Deutschland zu gehen. Und wenn man sich mit arischen Papieren als Pole zu einem Transport gemeldet hatte, wurde man fast immer von den Polen als Jude erkannt, denunziert und der Gestapo übergeben. Im Wald oder in den Dörfern unterzutauchen, erschien uns äußerst riskant. Viele hatten es versucht, die meisten waren gescheitert und im Netz der Gestapo gelandet. Arische Papiere waren die Voraussetzung für jeden Rettungsversuch. Jeder von uns hatte sich bemüht, sie sich zu beschaffen. Jetzt war es soweit: Die Ausweise und Dokumente waren fertig.

Wir blieben die Nacht zusammen, aßen etwas, tranken Wodka. Nicht des Genusses wegen, sondern um dem Nachdenken zu entgehen über das, was uns noch bevorstehen würde, und all das, was bereits hinter uns lag.

Unsere Chewra schaffte es auch jetzt noch, sogar ziemlich oft, zusammenzukommen und stundenlang zu beraten und zu diskutieren. Es waren Stunden des Cheschbon-hanefesch. Diese gemeinsamen Beratungen waren uns allen zur großen moralischen Stütze geworden. Man erzählte den anderen von einem geheimen Flugblatt, von einer guten Kriegsnachricht oder von einem gelungenen Sabotageakt gegen die deutsche Kriegs- und Vernichtungsmaschinerie, die leider noch ungeheuer stark und durchaus intakt war. Man freute sich darüber, obwohl man zugleich wußte, daß jede dieser Unternehmungen nur ein Mückenstich war.

Wenn auch jeder von uns enttäuscht und verbittert war, zusammen war es uns eher möglich, uns gegenseitig Mut einzuflößen und die Hoffnung hochzuhalten. Wir hatten fast alle keine Familienangehörigen mehr. Automatisch verlagerten sich die Familiengefühle auf die freundschaftlichen Bindungen. So wuchsen wir immer mehr zu einer Ersatzfamilie zusammen, die durch gemeinsames Schicksal verbunden, im Kampf ums Überleben vereint und angesichts der schier aussichtslosen Lage zum Zusammenbleiben verurteilt war, bis der Tod uns scheiden würde. Alles was wir besaßen, gehörte uns allen zusammen. Wir lebten wie in einer Kommune, außerordentlich harmonisch, zu jedem Opfer für einander bereit.

Hatte man früher manchmal noch geträumt von Widerstand, Rettung der Ehre unseres Volkes, von einer Zukunft, die uns vielleicht nach dem Krieg erwartete, so wußten wir jetzt, nach dem Wannsee-Todesurteil, daß das Ziel eines jeden Juden nur noch sein konnte, das eigene Leben und das Leben eines jeden jüdischen Menschen zu erhalten. Mit unseren neuen, polnisch-arischen Kennkarten fühlten wir uns bestätigt in diesem Vorhaben, trotz aller Risiken und Gefahren.

In dieser Zeit konnte der Drang zum Überleben einen ungeheuer hohen Preis fordern. Hinter ihm versteckten sich häufig selbstsüchtige Instinkte, und allzuoft wurden Moral und Menschlichkeit hintangesetzt oder das eigene Überleben sogar auf Kosten von Mitmenschen erreicht. Das Vernichtungssystem der Nazis war ja gerade aufgebaut auf menschlicher Schwäche, auf Egoismus und Amoralität. Deshalb sind damals viele Juden in ihrem Drang zu überleben auf harte Gewissensproben gestellt worden. Diejenigen, die mit dem eigenen Tod diese Probe bestanden, zählen zu den heiligsten. Es gab aber auch andere, so eine ganze Anzahl von Mitgliedern der Judenräte und der jüdischen Polizei, die vor dieser harten, im Grunde unmenschlichen Probe versagten. In ihrer Naivität und Schwäche vertrauten sie den Mördern und wurden oft zu deren Helfershelfern. Um das eigene Leben zu retten oder erträglicher zu gestalten, handelten sie blind und skrupellos, vergaßen, übersahen und opferten schließlich die eigenen Leidensgenossen. Auch sie trugen bei zur Schande dieser Zeit.

Ich bin es meiner Chewra schuldig zu betonen, daß wir in dieser Schreckenszeit nie aufhörten, uns das Moralisch-Menschliche gegenseitig zu erhalten. Es wurde auch mir damals zur Richtschnur meines Lebens.

Die Spannung unter den ungefähr 70 noch in der Stadt verbliebenen Juden hielt an. Die Nachrichten und Gerüchte überstürzten sich. Auch das Gerücht von einer bevorstehenden Aktion sickerte durch. Demnach sollten nur noch etwa 25-30 Juden in Radzyn verbleiben, und zwar kaserniert. Das bedeutete, tagsüber unter Bewachung zu arbeiten und nach der Arbeit in das städtische Gefängnis eingeliefert zu werden. Es würde ein geborgtes Leben sein, ohne jede Freiheit und angewiesen auf Gnade - für die Endlösung jederzeit bereit. Bis jetzt hatten wir frei gearbeitet, und jeder hatte noch seine Bleibe. Als die Nachricht bestätigt wurde, kam unsere Chewra wieder zusammen, und wir beschlossen einmütig, uns auf keinen Fall einer Kasernierung zu unterwerfen. Wir wollten uns nicht noch einmal belügen lassen.

Mit dem Sohn des Judenältesten, meinem Beschützer, hatte ich niemals über unsere Chewra und unsere Pläne gesprochen. Weniger aus Mangel an Vertrauen, als aus Skepsis unseren eigenen Plänen gegenüber. Judenratsmitglieder und ihre Familienangehörigen wollten und sollten von solchen Dingen nichts wissen. Als ich Simon offen erklärte, daß ich nicht die Absicht hätte, kaserniert zu werden, fühlte er sich frei und entlastet. Er hatte geglaubt, ich würde ihn um seine Unterstützung bitten, um der Kasernierung zu entgehen. Und dazu hätten wahrscheinlich nicht einmal seine Beziehungen gereicht.

In dieser Zeit fehlte es nie an Überraschungen, bei denen man nicht wußte, ob man weinen oder lachen sollte. Eine dieser Überraschungen war, daß Simon nach dem Willen seines Vaters noch vor der Kasernierung das Fräulein Weinapfel heiraten sollte. Andzia Weinapfel war gebildet und sah gut aus. Sie sprach nur polnisch, redete aber wenig und nur mit wenigen - ein in jeder Weise verwöhntes Mädchen. Sie arbeitete im Arbeitsamt und galt als nützlich und - auch durch die Freundschaft mit Simon - protegiert. Viele junge Menschen haben während des Krieges geheiratet, aber da gab es noch kein Treblinka und keine Endlösung. Jetzt, wo überall der Tod lauerte, war alles anders. War es besser, verheiratet umzukommen? Nach der Heirat die Hochzeitsreise ins Gefängnis? In meiner Chewra wußten wir wirklich nicht, wie wir darüber denken sollten. Es erinnerte uns an das Drama »Dibbuk« oder an eine Szene in »Josche Kalb« wo die Hochzeitszeremonie ebenso wie die Vertreibung des Dibbuk auf dem Friedhof stattfindet. Denn diese Stadt und dieses Land waren damals ein einziger großer jüdischer Friedhof. Ob die geplante Hochzeit tatsächlich zustande kam, kann ich nicht mit Sicherheit sagen. Denn zu diesem Zeitpunkt war ich mit meinen Freunden bereits untergetaucht.

Etwas Merkwürdiges passierte auch den Schwestern Kamienietzki. Ein Gestapomann namens Burger, in dessen Amt viele Juden mit arischen Papieren landeten, kam eines Tages zu den beiden Mädchen, die für ihn und seine Familie Kleidung und Wäsche zu nähen hatten, und warnte sie davor, sich arische Papiere zu besorgen und zu fliehen. Er selbst verbürgte sich, sie zu beschützen, solange der Krieg dauerte. Aber niemand traute mehr einem Gestapomann. Außerdem hatten die Schwestern zu dieser Zeit bereits alle Vorbereitungen für die Flucht mit uns getroffen, und wenige Tage später verschwanden sie mit der Chewra in Richtung Warschau. Ob es Burger das Herz brach? Niemand weiß, ob seine Absichten ehrlich waren. Doch der Zufall wollte es, daß die Schwestern später noch einmal in seine Hände gerieten.

Etwa 25 jüdische Menschen in Radzyn, die letzten der ehedem 5000 Juden, haben sich dann tatsächlich freiwillig kasernieren lassen. Nicht einer von ihnen ist am Leben geblieben.

ALS ARIER IN WARSCHAU

Wir hatten unsere Flucht so organisiert, daß wir zu je zwei Personen nach Warschau fahren und zu zweit untergebracht werden sollten. Keiner wußte die Adresse der anderen. Nur Moschke Gellermann und sein Freund aus Warschau kannten alle Adressen; sie sollten als Verbindungsleute für uns alle fungieren. Das war aus Sicherheitsgründen erforderlich und hatte Vor- und Nachteile.

Der Tag der Abfahrt mit den falschen Papieren näherte sich. Angst hatte ich keine. Aber mein Gewissen gab mir keine Ruhe; denn schließlich wollte ich nicht nur mein Leben retten, sondern auch das des kleinen Kindes, für das ich Verantwortung trug. Es fiel mir schwer, Sarah'le zu verlassen. Aber es gab keine Möglichkeit, sie mitzunehmen, und in Radzyn zu bleiben, würde den Tod für uns beide bedeuten. Eine solche Gewissensentscheidung kann einen Menschen zum Wahnsinn treiben. Schließlich klammerte ich mich an den Gedanken (möglicherweise war es auch eine Entschuldigung von mir selbst), das Kind vielleicht retten zu können, wenn ich es durch Beziehungen fertig bringen würde, es einer polnischen Familie im Untergrund anzuvertrauen. Vielleicht würde es mit der Zeit dann alles Vergangene und auch mich vergessen. Es ging für uns beide allein ums Überleben.

Mein Partner beim Wohnen und Untertauchen sollte Mosche Ackereisen sein. Er war ungefähr fünf Jahre älter als ich. Wir gehörten derselben zionistischen Organisation an, und er war mit meiner Schwester Sonia befreundet gewesen. Kurz vor dem Krieg hatte man ihn zum Militärdienst eingezogen, und es war ihm gelungen, heil zurückzukommen. Seine drei Brüder hatten sich nach Rußland abgesetzt, seine Mutter war bei einer Judenaktion ums Leben gekommen. Sie war vermögend gewesen und hatte viele gute Freunde bei den Bauern gehabt; ihnen hatte sie alles, was sie besaß, zum Verstecken gegeben. Der zurückgekehrte Sohn konnte nicht darauf zurückgreifen, weil er über die Einzelheiten nicht Bescheid wußte, und mußte sich allein durchschlagen. So lebte er mit uns zusammen, bis der Tag X gekommen war.

Eines Abends, es muß Ende November oder Anfang Dezember 1942 gewesen sein, schloß ich die Wohnungstür hinter mir zu, warf den Schlüssel und die Armbinde mit dem Judenstern fort und wußte, daß ich niemals hierher zurückkehren würde. Verabschiedet hatte ich mich von niemand.

Mosche und ich waren wie zwei Arier angezogen, hatten hohe Stiefel an, entsprechende Reithosen, eine kurze Winterjacke, einen Hut mit einer kleinen Feder auf dem Kopf und einen kleinen Handkoffer in der Hand. Wir gingen auf Nebenwegen die 6 oder 8 km bis zum Dorf Pludy. Dort blieben wir einige Tage in dem halb ausgebauten Teil eines Holzhauses bei einer Bauersfrau aus dem Freundeskreis der Familie Ackereisen. Es war ungeheizt und sehr kalt. Der Wind blies durch die undichten Holzwände. Alles in diesem Raum, auch die Betten und das Bettzeug, gehörte der Familie Ackereisen. Wir konnten uns aber so zudecken, daß wir nicht froren, und waren froh, daß wir ein Dach über dem Kopf hatten.

Zwei Tage später besuchte uns unsere Danziger Offiziersfrau aus Bedlno. Elegant gekleidet und gut aussehend, erweckte sie mit ihrer freundlichen Erscheinung Vertrauen. Nach meiner neuen arischen Kennkarte mit meinem Foto und meiner Unterschrift hieß ich von nun an Jan Wozniak. Meine Geburts- und Arbeitskarte lauteten auf denselben Namen. Wir mußten uns die neuen Namen und Lebensdaten immer wieder einprägen, um uns nie zu versprechen. Nachdem alle Details und Vorsichtsmaßnahmen besprochen waren, legten wir den Tag der Abreise nach Warschau fest. Wegen der Dunkelheit wählten wir einen Zug, der zwischen 9 und 10 Uhr abends von Bedlno abfuhr und morgens zwischen 5 und 6 Uhr in Warschau eintraf. Von unserer Unterkunft in Pludy waren es etwa 3 km zu dem etwas abgelegenen Bahnhof. Zum verabredeten Zeitpunkt trafen wir in Bedlno unsere Begleiterin, die uns die Fahrkarten übergab. Trotz der späten Abfahrtsstunde mußten wir an verschiedenen Personen vorbei, deren Gesichter uns beunruhigten. Als wir in den Zug steigen konnten, war die erste Hürde genommen.

Der Zug war nicht voll besetzt. Aus Sicherheitsgründen versuchten wir, die Waggons zu wechseln. Gendarmerie, polnische Polizei und Bahnkontrolleure gingen unentwegt durch die Wagen. Immer wieder nahmen sie sich einzelne Fahrgäste vor, und einige auch mit. Alles Leute von uns, für die es keine Rettung mehr gab. Ich erkannte im Zug einige aus meiner Stadt, Chancia Wolf, ihren Bruder und Schwager, Usiel Weissmann, und noch einige andere. Wir tauschten Blicke ohne Worte, wir verstanden uns auch so. Ich unterhielt mich mit unserer Begleiterin, der hübschen Offiziersfrau, auf die ich alle Hoffnungen setzte. Meine Gedanken wanderten zu meinem verlassenen Kind und zu meiner Chewra, die zum Teil schon in Warschau war, zum Teil die Reise noch vor sich hatte. Und ich dachte an alle, die nicht so wie wir um ihr Leben kämpfen konnten, sondern sich mit dem von den Nazis vorgeschriebenen Tod abfinden mußten. Stunden der Spannung und Ungewißheit dauern unendlich lange. Vergeblich versuchte ich zu schlafen, lehnte mich an die Offiziersfrau, um das Gesicht zu verstecken. Mit geschlossenen Augen sah und hörte ich alles.

Endlich waren wir in Warschau. Am Bahnhof Wilenski stiegen wir aus. Am Ausgang standen unzählige deutsche und polnische Uniformierte und Geheimagenten Spalier in ihren Ledermänteln mit hochgestelltem Kragen und ins Gesicht gezogenen Hüten. Scharfe Augen musterten jeden der Ankommenden. Sie alle suchten nach der gleichen Ware: jüdisches Blut. Unsere Begleiterin hängte sich bei uns ein. Nach einigen Schreckensminuten wußten wir, wir hatte es geschafft! Eine halbe Stunde später waren wir bei der Mutter unserer polnischen Fotografin aus Radzyn, die uns die Anschrift gegeben hatte. Eine arme, gütige, alleinstehende Frau. Hier lernte ich auch den Sohn kennen, der später eine tragische Rolle spielen sollte.

Sie hausten in einer kleinen Eineinhalb-Zimmerwohnung im Parterre, die zum Hinterhof hin lag. In dieser Wohnung konnten wir unmöglich bleiben. Auch bei Tageslicht war es wegen der Nachbarn gefährlich; durch Tür und Fenster war alles zu sehen. Von Zuträgern wimmelte es. So legten wir uns auf den Boden, die Offiziersfrau zwischen uns, bis es dunkel wurde. Falls ich sie geküßt habe, ich weiß es nicht mehr, geschah es aus reiner Dankbarkeit.

Unser Freund Gellermann, der bereits in Warschau war, hatte durch seine Untergrundverbindungen für je zwei Personen Quartiere besorgt. Am Abend brachte uns unsere Betreuerin in das neue Quartier. Hier mußten wir uns von dieser mutigen, schönen Frau verabschieden. In der Hoffnung, uns in besseren Zeiten einmal wiederzusehen, umarmten und küßten wir sie. Wir sind uns nie wieder begegnet.

Bis jetzt war alles gut gegangen. Das Gefühl, unter anständigen Polen zu sein, machte uns überglücklich. Man darf den Glauben an die Menschen nie verlieren. Der große Sprung war gelungen. Aber der Kampf ums Überleben ging weiter.

Unser Quartier in Warschau befand sich in Praga, in der Radzyminska 52, 2. Stock, bei der Familie Czeslaw Kidzinski. Er war ein ehemaliger Zirkusartist, der unter dem Künstlernamen »Duo Alcaro« aufgetreten war; zur Zeit arbeitete er bei der Eisenbahn. Seine Frau war Kabarettänzerin. Beide waren im Untergrund tätig. Aber hierüber und über Juden wurde nicht gesprochen. In unserem Zimmer befanden sich zwei Betten, zwei Stühle, ein kleiner Tisch; es hatte zwei Fenster mit Gardinen, die immer zugezogen waren. Ein Bild an der Wand zeigte eine Zirkusnummer von Duo Alcaro. Um etwas frische Luft zu schnappen, gingen wir manchmal am Abend kurz aus dem Haus. Wir gingen einzeln und unter besonderer Vorsicht im Treppenhaus wegen der Nachbarn und dem Hausmeister. Zwei Vögel in einem Käfig, auf Verbindung zu den Freunden wartend, in großer Sehnsucht nach der Chewra und der Freiheit.

Nach einigen Tagen kam unser Verbindungsmann Moschke Gellermann. Wir waren froh und glücklich zu hören, daß es die ganze Chewra geschafft hatte und in Warschau gut angekommen war. Moschke berichtete auch, daß außer zum polnischen Untergrund auch eine Verbindung zur Haschomer-Hazair hergestellt worden sei. Ferner erwähnte er, daß die Geschichte mit Ojsermann erledigt sei. Daß es ein »Problem Ojsermann« gegeben hatte, das erfuhren wir erst hier.

Unser Freund Ojsermann aus Miedzyrzec, der unserer Organisation angehörte und Verbindung zu der Zentrale in Warschau hielt, hatte sich schon in unserer Haschomer-Hazair Zeit einmal an uns gewandt, wir sollten uns in einer Widerstandsgruppe organisieren. Trotz aller Bemühungen war uns das aber nicht recht gelungen, da wir ständig Verfolgungen und Aktionen ausgesetzt waren. Einige Zeit später, als die Gebrüder Gellermann noch in Suchowola waren, veranstaltete der berüchtigte SS-Mann Schulz wieder einmal eine seiner Privataktionen in Miedzyrzec. Ohne etwas zu sagen oder zu fragen, ging er in die Wohnung von Ojsermann und erschoß ihn an Ort und Stelle. Dieser Mord hatte in der Zentrale unserer Organisation in Warschau große Aufregung verursacht und zu Verdächtigungen geführt. Wie hatte so etwas bei dem guten Verhältnis zwischen den Gellermanns und Schulz passieren können? Warum war der SS-Mann Schulz ausgerechnet zu Ojsermann gekommen? Man hatte Moschke verdächtigt und ihm Vorwürfe gemacht; jetzt war es ihm offenbar gelungen, die mysteriöse Tat aufzuklären. Die Einzelheiten kenne ich bis heute nicht. Da außer mir niemand aus unserem Freundeskreis am Leben geblieben ist, war es mir auch nach dem Krieg nicht möglich, mehr darüber zu erfahren. Es gab damals so viel Hysterie, vielleicht war auch Unvorsichtigkeit im Spiel, vielleicht nur Pech oder böser Zufall. Ich bin sicher und werde bis zu meinem Tode davon überzeugt sein, daß meine ganze Chewra und die Gebrüder Gellermann insbesondere als Juden und Zionistentreue Freunde gewesen sind. Wahrscheinlich sind sie im Warschauer Ghetto Aufstand umgekommen. Ehre ihrem Andenken.

Bei einem seiner späteren Besuche erzählte mir Moschke, wie er von sogenannten Szmalcowinks entdeckt worden war. Das waren Polen, die sich darauf spezialisiert hatten, Juden ausfindig zu machen, um sie zu erpressen oder an die Gestapo auszuliefern. Sie erkannten ihn als Juden. Als er es abstritt, zerrten sie ihn in einen Hof, wo er die Hosen herunterlassen mußte. Mit 10.000 Zloty konnte er sich freikaufen. So sah das Leben aus.

Unsere finanziellen Ausgaben wuchsen und wuchsen. Wir zahlten für unsere Unterkünfte und für jeden Schritt. Die Kidzinskis waren sehr anständige Polen, und sie haben uns viel geholfen. Aber rein aus Idealismus taten sie es auch nicht. Das konnten wir auch nicht von ihnen erwarten, dazu waren sie zu arm. Mosche und ich zahlten so viel, daß es sicher für alle zum Leben ausgereicht hätte. Unsere Geldreserven hätten auch noch für eine längere Zeit gereicht. Das Leben bei den Kidzinskis wäre recht problemlos gewesen, wenn, ja, wenn es keinen Alkohol gegeben hätte, und wenn unsere beiden Polen dem Alkohol nicht so verfallen gewesen wären! Jeden Tag um 6 Uhr nachmittags, wenn Czeslaw von der Arbeit zurückkehrte, wurde die erste Literflasche mit echtem oder selbstgebranntem Wodka geöffnet, nach vier Stunden spätestens war sie leer. Und dann wurde eine neue geöffnet, wenn die Frau nach Hause kam. Getrunken wurde aus Gläsern. Ich kann mich nicht erinnern, auch nur einmal eine nicht ausgetrunkene Flasche gesehen zu haben. Im Rückblick muß ich über mich lachen; denn als ich zum ersten Mal ein Glas selbstgebrannten Wodka, »Bimber«, hinunterschluckte, verlor ich Sprache und Atem.

Durch Hochreißen der Arme und Klopfen auf den Rücken wurde ich ins Leben zurückgeholt. Mitmachen mußten wir, um nicht als Spielverderber zu erscheinen. Schließlich waren wir auf ihre Gnade angewiesen... Wenn Czeslaws Frau um 10 Uhr abends aus dem Kabarett heimkam, fing es so richtig von neuem an, dann zu viert. Sobald man betrunken wurde, zeigte die nicht gerade verschlossene Frau oft genug ihre Sympathien für uns und Czeslaw zeigte oder spielte Gefühle der Eifersucht. Selbstverständlich vergaßen weder mein Freund noch ich auch nur eine Sekunde unsere Lage. Doch die Höhepunkte eines solchen Bimber-Abends erforderten viel Fingerspitzengefühl, und die Angst vor einem Krach wuchs. Betrunkene Menschen, Polen im besonderen, können unberechenbar sein. Manche polnische Trinkgelage enden sogar unter besten Freunden mit Schlägereien. Dazu ist es glücklicherweise niemals gekommen, solange ich dort wohnte.

Wie sollte es weitergehen? Immer wieder die gleiche Frage. An ein Ende des Krieges war überhaupt nicht zu denken. Zu jener Zeit sprach man in Untergrundkreisen über Möglichkeiten, nach Rumänien zu fliehen, um von dort über die Türkei nach Palästina zu gelangen. Aber dazu brauchte man Geld, viel Geld. Trotzdem begeisterten sich viele, die in derselben Lage waren wie wir, für diese Idee. Unser großes Kapital bestand darin, daß wir gestohlene Personalpapiere beschaffen konnten. Die Menschen im Ghetto würden alles darum geben, um zu diesen Papieren zu kommen. Hier das Praktische mit dem Nützlichen zu verbinden, konnte unsere Rettung bedeuten. Ich besprach unsere Möglichkeiten mit meinem Freund und sah sofort eine Chance, daß ich vielleicht auf diesem Wege mein kleines Kind würde retten können. Voller Begeisterung und voller Hoffnung meldete ich mich freiwillig, mit den gefälschten arischen Kennkarten in das Ghetto von Miedzyrzec zu fahren. Es würde gewiß ein Unternehmen voller Risiken werden. Gelang es jedoch, so hatte mein Leben wieder einen Sinn, und meiner Chewra und meinem Kind, die ich über alles liebte, wäre geholfen.

Es war Anfang 1943. Die Nachrichten vom Krieg klangen ermutigend, die aus den Ghettos entmutigend. Im Ghetto von Warschau regte sich Widerstand. Außerhalb des Ghettos tobte eine wilde Jagd auf Juden, die sich versteckten. Über Moschke erfuhren wir alles, was im Ghetto vorging; er informierte uns auch über die Vorbereitungen zum Aufstand.

Vom Erfolg meiner Reise mit den falschen Pässen in das Ghetto von Miedzyrzec hing jetzt alles ab. Nach meiner Rückkehr würde etwas geschehen müssen. Verlief die Reise erfolgreich, so hofften wir zumindest finanziell in der Lage zu sein, unseren Traum zu verwirklichen und über Rumänien und die Türkei nach Palästina zu kommen. Die Alternative hieß, Anschluß an die Partisanen-Bewegung zu finden. Aber auch dazu brauchte man Geld. Hatte ich keinen Erfolg, blieb uns nur das Ghetto und der anonyme Untergang. Denn das Durchhalten mit arischen Papieren wurde immer schwerer und aussichtsloser.

So gesehen, wußte jeder von uns, daß wir nichts zu verlieren hatten. Wir spielten eigentlich nur noch mit dem bereits verlorenen Leben.

So trafen wir die notwendigen Vorbereitungen. Der Bruder unserer polnischen Freundin, der Fotografin aus Radzyn, sollte mich begleiten. Er wurde selbstverständlich auch gut bezahlt. Mein Quartiergeber wußte offiziell nichts über meine bevorstehende Reise. Weder Czeslaw noch seine Frau noch mein polnischer Begleiter kannten meinen richtigen Namen. Ich selber hatte ihn schon vergessen. Ich war Jan Wozniak.

MIT FALSCHEN PAPIEREN UNTERWEGS

Etwa Ende Februar oder Anfang März 1943 verabschiedete ich mich an einem Samstagabend von meinen drei Freunden, verließ das Haus und fuhr zum Bahnhof Wilenski in Warschau. Ich trug dieselbe Kleidung, in der ich gekommen war. Eine Judenarmbinde war in meiner Winterjacke eingenäht, weil ich sie zum Eintritt in das Ghetto brauchte. Meinen polnischen Begleiter traf ich vor dem Bahnhof. Überall waren wieder die Uniformierten, aber auch Zivilisten auf der Suche nach Juden. Wieder waren ihre Blicke auf mich gerichtet. Diese Parasiten lebten von unserem Blut. Da die Deutschen kaum einen Juden erkannten, war Denunziation und Erpressung eine weitgehend polnische Spezialität. Vor diesen Denunzianten fürchteten wir uns am meisten.

Aber ich hatte wieder Glück und kam durch. Der Zug fuhr ab. Auch diesmal verspürte ich keine Angst. Die Gefahr bekam mir wie eine gute Medizin. Meine Stimmung war gehoben. Die Wochen des Verstecktseins und ewigen Wartens in Angst und Ungewißheit, ohne selbst etwas tun zu können, hatten mich seelisch zermürbt. Jetzt endlich war ich wieder aktiv, hatte mein Schicksal selbst in der Hand und spielte mit vollem Einsatz gegen die Nazis. Ich fühlte mich beinahe wie ein Held. Andererseits versuchte ich mir auszurechnen, wie viele Todesstrafen ich heute schon verdient hatte. Die Finger beider Hände reichten dafür nicht aus.

Mein Begleiter und ich saßen in einem offenen Abteil, getrennt voneinander. Ich hatte ein kleines Köfferchen bei mir mit Hemden, Socken usw., garantiert koscher, mein Begleiter eine unauffällige alte Tasche, ausgesprochen treife. In dieser Tasche befanden sich 60 Blanko-Kennkarten sowie 60 Arbeits- und Geburtsurkunden, außerdem die notwendigen Stempel, Klammern und Tusche; ferner 4 ausgefüllte und mit Paßbildern versehene Kennkarten und die dazugehörigen Arbeits- und Geburtsurkunden. Letztere waren für vier Freunde in Suchowola bestimmt: Idl Turkeltaub, Idessa Turkeltaub und zwei andere, möglicherweise die Eltern Gellermann, die sich noch irgendwo bei Suchowola versteckt hielten. Von den vier zusätzlichen Ausweisen hatte mich Moschke im letzten Moment vor der Abfahrt unterrichtet. Die Betreffenden sollten sich bei mir zur Abholung der Papiere melden. Desgleichen hatten wir vereinbart, daß ich eine Kennkarte für Eva Zyto ausfertigte und ihr aushändigte. Eva war ein bildschönes Mädchen, eine Schulfreundin; sie konnte wunderbar singen, und alle Jungen waren in sie verliebt. Zuletzt arbeitete sie im Arbeitsamt und gehörte zu den Halbprivilegierten. Im Ghetto erfuhr ich dann, daß sie einen Tag vorher erschossen worden war. Man hatte bei ihr eine arische Kennkarte gefunden, die aus einer anderen Quelle stammte.

Nachts gegen 2 Uhr kamen wir in Miedzyrzec an. Im Bahnhof wieder ein Spalier von Gendarmen, polnischer Polizei und Geheimagenten, die sich die Augen nach Juden ausschauten. Doch wir kamen durch und gingen in ein nahegelegenes Hotel. Mein Auftreten war selbstbewußt - aus welchem Grunde, weiß ich nicht. Vielleicht wegen der guten Kleidung, der blanken Stiefel oder der schönen Feder an meinem Hut.

Ich legte einen größeren Geldschein zusammen mit meiner Kennkarte vor und bekam ein Bett, ebenso mein Begleiter. Ich bat darum, um 6.15 Uhr morgens geweckt zu werden, und betonte, daß ich um diese Zeit von einem benachbarten Gutshof, wo ich als

Ökonom beschäftigt sei, mit einer Pferdekutsche abgeholt würde. Sollte die Kutsche früher eintreffen, möge man mich sofort wecken.

In einem großen Zimmer voller Betten, in denen meistens deutsche Soldaten schliefen, wurde uns eine Schlafmöglichkeit zugewiesen. Wir legten uns hin, ich machte selbstverständlich kein Auge zu. Kurz vor 6 Uhr früh verließ ich allein das Hotel, schlich mich schnell zum Zaun des Ghettos und war im Nu drinnen. Mit meinem polnischen Begleiter, der im Hotel geblieben war, hatte ich vereinbart, daß er mich am selben Tage um 7.25 Uhr an einer bestimmten Stelle am Zaun treffen sollte, um mir die Tasche mit dem wichtigen Inhalt zu übergeben. Sollte es aus irgendeinem Grund nicht klappen, so war der gleiche Zeit- und Treffpunkt für den nächsten und für den übernächsten Tag verabredet. Nach dem dritten Tag mußte, falls es bis dahin nicht geklappt hatte, etwas Außergewöhnliches passiert sein.

Mit meiner Armbinde versehen, ging ich im Ghetto in das Haus, in dem mein Cousin Leo und andere Verwandte wohnten. Dort hinterließ ich meinen Hut, der zum Ghettobild nicht paßte und vielleicht aufgefallen wäre, und eilte zurück zu der verabredeten Stelle am Zaun, um die Tasche in Empfang zu nehmen. Aber mein Begleiter war nicht zu sehen. In dem Gefühl, das Ziel schon halb erreicht zu haben, erschienen mir die bangen Minuten des Wartens wie eine Ewigkeit. Die Lage war nicht ungefährlich; denn der Aufenthalt am Zaun war verboten. Da stand plötzlich ein Gestapomann vor mir, den ich aus Radzyn in Erinnerung hatte. Er schrie mich an: »He, Jude, halt! Was machst du am Zaun?« Spontan antwortete ich, daß ich beim Dachdecker arbeiten sollte und deswegen hier wartete. Aus den Augenwinkeln hatte ich ein Tor und ein Schild mit der Aufschrift »Dachdecker« wahrgenommen. Er verpaßte mir zwei Backpfeifen, die mich beinahe umwarfen, und beschimpfte mich mit »Judensau«; dann griff er zur Pistole und befahl »Hände hoch«. So stand ich vor ihm, mit erhobenen Händen.

Er betatschte mich von Kopf bis Fuß, knöpfte meine Winterjacke und das Jackett auf, kehrte jede Tasche, auch die kleine Uhrentasche, um und betrachtete jeden Papierfetzen. Aber er vergaß die hintere Hosentasche, und das war mein Glück. In dieser Tasche hatte ich die gefälschte arische Kennkarte, die Arbeits- und die Geburtsurkunde auf den Namen Jan Wozniak. Er schrie mich noch einmal mit »Judenschwein« an und gab mir zum Abschied einen Tritt in den Hintern. Diesen Tritt habe ich kaum gespürt in meiner Erleichterung und bin schnellstens verschwunden.

Daß ich davongekommen war, erschien mir wie ein Wunder. Ich empfand es als einen Hinweis, daß ich eine reelle Überlebenschance hatte und daß ich es schaffen würde. Ich bin sonst nicht abergläubisch, doch diesmal war ich es gern. Hätte der Gestapomann in meine hintere Hosentasche gegriffen und meine gefälschten Papiere gefunden, er hätte mich sicher an Ort und Stelle erschossen. Bestenfalls hätte er mich mitgenommen und erschossen, sowie er meine Verbindungsleute herausbekommen hatte. So aber war ich noch am Leben, sogar mit neuem Mut.

Am nächsten Tag war ich wieder an der vereinbarten Stelle am Zaun des Ghettos, allerdings einige Minuten später als verabredet. Unterwegs hatte mich ein gemeiner jüdischer Polizist aufgegriffen und zur Arbeit mitnehmen wollen. Ich flehte ihn an, kam aber erst frei, als sich eine Gelegenheit zur Flucht ergab. Außer Atem erschien ich also am Zaun, aber mein polnischer Begleiter war auch heute nicht da. Ich geriet in Panik, etwas Unvorhergesehenes mußte geschehen sein. Am Abend schlich ich mich ohne jede Papiere und ohne Armbinde aus dem Ghetto, was unter Todesstrafe stand, und suchte auf allen Straßen in der Nähe des Hotels, in dem wir übernachtet hatten, nach ihm. Aber ich fand ihn nicht. Am anderen Morgen war ich schon vor 7.25 Uhr am Zaun, diesmal an der Außenseite des Ghettos. Wieder war er nicht da. Mir schwante Böses. Etwas mußte schiefgegangen sein.

Nun war ich ganz auf mich allein gestellt. Vorgesehen hatten wir 4-6 Tage Aufenthalt im Ghetto von Miedzyrzec. Danach wollten wir zu meiner ersten Unterkunft bei der Bäuerin im Dorf Pludy, etwa 20 km von

Miedzyrzec entfernt, und von dort nach Warschau zurückkehren. Ich hatte aus diesem Grund nicht viel Geld und nur das Notwendigste zum Anziehen mitgenommen. Wir hatten nur zwei Möglichkeiten einkalkuliert. Entweder unser Plan glückte und die Papiere gelangten ins Ghetto und wir heil zurück nach Warschau. Oder man würde mich erwischen und festnehmen. In diesem Fall hätte ich selbst unter Folter nicht viel sagen können, weil meine Freunde mich absichtlich über viele Dinge vorher nicht informiert hatten; ich wäre dann sehr bald erschossen worden. Mit der dritten Möglichkeit, daß nach überstandener Reise der Kontakt mit dem Begleiter verloren gehen könnte, hatten wir überhaupt nicht gerechnet. In solchen Zeiten bedenkt man ohnehin nicht alle Eventualitäten, sonst würde man so etwas gar nicht unternehmen können. Als es mir nach weiteren drei Tagen und Nächten, nach mehrmaligen Aufenthalten am Zaun außerhalb des Ghettos (worauf ebenfalls die Todesstrafe stand) nicht gelingen wollte, Verbindung mit meinem polnischen Begleiter aufzunehmen, war meine Lage außerordentlich schwierig geworden. Ich spürte, wie ich von Minute zu Minute den Boden unter den Füßen verlor.

Bei meinem Cousin Leo Schupack fand ich Unterkunft innerhalb des Ghettos. In seiner Eineinhalb-Zimmerwohnung lebte er mit seiner Frau und zwei Kindern. Bei ihm wohnte meine Cousine Miriam Blumenkopf mit ihren beiden Kindern. Ihr Mann war Goldschmied und Juwelier gewesen, vermögend, und hatte für die Gestapo gearbeitet. Als er das Ende kommen sah, versteckte er sich bei einem Bauern in einem Dorf. Als es auch dort ausweglos für ihn wurde, verzweifelte er und schnitt sich die Kehle mit dem Rasiermesser durch. Miriam blieb nichts anderes übrig, als mit ihren Kindern in das Ghetto von Miedzyrzec zu gehen. Sie war inzwischen völlig mittellos geworden. Die 12jährige Tochter Fradl übernahm die Rolle des Ernährers der Familie; sie verkaufte und verteilte Brot, das sie auf grund von Beziehungen von dem bekannten Bäcker Leibisch erhielt. Eines Tages erkältete sich das Mädchen, es bekam Lungenentzündung und verstarb kurz danach. Ärztliche Hilfe gab es im Ghetto nicht.

Mit Leo wohnten im selben Zimmer zwei Brüder, die aus der nahe gelegenen Stadt Parczew nach hier ausgesiedelt worden waren. Sie waren etwa in meinem Alter, ich hatte sie aber früher nicht gekannt. Ferner lebten in diesem Zimmer noch 2 oder 3 Personen aus Biala-Podlaska, von denen mir nur ein Name in Erinnerung geblieben ist: Schepsyl Rosen. Schepsyl war ein ruhiger, gebildeter Mensch. Ihn hatte man am Silvesterabend 1942 mit einer Gruppe von 50 Juden aufgegriffen und auf einen Mistabladeplatz am Rande des Ghettos in Miedzyrzec getrieben. Zur Feier des Tages feuerten die besoffenen SS-Männer ihre Gewehre auf die Juden ab und töteten sie. Danach befahlen sie dem Judenrat, die Leichen wegzuräumen. Hierbei fand die jüdische Polizei Schepsyl als einzig noch Lebenden, sein Hinterteil war mehrmals durchschossen. In seiner Heimatstadt hatten die Nazis im Winter 1940/41 meines Wissens ihr erstes großes Verbrechen begangen. Sie trieben mehrere hundert jüdische Kriegsgefangene der polnischen Armee auf einem langen Fußmarsch über Parczew und Lubartow nach Biala-Podlaska. Unterwegs wurden immer wieder Gefangene erschossen und in Massengräbern verscharrt. In Biala-Podlaska endete der Todesmarsch mit einer Massenerschießung.

In dieser kleinen Eineinhalb-Zimmerwohnung waren also etwa 12 Personen untergebracht; jetzt kam ich noch hinzu. Frau Grünberg, die Inhaberin der ganzen Wohnung, hatte ein separates Zimmer, das sie mit ihrem 12 jährigen Sohn und ihrer Tochter teilte. Ihre Tochter hat sich später vor einer Aktion mit meinem Cousin Mayer Turkeltaub abgesetzt, und sie haben beide bei einem Bauern überlebt. Sie sind inzwischen beide in Israel verstorben.

Nur mein Cousin Leo war in das Geheimnis meiner Reise eingeweiht. Auf seinen Rat versteckte ich mit ihm zusammen meine arischen Papiere in der Attika des Dachbodens. So wurde ich wieder ein namenloser Jude auf dem Weg zur Endlösung. Daß ich kein gern gesehener Gast in dieser Wohnung war, dafür hatte ich Verständnis. Schließlich bedeutete ich eine gewisse Gefahr für alle, außerdem war ich ein Esser mehr und einer mehr zum Schlafen, wo es doch so eng war und an allem fehlte. So ging ich meistens aus dem Haus, bevor meine Cousinen ihre mageren Mahlzeiten einnahmen, und kehrte erst zurück, wenn sie mit dem Essen fertig waren. Ich rechnete es Leo und auch den anderen hoch an, daß sie mich immer wieder einluden und fragten, ob ich schon gegessen hätte, was ich fast immer mit falschem Stolz bejahte; aber bald erkannten sie, daß ich schwindelte. Ich habe manchmal tagelang nichts gegessen, aber mein wirklicher Schmerz war anderer Natur. Die Trennung von meiner Chewra, die mir zur zweiten Familie geworden war, und der Fehlschlag meines Unternehmens, das war es, was mich quälte.

Einige meiner Bekannten und Freunde aus Radzyn lebten damals im Ghetto von Miedzyrzec. Sie wußten einiges über mich und die Chewra. Nachdem sie mich aber ebenfalls im Ghetto sahen und meinen elenden Zustand erkannten, minderte sich ihr Respekt vor mir. Es war auch keine Zeit für Sensibilitäten. Sieger machen Geschichte. Ich aber war jetzt auf der Seite der Verlierer.

IM GHETTO VON MIEDZYRZEC

Miedzyrzec war ein Sammelplatz für Juden aus der ganzen Umgebung. In diesem Ghetto in der Mitte des Generalgouvernements, unweit von Treblinka, Sobibor, Belzec, Majdanek und Auschwitz, betrieben die Nazis ihre Endlösung. Hier konnten sie ihren Sadismus voll austoben. Es ging zu wie auf einer Sammelstelle für den Schlachthof. Und die Sammelstelle wurde immer wieder aufgefüllt, sobald die bisherigen Bewohner abtransportiert und bei der Endstation abgeliefert waren. So lebten immer mehrere tausend jüdische Menschen im Ghetto. Es gab keinen funktionierenden Judenrat mehr, keine ordentliche Verwaltung, lediglich eine brutale jüdische Polizei, der Kooperation mit der Gestapo nachgesagt wurde. Es gab keine Registrierung, keine sanitäre oder sonstige Versorgung, kein Brennmaterial, keine Heizung, keine Lebensmittel. Die Menschen lebten von den Reserven ihrer Vorgänger, falls sie etwas davon fanden, oder von dem, was sie herein schmuggelten, woran dann wieder die jüdische Polizei beteiligt werden wollte. Man erzählte sich von ihren Saufgelagen mit der polnischen Polizei.

Alle paar Wochen wurde von hier aus eine Aussiedlungsaktion, meistens nach Treblinka, durchgeführt. So war es die erste Aufgabe der in Miedzyrzec ankommenden Juden, unterirdische Verstecke zu bauen. Dank dieser Bunker konnte so mancher einige Aussiedlungsaktionen überleben und eine Zeitlang Treblinka entgehen.

Unter diesen Verhältnissen mehrten sich die schweren Erkrankungen. So verlor ich damals meinen Freund und Verwandten Schlomo Nussbaum, kaum 20 Jahre alt, eine sportliche und gesunde Natur. Er erkrankte an Schwindsucht und verstarb nach kurzer Zeit, weil es weder Medikamente noch Ärzte gab. Viele beneideten ihn, weil ihm der Weg nach Treblinka erspart blieb. In den eigenen vier Wänden zu sterben, war ein Privileg in dieser Zeit.

Selbstverständlich habe ich auch mein Kind im Ghetto wiedergesehen, habe mich mit ihm gefreut und Vorwürfe von der Schwägerin anhören müssen. Obwohl ich versuchte, ihr mein Fortgehen und meine Absichten zu erklären, hatte ich mit meiner Verteidigung nicht viel Erfolg. Der Zustand des Kindes hatte sich etwas gebessert, aber es kam nicht aus der Melancholie heraus.

Miedzyrzec war für uns Sodom und Gomorra, alles war hier noch brutaler und gewalttätiger, als es bisher gewesen war. Die Aktionen gegen die Juden galten unseren Verfolgern als Erfüllung der Endlösung gemäß den Wannsee-Beschlüssen. Es waren regelrechte Treibjagden. Die Jäger waren die SS-Leute, als Helfer und Treiber fungierten die Polizisten und deren Zuträger. Wie im Wald die Tiere, so wurden wir Juden hier aufgespürt und aus den Löchern, die wir uns gegraben hatten, ins Freie getrieben, durch Brüllen und Schlagen gehetzt und dabei wie Freiwild beschossen. Ein Vergnügen für die Herrenmenschen, die ihre Macht an uns schwachen, wehr- und mutlosen Opfern austobten. In unvorstellbarem Ausmaß wurden von ihnen und ihren Helfern Barbarei und Sadismus praktiziert. Außer der eigenen Qual waren es die weinenden Stimmen der gejagten Männer, Frauen und Kinder, die wie das Lachen der Mörder entsetzlich an den Nerven zerrten. Und jeder der Schüsse traf. Wenn nicht physisch, so moralisch.

Im Ghetto sah es danach wie auf einem Schlachtfeld aus. Alles lag auf den Straßen: Holzklötze, Eisenstangen, Flaschen, Gläser, Eimer, Büchsen, Spielzeug, Kinderwagen, Strohsäcke, Matratzen. Hier eine Blutlache, dort Flecken von Milch, Farbe oder Marmelade. Ausgeschüttetes Mehl, Salz, Kleidungsstücke aller Art, zerfetzt und zerrissen, Gebetsschals, Gebetsriemen, Bettzeug, Blumentöpfe, Schuhe, Hüte und Mützen, Puppen, Decken und umgestürzte Handkarren. Hier eine Männer- oder Frauenleiche, dort eine tote Katze oder Ratte. Und dazwischen bewegten sich die fast zum Wahnsinn getriebenen Menschen. Alles stank, war verschmutzt. Steine waren herausgerissen, überall klebte Blut, Kot, Urin. Es war ein höllisches Tohuwa bohu, eine totale Menschenfinsternis. Die Würde des Menschen mit Füßen getreten.

Überall in den Straßen lagen auch zerfetzte und zertrampelte Bücher herum, darunter auffallend viele alte, vergilbte Seiten aus den 5 Büchern der Thora und die nicht zu übersehenden großen Blätter der Gemara und anderer Talmud-Kommentare samt den altgelben, auseinanderfallenden Lederbänden, in die sie früher einmal gebunden waren. Diese typischen, sich in der Größe unterscheidenden Blätter der Talmud-Kommentare waren von Juden immer hoch geachtet; sie galten als Symbol des Gelehrten und wurden als Familienschatz von Generation zu Generation vererbt. Jedes Blatt wurde mit Behutsamkeit und Respekt behandelt, beim Herunterfallen mit Ehrfurcht aufgehoben und geküßt und, wenn es abgenutzt und nicht mehr brauchbar war, wie ein Mensch begraben. Diese Bücher und Kommentare, eine Quelle frühester menschlicher Ethik, aus der so viele Religionen geschöpft hatten, sie sollten nun die Ursache allen Übels sein, von der die arische Welt, insbesondere das Herrenvolk, befreit werden mußte.

Brutale Menschen, Mörder und Sadisten im Dienste eines verbrecherischen Regimes hat es in der Geschichte der Menschheit immer gegeben. Aber einen mit so viel Sadismus organisierten Massenmord niemals. Wer es nicht miterlebt hat, kann sich davon keine Vorstellung machen. Die Täter entmenschlichten sich selbst. Für uns Juden begann es mit dem naiven Glauben an die

Menschheit, an ihre Kultur und Zivilisation. Es endete mit dem Tod von 6 Millionen Männern, Frauen und Kindern, deren einziges Verbrechen es war, als Juden geboren zu sein.

Nach solchen Aktionen sah ich die noch einmal Davongekommenen aus ihren Verstecken herauskriechen, ausgehungert, halb verdurstet, blutbespritzt. Von der menschlichen Physiognomie war wenig geblieben. Tief eingesunkene Augen, meist in Apathie verfallen, manchmal auch trotzig kämpferisch blickend, Hoffnung und Glauben nicht aufgebend. Genau so wollten uns die Nazis haben. Auch ich lebte jetzt im Ghetto, und auch ich würde bald so aussehen, wenn nicht ein Wunder geschah.

Nachdem ich jede Hoffnung auf eine erfolgreiche Durchführung meiner Mission aufgegeben hatte und keine Möglichkeit mehr sah, von meinem polnischen Begleiter die Kennkarten, Arbeits- und Geburtsurkunden zu bekommen, hielt ich Augen und Ohren offen, um über seinen Verbleib etwas zu erfahren. Ich hörte, daß ein Bekannter von mir aus Parczew wegen des Besitzes falscher Papiere verhaftet, dank guter Beziehungen aber befreit worden und jetzt im Ghetto eingetroffen war. Ich suchte ihn auf, um Näheres über seinen Aufenthalt im Gefängnis und vielleicht über dort einsitzende gemeinsame Bekannte zu erfahren. Er erzählte mir, daß das Gefängnis fast nur von Juden belegt war. Aber während seines Aufenthalts sei ein Pole aus Warschau in seine Zelle geworfen worden, bei dem man eine Tasche mit 60 arischen Kennkarten nebst allen notwendigen Utensilien zur Ausstellung weiterer falscher Papiere gefunden hatte. Man wollte die Namen seiner Auftraggeber herausbekommen. Er aber kannte nur einen »kleinen schwarzen Janek«, von dem er 1000 Zloty für die Überbringung der Tasche von Warschau nach Miedzyrzec erhalten hatte. Dieser Janek war seinen Informationen zufolge in das Ghetto gelangt. Ich wußte sofort, wer gemeint war, zumal die Daten und die Geschichte mit den 1000 Zloty stimmten. Ich mußte mich sehr beherrschen, um mir nichts anmerken zu lassen. Den Rest des Berichtes hörte ich wie aus weiter Ferne: Der eingelieferte Pole sei immer wieder gefoltert worden, weil die Gestapo glaubte, daß er die Auftraggeber nicht preisgeben wollte.

Abends sei er wiederholt in Begleitung von Gestapobeamten und jüdischen Polizisten, alle in Zivil, in die Straßen des Ghettos geführt worden, damit er den »kleinen Janek« erkenne. Mein Bekannter aus Parczew erwähnte ferner, daß dieser Pole noch im Gefängnis war und daß die Verhöre ebenso wie die Suche nach »Janek« weitergingen. Ich geriet in tiefste Resignation und Verzweiflung. Nachdem ich mit so viel Glück aus Radzyn entkommen war, in bescheidenem Maße Katz und Maus mit den Mördern gespielt und ein halbwegs menschliches Leben als mehr oder weniger freier Mensch gelebt hatte, stand ich jetzt wieder als eingezäunter Ghettojude im Vorraum der Treblinka-Gaskammer, ohne mit irgend jemandem meine Lage beraten zu können.

Keiner der Verfolgten hier hatte Zeit und Geduld für andere. Jeder führte seinen eigenen Verteidigungskrieg gegen einen brutalen Militär- und Vernichtungsapparat, der mit rigoroser Konsequenz gegen jedes einzelne jüdische Leben eingesetzt wurde, als hinge davon das ganze Glück und die Zukunft des Herrenvolkes ab.

Mit der Chewra zusammen hatte ich alles versucht und alles aufs Spiel gesetzt. Jetzt hatte ich alles verloren, meine Chewra, meine Widerstandskraft und die letzte Widerstandsmöglichkeit. Der Gedanke, hier von der Gestapo und der jüdischen Polizei gesucht und vielleicht schon im nächsten Moment gefaßt zu werden, der Gedanke an die Folter, die mich erwartete, an die Konfrontation mit meinem guten, anständigen Polen - wie sollte ich ihm in die Augen blicken, nachdem ihm so viel Leid durch mich zugefügt worden war? Aber meine größte, allergrößte Sorge war: Würde ich stark genug sein, um meine Chewra nicht zu verraten? Würde ich es durchhalten? Oder würde ich als Versager in Schande sterben müssen?

In diesen Tagen der Mutlosigkeit betrachtete ich es als Strafe, noch am Leben zu sein, und bedauerte, nicht mit meiner Familie zusammen namenlos untergegangen zu sein. Statt dessen hatte ich nun das Privileg, individuell, mit Namen und als Person, zuvor noch auf einem Gestapo-Foltertisch zermürbt zu werden.

Ein Ausspruch meiner Großmutter fiel mir ein: »Wenn der Herrgott Zores gibt, gibt er zugleich die Kraft, sie durchzustehen.« Das war meine Hoffnung. Aber bei aller Apathie wußte ich, daß ich mich entweder sofort verstecken oder fliehen mußte. Fliehen konnte ich nicht, also beschloß ich, mich zu verstecken.

Ich versteckte mich in dem Hausbunker aus Angst erkannt zu werden, wenn mich die Gestapo und die jüdische Polizei suchen würde. Niemand in diesem Hause sollte davon wissen. Leo hatte mit einigen Jungen ein hervorragendes Bunkerversteck gebaut, bevor ich hier ankam, das 20-25 Personen faßte. Es war das Geheimnis des Hauses. Das Originellste an diesem Versteck war der Eingang: eine Toilette im Hinterhof, durch ein Fenster von der Wohnung zu erreichen. Die Toilette sah wie alle Toiletten aus, ohne Kanalisation. Sie wurde absichtlich abstoßend verunreinigt gehalten, das war unsere Sicherheitsgarantie. Durch einen Trick konnte man den Deckel abheben und in einen Kanal gelangen, der von Holzbalken abgestützt wurde. Nach etwa 10 Metern erreichte man einen Raum von ungefähr 2 m Höhe und 3 m Länge und Breite. Auch er war mit Holzbalken abgestützt. In der Mitte des Raumes stand ein Faß Wasser, mit einer Holzplatte bedeckt, die gleichzeitig als Tisch diente. Außerdem gab es eine provisorische Sitzbank, auf die man sich auch legen konnte, mit einigen Decken.

Hier verbrachte ich die nächsten fünf oder sechs Tage und begrub alle meine Träume: über die Türkei nach Palästina zu kommen, in den Wald zu den Partisanen zu gehen, die Rettung der kleinen Sarah zu erreichen, nach Warschau und zu meiner Chewra zurückzukehren, all das wiederzusehen, was ich schätzte, ersehnte und liebte. Es war ein furchtbarer Schlag für mich, als ich später erfuhr, daß die Gestapo auf grund der Kennkarten mit den Paßbildern, die sie bei meinem polnischen Begleiter gefunden hatte, die vier Freunde in Suchowola identifizierte, aufsuchte und an Ort und Stelle erschoß. Es geschah beim Appell vor den Augen aller dort anwesenden jüdischen Zwangsarbeiter. Sie hatten so sehr auf die Ausweise als letzte Chance zum Überleben gewartet. Ich fühlte mich wegen meiner gescheiterten Mission als ihr Totengräber. Auch heute noch belastet es mich. Daß diese vier Kennkarten ohne mein Wissen auf Veranlassung von Moschke Gellermann ausgestellt und mitgegeben wurden, war kaum ein Trost. Zu den Erschossenen zählten Idl Turkeltaub und Idessa Turkeltaub, die Namen der beiden anderen habe ich leider vergessen.

Die hygienischen Verhältnisse im Ghetto blieben nicht ohne Folgen. Es gab weder Seife noch eine Waschgelegenheit. Kein Wunder, daß plötzlich Flecktyphus grassierte. Er erwischte alle Bewohner des Hauses, ausgenommen Leo. Obwohl er sich um alle Typhuskranken kümmerte, steckte er sich nicht an. Schon vor dieser Erkrankung war ich halb verhungert. Jetzt lagen wir drei Jungen mit Fleckfieber zusammen in einem Bett. Zu essen gab es nichts. Es gab auch keine Medizin. Unser medizinischer Betreuer Herskowicz, ein Flüchtling aus der Slowakei, wahrscheinlich noch ein Medizinstudent, kümmerte sich um uns. Seine Behandlungsmöglichkeiten beschränkten sich auf den Einsatz eines Thermometers. Dieses zeigte bei uns immer über 40°. Ohne jegliche Pflege, ohne etwas zu essen oder zu trinken, verloren wir immer mehr an Kräften. Die Haare gingen uns aus. Eher tot als lebendig, im Fieber phantasierend, rangen wir drei, kaum zwanzig Jahre alt, mit dem Tod. Aber wir waren in Sicherheit vor einer Judenaktion, und besonders ich war sicher vor der mich suchenden Gestapo. Das Ghetto hatte Pause. »Typhusepidemie - Ansteckungsgefahr - Eintritt verboten« konnte man an Fenstern und Türen lesen. Die Gestapo blieb fern. 95% der Ghetto-Insassen sollen an Typhus erkrankt gewesen sein, nur 5% starben, ein Wunder unter solchen Verhältnissen.

Mitten in meiner Krankheit erkannte ich eines Tages wie durch eine Mattscheibe hindurch Tova Elfenbaum aus der Chewra. Meine Freunde wußten, daß meine Mission gescheitert war, sie wollten mir helfen und mich aus dem Ghetto herausholen. Zu diesem Zweck war Tovale aus Warschau hierhergekommen, die Todesstrafe riskierend. Sie sah mich in meinem elenden Zustand, sprach mit Leo und stand dann noch einige Minuten an meinem Bett; sie konnte weder mit mir sprechen noch mich mitnehmen. Das Wissen, selbst in dieser Lage von Freunden nicht vergessen zu sein, gab mir später einen ungeheuren Auftrieb zum Überleben.

Tovale Elfenbaum gehörte mit ihren 18 Jahren zur jüngeren Generation der Haschomer-Hazair. Zusammen mit Mosche Kaschemacher und Jechiel Leuchter war sie durch Vermittlung der Brüder Gellermann zu uns nach Warschau gekommen. Ihre Eltern und Familien waren bereits liquidiert, sie aber wollten überleben. Die ganze Chewra, Moschke insbesondere, hatte nur das eine Ziel, sich zu wehren, etwas im Widerstand aufzubauen. Aus diesem Grunde versuchte man, unter Lebensgefahr immer mehr Freunde aus dem Ghetto und der Umgebung herauszuholen oder nach Warschau kommen zu lassen. Mit der Vergrößerung dieser Gruppe wuchs natürlich auch die Gefahr der Entdeckung. Alle diese jungen Menschen, die erfüllt waren von jüdischer Kultur und Liebe zu Zion und beseelt von der Idee, etwas gegen die Nazi-Mörder zu tun - sie sind alle umgekommen, namenlos, ohne Grab.

Allmählich kam ich wieder einigermaßen zu Kräften. Nach dem Typhus war der Hunger mein größtes Problem. Auch meine Umgebung hatte nichts außer Hunger. Ich war so schwach auf den Beinen, daß ich kaum das Gleichgewicht halten konnte. Wenn ich einen Knopf zuknöpfte, brach mir der kalte Schweiß aus. Wie sollte ich in diesem Zustand etwas zum Essen besorgen? Wie arbeiten?

Es gab nur eine einzige Stelle in Miedzyrzec, wo man immer Arbeit fand: bei der Gendarmerie und Schutzpolizei. Die 30-40 Juden, die dort gezwungen waren zu arbeiten, schwebten in ständiger Lebensgefahr. Schrecken verbreitete vor allem ein Polizist deutsch-tschechischer Abstammung, von uns »Der Schläger« genannt, ein Sadist, der eigenhändig tagtäglich ein paar Juden zum Frühstück und zum Mittagessen erschoß und viele andere brutal quälte. Aus diesem Grunde wollte kein Jude dort arbeiten. Ich meldete mich freiwillig.

Zum Arbeitsplatz, der sich ungefähr 30 Minuten vom Ghetto entfernt befand, mußten wir in einer Kolonne marschieren. Dort wurden wir zu allen nur denkbaren Dreckarbeiten herangezogen. Wir bekamen vom Judenrat etwas Geld dafür, und manchmal hatte der eine oder andere sogar das Glück, etwas zu essen zu finden - etwa wenn gerade einmal etwas fortgeworfen worden war, das man nicht einmal den Hühnern oder Gänsen geben mochte. Gleich am ersten oder zweiten Tag erschien ein Unteroffizier mit einer defekten Lampe und fragte, wer sie reparieren könne. Ich meldete mich, erledigte die Reparatur zur Zufriedenheit, wurde gleich mit ein paar anderen Arbeiten dieser Art beschäftigt und hatte dadurch im Nu wieder eine Art Sonderstellung erlangt.

Dieser Unteroffizier nahm mich eines Tages in das Fleischlager der Polizeieinheit mit. Er gab mir den Befehl, dort verschiedene elektrische Arbeiten durchzuführen, und schloß die Eisentür hinter mir zu. In den eisgekühlten Räumen standen mehrere große Bottiche mit Speckseiten und allen Sorten Fleisch. Von der Decke hingen Schinken und Würste herab. Als ausgehungerter Typhusmensch fühlte ich mich bei diesem Anblick wie ein Verdurstender in der Wüste, der ein Wasserloch gefunden hat und nicht trinken darf. Mein Magen bäumte sich auf, aber ich hatte Angst, auch nur zu kosten. Ich aß mit meinen Augen. Es war wie Zuckerlecken durch eine Glasscheibe. Auch wenn der Hunger immer stärker wurde, wagte ich nicht, mir etwas zu nehmen, aus Angst, bei der Kontrolle erwischt zu werden. Das hätte den sofortigen Tod durch Erschießen bedeutet. So entschloß ich mich, die Schinken und Speckseiten vorerst nur umzuhängen und anders hinzulegen. Es konnte ja alles gezählt und mir eine Falle gestellt sein. Das tat ich zwei Tage lang von morgens bis mittags und von mittags bis abends. Es passierte nichts. Am dritten Tag aß ich mich satt. Es muß das erste Mal seit Monaten gewesen sein. In den nächsten Tagen aß ich mich wieder satt und schmuggelte in meinem Hosenbund abends eine oder zwei Speckseiten in das Ghetto. Danach ging ich nicht mehr zu dieser Arbeitsstelle. Die Speckseiten waren mein neues Startkapital, sie gaben mir Auftrieb und neuen Mut. Ich lebte immer noch und war sogar satt. Nachdem die Typhusepidemie abgeklungen war, wurden die Aussiedlungsaktionen wieder aufgenommen. Einige SS-Männer unternahmen auch aus eigener Machtvollkommenheit Überfälle im Ghetto. Bei einem dieser Überfälle um Mitternacht floh ich barfuß und nur mit einer Unterhose bekleidet über den Hinterhof und versteckte mich mit einigen anderen auf dem Blechdach eines Seitenhauses. Es war sehr, sehr kalt. Das Dach glänzte vom starken Frost. Um nicht entdeckt zu werden, mußten wir uns hinlegen. Die nackte Haut klebte an dem kalten Blech. Bei jeder Bewegung hatte man das Gefühl, die Haut gehöre zum Zinkblech und nicht zum Körper.

Ein anderes Mal flüchtete ich aus Angst vor einer vorhergesagten Aktion mit einer Gruppe in einen 10 km entfernten Wald. Der Wald galt schon immer als Rettungsort für Verfolgte. Bei dem Versuch, mit den damals noch vereinzelten russischen Partisanen oder sonstigen Gruppen in den Wäldern Kontakt aufzunehmen, mußten jedoch viele Juden ihr Leben lassen. Erst später gelang es Flüchtenden öfter, im Wald unterzutauchen und sich anderen Gruppen anzuschließen.

Respekt und Lebensrecht konnte man sich im Wald nur mit Waffen verschaffen. Genau da begannen unsere Schwierigkeiten. Keiner von uns jungen Leuten hatte gelernt mit Waffen umzugehen, auch ich nicht. Wir begannen deshalb, uns ein getarntes unterirdisches Versteck zu bauen. Bald aber erschienen polnische Förster, die sich, ohne ein Wort zu sagen, alles ansahen. An ihren Gesichtern merkten wir bald, daß wir uns mit den Gräben, die wir aushoben, unser eigenes Grab schaufelten. Anscheinend konnten sie sich nicht entscheiden, ob sie uns selbst ausplündern oder für den damaligen Schandlohn an die Gestapo ausliefern sollten. Was uns von diesen Polen bevorstand, daran hatten wir keine Zweifel.

Wir beschlossen den Wald wieder zu verlassen, bevor es zu spät war. Enttäuscht und verzweifelt kehrten wir in das Ghetto von Miedzyrzec zurück.

DAS GHETTO WIRD AUFGELÖST

Eines Nachts im April 1943 wurden wir durch eine heftige Schießerei aus dem Schlaf gerissen. Obwohl wir mit Aktionen gegen uns jederzeit rechnen mußten, wurden wir überrascht. Alle Bewohner unserer Wohnung eilten in das Bunkerversteck. Auch ein paar Nachbarn, die von ihm wußten, mußten wir mitnehmen; denn jeder Mitwisser, der sich außerhalb unseres Verstecks befand, konnte zu einer großen Gefahr für uns werden. So war der Bunker sofort überfüllt.

Das Ghetto war umstellt. Krachen von Handgranaten, Gewehrschüsse, Hundegebell, Klirren eingeschlagener Scheiben, Schreie von Opfern, gebrüllte Befehle, Dröhnen genagelter Stiefel. Mauern wurden eingerissen, immer wieder Eisenstangen und Balken in Wände, Fußböden und Decken gerammt. Wie die Heringe zusammengepfercht, kauerten wir in dem viel zu kleinen Raum. Quälender Durst machte sich in der stickigen Luft bemerkbar, alle schwitzten vor Angst. Kinder weinten und wollten ihre Notdurft verrichten. Die Eltern hielten die Mündchen der Kleinen zu, wenn sie die Stiefel näher kommen hörten. Haus um Haus wurde durchgekämmt. Die Mörder machten Jagd auf uns, Wertsachen interessierten sie erst in zweiter Linie.

In unserem Versteck befanden sich etwa 25 Männer, Frauen und Kinder. Immer wieder waren von draußen Befehle zu hören: »Ergebt euch! Raus aus den Bunkern!«, begleitet von Schüssen und Handgranaten. Es war zwischen 5 und 6 Uhr morgens als unser Haus an die Reihe kam. Wir hörten das Krachen der eingeschlagenen Wände, Türen, Fenster, Schränke, und immer wieder das »Hau-Ruck« der Ranunböcke. Jedem von uns war der Ernst der Situation bewußt. Jede Bewegung, jedes Husten und jedes Geräusch konnte den Tod für uns alle bedeuten. Die Totenstille, die im Bunker herrschte, sie wurde buchstäblich mit unseren letzten Kräften erkämpft. Ich weiß nicht mehr genau, wie viele Stunden wir in dieser Lage schon aushielten, mit ausgedörrten Kehlen, fest ineinander verkrampft.

Ich bin überzeugt, kein Mensch nähme für den Preis seines Lebens eine solche Qual auf sich, wenn er sie im voraus kennen würde. Ist er aber einmal in diese Situation geraten, so erwächst ihm automatisch ein entsprechend starker Wille zum Durchhalten. Das habe ich nicht nur bei mir, sondern auch bei vielen meiner Leidensgenossen festgestellt. Wir wehrten uns mehr aus Instinkt als aus Logik, obwohl wir genau wußten, was uns erwartete, wenn sie uns finden würden.

In kurzen Zeitabständen näherten sich unsere Verfolger immer wieder unserem Versteck. Es waren Gruppen von 4 oder 6 Mann. Wir hörten das Gebrüll ihrer Befehle, das Klopfen an Wände und Decken, schließlich zogen sie wieder ab mit ihrer Beute an Mensch und Gut. Stille trat ein, dann vereinzelt herzzerreißendes Weinen und Schreie, das Pfeifen einzelner Karabinerschüsse.

Wir waren zum äußersten erschöpft. Die Luft im Bunker war zum Schneiden, der Gestank von Schweiß, Kot und Urin lag über allem, man konnte kaum mehr atmen. Doch selbst die drei Kinder im Bunker gaben keinen Ton von sich, kein Husten, kein Weinen, kein Nörgeln. Sie reagierten mit dem Gespür von kleinen Tieren. Wir hofften immer noch, daß diese Aktion bald aufhören und die SS abziehen würde und daß wir aus dem Bunker heraus könnten wie nach den früheren Aktionen, die nie so lange gedauert hatten.

Fast zwei Tage und Nächte hatten wir durchgehalten, als plötzlich eine neue Welle unser Haus erreichte. Sie waren wieder im Haus, über uns, und im Hof. Diesmal wurde es ernst. Sie waren in einer Gruppe gekommen, mit Brechstangen und Rammböcken. Natürlich wußten sie längst, daß sich die Bunker nicht im Keller direkt unter den Häusern, sondern an den Hausseiten befanden. Kellerbunker sind beim Abklopfen der Böden und Wände durch den hohlen Klang leicht auszumachen. Sie setzten deshalb ihre Rammböcke an den äußeren Hauswänden an, suchten in allen Richtungen, so lange, bis sie eine hohle Stelle entdeckten. Unweit unserer Köpfe waren jetzt die Böcke, rammten sich unaufhaltsam immer näher an uns heran, bis sie endlich an der obersten Ecke unseres Bunkers einschlugen. Zum Glück erfaßten sie nur den Eckwinkel, der Rammbock schlug in die Seitenwand ein. Daher konnten sie keine hohle Stelle entdecken. Totenstill war es im Bunker, und dunkel wie in einem verschlossenen Sack. Nur das Einschlagen des Rammbocks war über unseren Köpfen zu hören. Atemlos saßen wir da, nur noch Zentimeter von den Mördern entfernt. Immer mehr Erdstaub rieselte von der Decke auf unsere Köpfe herunter; kein gutes Zeichen, vielleicht erstickten wir noch, bevor wir entdeckt wurden. Jedes Ende war uns jetzt eigentlich lieber als diese Qual.

Durch das eingeschlagene Loch fiel plötzlich ein Lichtschein in das Dunkel. Die in der Ecke sitzenden Männer und Frauen zogen die Köpfe zur Seite, um dem Rammbock aus dem Wege zu gehen. Dann preßten sie eine Decke gegen das Loch in der Ecke. Es dauerte eine gute halbe Stunde, bis die Verfolger aufgaben. Sie nahmen den Rammbock mit, und wir verstopften das Seitenloch mit Kleidungsstücken, um keinen Lichtschein hereinzulassen.

Als wir alles schon überstanden glaubten, erschienen unsere Mörder wieder, diesmal an unserem vermeintlich todsicheren Toiletteneingang. Wie wir später erfuhren, hatten sie in einem Nebenhaus einen Bunker entdeckt und mit ihren Methoden einen Jungen, der etwas über unseren Bunker wußte, dazu gebracht, daß er einen Hinweis auf den Eingang gab. Unter der Drohung, uns mit Handgranaten auszuräuchern, wurden wir aufgefordert, sofort den

Bunker zu verlassen. Es gab keine Zeit mehr zur Beratung. Einer meine Typhus-Bettgenossen, der dem Zusammenbruch nahe war, drehte durch. Er ging als erster hinaus. Eine Kugel zerschmetterte sein Bein. Mit erhobenen Händen krochen wir aus dem Bunker, in dem wir zweieinhalb Tage und Nächte ausgehalten hatten. Von SS-Leuten mit aufgepflanzten Bajonetten wurden wir zum Sammelplatz abgeführt.

1947 habe ich in Marburg a.d. Lahn den Mann wiedererkannt, der unser Bunkerversteck verraten hat. Ich fand keinen Grund für nachträgliche Vorwürfe, wollte aber auch nicht mit ihm sprechen.

Am 30. April 1943, frühmorgens, es war mein Geburtstag, fiel ich im Ghetto von Miedzyrzec in die Klauen unserer Mörder. Mehrere hundert Männer, Frauen und Kinder waren auf dem Marktplatz der Stadt zusammengetrieben, und immer mehr kamen hinzu. Wir mußten uns auf den Boden setzen und die Hände über den Kopf halten. Es war das Ende aller Illusionen. Der Tod war nähergerückt. Tod durch Vergasen oder Erschießen oder durch Folterung? Kein Ausweg, kein Entrinnen mehr. Daß ich bis jetzt erfolgreich versucht hatte, mich zu retten, war mir nur ein schwacher Trost.

Auf dem Sammelplatz sah ich viele Bekannte aus Radzyn. Ich sah auch Sarah, mein Kind, mit dem Schwager und der Schwägerin meiner Schwester. Von dieser Aktion waren offenbar alle noch verbliebenen Juden erfaßt worden, das Ghetto wurde offenbar aufgelöst und die Juden liquidiert. Erschütternde Szenen spielten sich ab. Die meisten saßen schon seit Stunden dort, waren apathisch geworden, andere hatten sie bereits erschossen. Kinder weinten, Mütter, die ihnen helfen wollten, wurden mit Gewehrkolben bearbeitet.

Stichproben wurden gemacht, einige Leute wurden aufgefordert, Hinweise auf noch bestehende Bunker zu geben. Wer nichts sagte, wurde geschlagen. Als eine Frau dabei hysterisch wurde, setzte ihr der Wachhabende die Pistole an den Nacken und drückte ab. So wurden doch Geständnisse erpreßt. Ob unser Bunker auch auf diese Weise denunziert worden war?

Als wir zum Abmarsch in Fünferreihen antraten, stellte man fest, daß einige Kinder ohne Eltern oder Betreuer auf dem Platz geblieben waren. Im Wirrwarr der Ereignisse hatten sie sich wahrscheinlich verlaufen, oder ihre Eltern waren irgendwo erschossen worden. Die SS-Männer hielten ihre Pistolen an das Genick der Kinder und zogen ab. Endlösung.

Am Nachmittag wurden wir im geschlossenen Zug quer durch die Stadt zum Bahnhof geführt. Außerhalb des Ghettos erschien die Welt fast normal. Auch die Menschen auf den Straßen sahen in meinen Augen normal aus. Zeichen von Mitleid habe ich in den Gesichtern nicht erkannt. Die Polen, die uns in dieser Verfassung auf dem Marsch sahen, wußten jetzt, daß sie die ihnen überlassenen Waren und Hauseinrichtungsgegenstände endgültig als ihr Eigentum und eventuelle Schulden als erledigt betrachten konnten.

Beim Marschieren hielten viele jüdische Menschen einander fest an der Hand, um sich nicht zu verlieren: Männer und Frauen, Schwestern, Brüder, Freunde und Liebende, Söhne und Töchter, die ihre gebrechlichen Eltern in der Stunde der Not nicht verlassen wollten. Die kleinen Kinder auf den Armen ihrer Mütter, wie mit Zangen festgehalten. Und immer wieder leises Weinen und Wimmern, dann vereinzelte Schüsse und Stille.

Unter Gebrüll und mit Stößen und Schlägen wurden wir in bereitgestellte Viehwaggons getrieben. Erbarmungslos wurden Menschen, die zusammenhalten wollten, auseinandergerissen. Wer trotzdem zusammenblieb, glaubte einen Sieg errungen zu haben. Hunde wurden auf uns losgelassen, die uns bissen und unsere Kleider in Fetzen rissen.

Dann wurde die Tür hinter uns verriegelt. Die kleinen Fensterchen im Waggon waren mit Stacheldraht verschlossen. Aber sie ließen Luft und Licht in den Waggon. Wir konnten aufatmen und uns nach und nach beruhigen, glaubten uns vorerst in Sicherheit vor den Gewehren und den Hunden. Doch schon bald wurden wir an Hunger und Durst und an die menschliche Notdurft erinnert. Die Menschen in den Waggons hatten alle 20 und mehr Stunden des

Leidens hinter sich, Stunden, die unendlich lang waren und in denen man an menschliche Bedürfnisse nicht hatte denken können.

Gelegentlich wurden ein Mitglied des Judenrates oder ein Angehöriger der jüdischen Polizei entdeckt, der noch gestern im Dienst der Verfolger gestanden hatte und nun auch zu den Opfern gehörte. Schweigend ließen sie die Verfluchungen, das Bespucken und die Schläge über sich ergehen. Was wohl in ihren Köpfen jetzt vorging? Jeder von uns mußte dankbar sein, wenn ihm Prüfungen dieser Art erspart geblieben waren.

Es dauerte noch einige Stunden, dann setzte sich der Zug in Bewegung. Einige Jungen hatten Messer und Schnitzmeißel bei sich. Sie machten sich sofort an die Arbeit. Etwa zwei Stunden nach der Abfahrt war die Waggonwand so weit durchgeschlitzt, daß man von außen mit der Hand den Türriegel hochheben und die Tür aufschieben konnte.

Inzwischen war es Nacht geworden. Das Rattern des Zuges vermischte sich nun mit den Schüssen, die das Begleitkommando in den Wachbuden zwischen den Waggons abfeuerte. Wenn der Zug etwas langsamer fuhr, fielen die Schüsse dichter und mehr auf die Eingangstüren der Waggons gezielt. Die Aktion »Tralala« hatte begonnen.

Viele sprangen, viele in den Tod. Auch ich wollte eigentlich springen und kämpfte lange mit mir. Es fiel mir schwer, einen Entschluß zu fassen. Ich war mir bewußt, daß ich der letzte Überlebende meiner Familie war, ohne mein Kind, ohne meine Chewra, einer der letzten Juden aus Radzyn. In dieser Lage sprach ich im Waggon mit meiner Cousine Miriam Blumenkopf. Sie war bedeutend älter als ich und konnte unmöglich aus dem Zug springen. Ich fragte sie ob sie mir vielleicht ein Versteck nennen könnte, in dem sie Wertsachen untergebracht hatte, damit ich durch den Verkauf einige Mittel in die Hand bekäme, falls mir der Sprung in die Freiheit gelänge. Ihr Mann hatte viele wertvolle Dinge bei polnischen Familien aufbewahrt. Sie lehnte meine Bitte ab. Ich war ihr nicht böse und war auch nicht beleidigt; sie hatte die Situation noch nicht begriffen.

Ich weiß nicht, wie viele Menschen in dieser Nacht aus unserem Waggon und aus anderen Waggons gesprungen sind. Es müssen viele gewesen sein, denn die Schießerei hörte nicht auf. Unser vollgepfropfter Waggon war ziemlich leer geworden. Ich weiß auch nicht, wie viele Springer erschossen wurden; ich habe später nie einen Abgesprungenen wiedergesehen. Ich aber bin nicht gesprungen. Dabei wußte ich, wie wir alle, daß unser Transport für ein Todeslager bestimmt war. War es Treblinka, Auschwitz oder Majdanek?

Am frühen Morgen kamen wir in Majdanek an.

MAJDANEK

Mit Gebrüll wurden wir von SS-Männern empfangen, mit Stößen von Gewehrkolben aus den Waggons getrieben: »Raus, raus, ihr Schweine, ihr Judensäue!« Die Männer wurden nach rechts, die Frauen und Kinder nach links gestoßen. Ein letztes Mal sah ich mein Kind, dann war es in der großen Schar der Frauen und Kinder verschwunden.

Der erste Anblick der Häftlinge im Lager war erschreckend. Fast alle hatten Bartflechte, was für mich neu war. Die Gesichter sahen aus wie mit billiger brauner Farbe bestrichen. Einige trugen Streifenanzüge, andere Zivil, meistens schwarz mit dicken roten und blauen Streifen auf dem Rücken. Es war eine mir bisher unbekannte Welt. Eine Welt, in der geschrien oder gebrüllt statt gesprochen wurde. Wir mußten uns nackt ausziehen. Alles, was wir besaßen, wurde uns abgenommen. Anschließend wurden wir in ein großes Bad geführt. Danach wurde noch einmal in allen menschlichen Verstecken gesucht. Unsere Köpfe wurden kahlgeschoren, und wir bekamen die gestreifte Kleidung, gestreifte Mützen und holländische Holzschuhe. Eine Registrierung fand nicht statt, aber jeder bekam mit seiner Kleidung eine Nummer. Ich erhielt die Nummer 1377. Ich war mir bewußt, daß ich hiermit aus der Namensliste der Menschheit gestrichen war. Mein Name wurde ab sofort nicht mehr gebraucht, er konnte vergessen werden.

Majdanek war nur 70 km von Radzyn entfernt. Geologisch war diese Gegend ihres fruchtbaren Schwarzbodens wegen bekannt. Hier aber kam mir alles wie eine Art Sahara vor. Das ganze Lager war Sand. Das Marschieren in den Holzschuhen unter dem Gebrüll der SS-Wachmannschaften war ungeheuer schwer. Wir mußten etwa 3 km marschieren, bis wir Feld 4 erreichten. In Majdanek gab es vier Felder für Männer und ein fünftes, an Feld 4 angrenzendes für Frauen, das Ganze von Stacheldraht umgeben und die einzelnen Felder wiederum mit elektrischen Zäunen abgegrenzt und bewacht. In jedem Feld befanden sich ungefähr 10.000 Menschen, und jedes Feld hatte mehrere große Baracken, sogenannte Blocks. Ich landete in Block 24, ebenso auch mein Cousin Leo.

Majdanek war ein reines Vernichtungslager, allein zum Quälen und Töten bestimmt. Die Häftlinge wurden im allgemeinen zu keiner nützlichen Arbeit herangezogen, außer im Verwaltungsapparat, und hier waren nur wenige beschäftigt.

Jeden Morgen mußten wir zum Appell antreten. Die Prozedur war qualvoll, sie dauerte stets mehrere Stunden. Viele wurden dabei halbtot geschlagen. Sie konnten sicher sein, den Abendappell nicht mehr zu erleben. Danach ging es zur »Arbeit«. In unseren Holzschuhen wurden wir mit Stockschlägen in eine Ecke des Feldes gejagt und mußten einmal unsere Mützen, ein andermal unsere Jacken mit Steinen, nassem Sand oder Matsch füllen, mit beiden Händen festhalten und im Laufschritt unter einem Hagel von Schlägen zur gegenüber liegenden Ecke des Feldes bringen, das Zeug ausleeren, neues einfüllen und zur Ecke gegenüber bringen, und so weiter und so weiter. Ein Spalier von brüllender SS- und Häftlingsprominenz, bewaffnet mit Stöcken und Peitschen, ließ die Schläge auf uns herunterhageln. Es war die Hölle. Infolge der Strapazen und der Schläge gab es jeden Tag Tote und Verletzte. Sie wurden auf Befehl der Kapos an der Blockseite auf einen Haufen gelegt, damit man sie beim Abendappell mitzählen konnte. Ich fand bald heraus, daß das ein gelegentliches Entkommen bot. Sooft ich konnte, legte ich mich zwischen die Toten und Halbtoten und kam dadurch zu etwas Ruhe.

Eine besondere Tortur, verbunden mit Lebensgefahr, war das Aufsuchen der Toilette. Es war eine offene Grube, zum Teil überdacht, in der Größe von etwa 10 x 20 m. Rundherum waren hölzerne Balken von 10 cm Querschnitt im Boden befestigt, auf denen die Häftlinge saßen und ihre Notdurft verrichteten. Chef der Toilette war ein Häftling, der den Titel »Scheißmeister« trug, ein prominenter alter Berufsverbrecher, der mit dem Stock in der Hand nach Lust und Laune zuschlug. Er bestimmte über die Art und die Länge des Aufenthalts auf der Toilette; Strafen erledigte er an Ort und Stelle. Aber auch andere Schläger kamen oft zur Toilette, angeblich, um dort Drückeberger aufzutreiben.

Als leichte Strafe galten Stockschläge auf den nackten Hintern oder seitlich, und zwar so ausgeteilt, daß dem Häftling keine andere Rettung blieb, als sich, mit der Hose in der Hand, den draußen laufenden Häftlingen mit dem Sand in den Mützen anzuschließen. Die andere beliebte Strafe bestand darin, dem sitzenden Häftling einen Schlag in das Gesicht oder frontal auf den Oberkörper zu versetzen, so daß er in die Scheißgrube fiel. Dabei durfte ritualgemäß gelacht werden. Soviel ich weiß, sind diese Menschen ertrunken und die Leichen nicht herausgeholt worden. So kann man aus einer Toilette eine Todesfalle machen.

Das Essen war äußerst schlecht, knapp und unregelmäßig; zudem konnte man die Hungerrationen nur unter allen möglichen Schikanen zu sich nehmen. Geschlafen wurde auf Pritschen in drei Stockwerken übereinander. Nachts durfte man nicht aus den Baracken. Sobald es dunkel wurde, wurden die Blocks geschlossen, für die menschliche Notdurft wurden in die Ecken Holzbottiche gestellt. Diese Bottiche waren jedoch so hoch, daß man sich seines Geschäfts - sitzend oder stehend - nicht entledigen konnte. Es mußten alle möglichen Tricks angewandt werden, um den Bottich zu erklimmen. Das Verunreinigen des Nebenplatzes wurde mit

Schlägen bestraft. Trotzdem war der Platz nach jeder Nacht äußerst verunreinigt. Der Gestank war schrecklich. Wenn die Türen morgens geöffnet wurden, gaben das Hinaustragen der Bottiche und das Reinigen der Baracke den ersten Anlaß zum Schlagen und Quälen. Trotzdem war es im Vergleich zum Regime des Scheißmeisters eine Nuance leichter. Es gehörte einfach in das Programm von Majdanek, die Menschen nicht nur beim Essen und Arbeiten, sondern auch beim Benützen der Toilette zu quälen.

Nachts hörte man immer wieder die Schreie von Gemarterten und das Brüllen der Schlagenden. Vor der Nachtruhe war ebenfalls wildes Geschrei zu vernehmen, vermischt mit höhnischem Gelächter - das war die Lagerprominenz bei ihren Trinkgelagen. Unter der Nacht gab es immer wieder Selbstmorde von Häftlingen. Unvergeßlich ist mir Dr. Nick, ein jüdischer Arzt aus Warschau, bekannt und geachtet wegen seiner Hilfsbereitschaft. An einem Morgen fanden wir ihn an seinem Gürtel erhängt. Er hatte erfahren, daß seine Frau, mit der er zusammen nach Majdanek gekommen war, in die Gaskammer geschickt worden war.

Der Abendappell war dem Morgenappell ähnlich, mit dem Unterschied, daß nach dem schier endlosen Zählen noch einige Nummern aufgerufen wurden. Die Häftlinge, die diese Nummern hatten, mußten sich im Laufschritt bei der Lagerführung melden. Die SS-Männer verkündeten, welche Strafen über sie verhängt waren - meistens 25, 50 oder 100 Peitschenhiebe. Für die Auspeitschungen war ein spezieller Pritschenbock aufgebaut, auf den der Häftling so steigen mußte, daß seine Beine und sein Körper unbeweglich lagen und der Kopf herunterhing. Der Ukrainer Wanja, Häftlingsprominenter im Dienste der SS, setzte sich auf den herunterhängenden Kopf, und zwei SS-Männer mit Lederpeitschen teilten die Hiebe aus. Die zum Appell angetretenen Häftlinge mußten zusehen, hörten die Schreie des Opfers und zählten halblaut im Chor die Schläge mit. Dieser Vorgang wiederholte sich jeden Abend 10 bis 20 Mal. Häufig wurden auch Häftlinge gehängt.

Alle 14 Tage wurden wir in ein Bad geführt. Wenn wir unter den Duschen standen und auf das Wasser warteten, wurde die Zeit zu Schlägen und Hieben ausgenutzt. Ich weiß nicht, ob es absichtlich geschah, jedenfalls kam fast immer nur glühend heißes oder eiskaltes Wasser in starkem Strahl herunter. Nach der Dusche wurden die Hemden ausgeteilt. Als es Anfang Mai noch verhältnismäßig kühl war, hatten wir ganz leichte Leinendrillichhemden bekommen. Sobald es aber warm wurde, erhielten wir Winterhemden, außen blauweiß gestreifter Drillich, innen warmer Flanell, mit Doppelleisten vorn. Diese Hemden waren schrecklich verlaust; besonders in den Leisten saßen die Läuse scharenweise. Wir schwitzten und wurden von den Tierchen fast aufgefressen. Infolge der schlechten Ernährung und des gerade überstandenen Typhus wurde ich von einer zusätzlichen Plage befallen: Ich bekam die Krätze. Krätze auf dem Kopf, unter den Armen, auf dem Po und zwischen den Fingern. Es war unerträglich. Ein Leidensgenosse gab mir eine Dose mit Schwefelsalbe, die wie Feuer brannte, mir aber etwas Linderung verschaffte. Aber am schlimmsten waren die Läuse.

Die Maschinerie des Quälens war in Majdanek dermaßen ausgeklügelt, daß die SS sämtliche Häftlinge in allen fünf Feldern des Lagers Tag und Nacht terrorisieren konnte. Weil dazu die Mannschaften zahlenmäßig nicht ausreichten, bediente sie sich der Hilfe ausgesuchter Häftlinge, die sämtlich den untersten Schichten der menschlichen Gesellschaft angehörten. Diese sogenannte Häftlingsprominenz war so organisiert, daß sie in jedem Feld einer anderen Nation angehörte. Sie ließ sich bei ihren Taten, sei es aus eigener Initiative, sei es im Auftrag der SS, zusätzlich noch von Nationalhaß leiten. So rächten sich in Feld 4 die Ukrainer an den Polen, in Feld 3 die Polen an den Ukrainern. Nur wir Juden waren von diesem internationalen Wettbewerb des Hasses ausgeschlossen. Wir gehörten überall zu den Geschlagenen.

Unvergeßlich sind mir die russischen Kriegsgefangenen, die in Feld 4, abgesondert durch einen zusätzlichen Drahtzaun, ständig unter Arrest gehalten wurden. Ich sehe sie noch, wie sie sich am Zaun festhielten, ausgemergelt, abgemagert, nach Wasser und Essen lechzend, und dann wie die Fliegen eingingen. Waren es Menschen, die dieses Inferno geschaffen hatten und ungerührt solche Anblicke genossen? Ja, es waren Angehörige der SS.

Als normaler Häftling ohne jede Funktion und jedes Privileg hatte ich kaum Gelegenheit, mit der SS in Berührung zu kommen. Ich hütete mich selbstverständlich, in die Nähe dieser Leute zu geraten, um nicht aufzufallen. So habe ich nie einem SS-Mann in die Augen gesehen, weniger aus Ekel oder Abscheu, sondern vor allem aus Angst. Und Angst hatten wir alle. Ich war dem Zufall, der mich unauffällig bleiben ließ, dankbar. Denn ins Blickfeld der SS zu geraten, bedeutete den sicheren Tod. Vielleicht ist das einer der wichtigsten Gründe dafür, daß ich am Leben geblieben bin.

In den Ghetto- und Lagerjahren waren Schläge, die von Leidensgenossen ausgeteilt wurden, am schwersten zu ertragen. Unter den Häftlingen von Majdanek befanden sich Verbrecher aus aller Herren Länder. Die gefährlichsten, die sich durch besondere Brutalität auszeichneten, durften zusammen mit der SS ihren Sadismus an uns austoben. Der erste, den ich beobachten konnte, war mein Blockältester Mosche, den wir Poer nannten, was grob und brutal bedeutete. Ein jüdischer Lastenträger aus Warschau, ein Trunkenbold, groß und dick mit versoffener Stimme, blauer Nase und rauhen Sitten. Er sprach niemanden anders als »Hurensohn« an. Den Häftlingen nahm er das wenige tägliche Brot und die Suppe ab, um sich dafür Schnaps und Zigaretten zu besorgen. Morgens und abends beim Appell verteilte er Faustschläge und Fußtritte an seine Block-Untertanen unter dem Vorwand, daß sie bei der Aufstellung in Reih und Glied keine gerade Linie hielten. In Wirklichkeit wollte er sich damit lieb Kind bei den Lagerkapos und der SS machen. Ich habe mit eigenen Augen mehrmals gesehen, wie dieser Mosche Poer jüdischen Häftlingen so starke Tritte in Magen und Gesicht versetzte, daß diese halbtot und bald ganz tot waren. Von gleichem Kaliber war Naftali Gaslen, der Mörder genannt, ein Keiler aus Warschau. Die beiden kannten sich gut, zwei brutale Unterweltmenschen, wie geschaffen für Majdanek.

Einmalig selbst in Majdanek war ein ungefähr 15jähriger jüdischer Junge, genannt »Bubi«. Klein und rund, wohlgenährt und bestens angezogen, bewegte er sich in der Umgebung der Kapos und Lagerprominenz, sogar in der Nähe der SS. Er regierte über die 10.000 Häftlinge des Feldes 4. Wir mußten alles tun, was er befahl: Still gestanden, Mützen auf, Mützen ab, rechts um, links um, im Gleichschritt, im Laufschritt marsch, marsch. Mit dem Stock in der Hand und der noch halb kindlichen Stimme trieb er Spott und Hohn mit uns, zur großen Zufriedenheit der SS. Wir fanden heraus, daß Bubi ein Pupil, ein in jeder Beziehung willfähriger Knabe des Oberkapos war. Angeblich hatte er sich seine Bevorzugung durch die SS damit verdient, daß er auf ihren Befehl in Majdanek selbst die Schlingen um den Hals seines Vaters und seiner Mutter legte. über diese makabre Tragödie wage ich nicht zu urteilen, vielleicht können das Ärzte und Psychologen. Wie ich nach dem Kriege hörte und auch im Buch von Paul Trepmann gelesen habe, wurden der Oberkapo und sein Pupil später in Majdanek gehängt.

Eine Mördernatur durch und durch war auch Wanja, der Ukrainer mit dem Henkergesicht und der versoffenen Stimme, der ausschließlich Schimpfwörter und Flüche der tiefsten Unterwelt von sich gab. Er konnte keine drei Schritte tun, ohne den, der in seiner Griffweite war oder gerade vorbeiging, zu schlagen oder sonstwie zu quälen, sei es mit den Händen, sei es mit den Füßen, oder ihn anzuspucken, wenn er gerade den dicken Holzstock nicht bei sich trug, den er am liebsten benutzte. Abends beim Appell war er dann in bester Stimmung. Sein Platz war immer am Foltertisch, auf dem die Häftlinge gepeitscht wurden. Er strahlte, wenn das Auspeitschen begann und er seine Nützlichkeit beweisen konnte. Fröhlich stieg er auf die Köpfe der Häftlinge, seine Bewegungen waren wie die eines Reiters auf seinem Pferd. Durch das Knallen der Peitschenhiebe hindurch hörte man Wanjas tiefe Stimme und sein höhnisches Lachen, das die Schreie der Opfer begleitete. Dies anhören zu müssen, war zum Verrücktwerden.

Nie hatte ich vorher einen Menschen wie Wanja gesehen und ihn mir auch nicht vorstellen können. In dem Buch »Archipel Gulag« von

Solschenizyn habe ich später von ähnlichen Typen gelesen. Aber Wanjas Brutalität sollte ich noch am eigenen Leibe erfahren.

In dem Teil von Majdanek, in dem ich mich bewegte, gab es keine gepflasterten Straßen, die Wege bestanden aus Sand und Kieselsteinen. Die einzigen, die auf ihnen fuhren, waren die SS-Männer mit ihren Fahrrädern, Motorrädern, Personenwagen und Lastautos. Ansonsten bestritten marschierende Häftlingskolonnen und Arbeitskommandos den Verkehr. Man sah diese Kommandos aus männlichen oder weiblichen Häftlingen, mit Stricken und Drahtseilen vor Wagen gespannt, auf denen in Holzfässern oder Holzkisten Menschenkot, Jauche oder sonstige Abfälle transportiert wurden. Die schweren Lasten ließen die Räder tief in die Sandwege einsinken, und die Seile schnitten tief in das Fleisch der Ziehenden, die wie Pferde von den SS-Wachleuten mit Lederpeitschen vorwärts getrieben wurden. Ein deprimierendes Bild menschlicher Versklavung. Diesen kahlgeschorenen, gedemütigten, verkrampften Gestalten in den verschmutzten Streifenanzügen und den häßlichen Streifensäcken hatte man die menschliche Physiognomie und die menschliche Würde genommen. Man hatte sie hierher gebracht, um sie zu verhöhnen, zu quälen, zu vernichten, bis sie am Ende im Krematorium zu Rauch und Asche wurden. Nirgendwo im Gebiet des Lagers von Majdanek habe ich Bäume oder Rasen gesehen, geschweige denn Blumen, Obst oder Gemüse. Nichts, was grün ist, blühte, wuchs und gedieh. Es gab auch keine Pferde, Kühe, keine Katzen, Hühner, Gänse, Enten, keine Bienen, keine Vögel. Ich habe an diesem Ort kein geschriebenes oder gedrucktes Wort gelesen, keine ruhige Minute erlebt. Auch im Traum nicht. Ein Menschenleben galt nichts. Da die Opfer bereits eingezäunt waren, war der Reiz des Jagens für die Mörder nicht mehr gegeben, es verblieb ihnen nur der Spaß und die Lust am Quälen und Töten. Es war ein extra für Mord und Folter geschaffener Spielplatz, ein Reservat des Todes.

Eines Tages wurden im Lager Gärtner für ein spezielles Arbeitskommando gesucht. Ich meldete mich, obwohl ich keine blasse Ahnung von der Gärtnerei hatte, und wurde auch angenommen. Es hieß, dieses Kommando werde außerhalb des Lagers zur Arbeit eingesetzt. Ich war froh, dabei zu sein, und rechnete mir eine Chance aus, irgendetwas Eßbares zu organisieren, wie die anderen vermutlich auch. Am nächsten Morgen wurde das Kommando in einer Stärke von 50 Mann formiert. Wir mußten in Fünferreihen antreten und wurden unzählige Male von der SS, den Kapos und anderen Machern gezählt. Dann endlich kam der Befehl zum Abmarsch. Angeführt von zwei Kapos und von bewaffneter SS bewacht, marschierten wir im Gleichschritt und unter Absingen eines Liedes aus Feld 4 hinaus.

Übel war das Marschieren in den offenen holländischen Holzschuhen, die wir trugen. Um im Sand diese Latschen nicht zu verlieren und Schritt zu halten, mußte man die Zehenspitzen stark ausbiegen und gegen das Holz klemmen. Nach einer gewissen Zeit glaubte ich, daß ich die Zehen nie mehr gerade bekommen würde. Und natürlich begleiteten uns unzählige Schläge und Kolbenhiebe.

Wir marschierten entlang der drei anderen Felder, am Areal der Krematorien und angrenzenden Lagerhäuser vorbei, und kamen schließlich aus dem tiefen Sand heraus auf ein großes, graues Aschengelände, dessen Boden warm und beim Auftreten nachgiebig weich war. Überall hing hier ein seltsamer Geruch. Nach einigen Tagen fanden wir heraus, daß sich in der Nähe des Aschengeländes ein riesiges Massengrab befand. Ein Spezialkommando französischer Juden, die im Lager separat untergebracht waren, hatte die Aufgabe, die Leichen auszugraben, ihnen die Goldzähne auszureißen, Ringe und andere Wertsachen abzunehmen und sie dann zu verbrennen. Diese Leichen stammten aus der Zeit, als Majdanek noch keine Krematorien besaß. Die SS wollte die Spuren der Massengräber verwischen, die eigenen Verbrechen vertuschen. Es waren ausgesprochen kräftige Männer, die für dieses Kommando eingesetzt wurden, aber sie wurden immer nach einigen Wochen liquidiert und durch neue ersetzt.

Jeden Morgen, wenn wir hier durchgingen, war der Boden noch warm und dampfte. Wir rochen je nach Windrichtung und Luftdruck stärker oder schwächer, aber immer deutlich, den Geruch von verbranntem Menschenfleisch.

Bei diesen Märschen zum Arbeitsplatz kamen wir auch an einem Teil der Straße vorbei, die von der Ankunftsrampe zum Lager führte. Das war die berüchtigte Einbahnstraße von Majdanek, die fast jeder nur in einer Richtung benützte. Täglich sahen wir dort die neuen Transporte und konnten sogar unterscheiden, ob sie aus dem Westen oder dem Osten kamen. Die aus dem Westen Ankommenden hatten Hüte und Schirme, die Frauen Pelzmäntel, und die aus dem Osten sahen wie Gefangene unterwegs nach Sibirien aus. Es waren auch Transporte aus dem Warschauer Ghetto darunter, in dem der Aufstand noch im Gange war. Manchmal konnte man sich sogar ein Wort zurufen.

Alle Transporte wurden von der SS mit Hunden bewacht und begleitet. Schweigend marschierten die Armen unter dem Gebrüll der Befehle und angesichts der schußbereiten Waffen. Doch wenn wir an ihnen vorbeigingen, hörten wir leise Schreie und verzweifelte Fragen. Der Eindruck, den wir auf diese Menschen machten, war eindeutig. Wir bedauerten sie, weil wir wußten, was ihnen bevorstand. Auf dieser Schicksalsstraße konnte man zerrissene Banknoten aller Länder und Nationen finden, Wertsachen, Puppen, Damentaschen, Schuhe, Kämme. All das, was die Ankömmlinge verloren oder in ihrer Verzweiflung fortgeworfen hatten.

Nach 5-6 km Marsch innerhalb des äußersten Lagerzaunes gelangten wir zu unserem Arbeitsplatz. Er grenzte direkt an den äußeren Zaun an, lag an der Straße nach Lublin und war von SS stark bewacht. Eine Gärtnerei war es nicht. Uns wurde befohlen, den Boden auszuheben und Beete anzulegen. In der Nähe waren einige polnische Zivilisten beschäftigt, mit denen wir manchmal, wenn unsere Kapos und Vorarbeiter bestochen waren, sprechen konnten. Auch andere Kommandos konnte man mitunter von weitem sehen, ab und zu sogar Frauenkommandos. Unter großer Gefahr versuchten einige der Zivilisten, mit uns in Verbindung zu treten, um Juwelen oder sonstige Wertsachen im Tausch gegen ein Brot zu bekommen. Alle im

Kommando rechneten sich durch den Kontakt mit den Zivilisten irgendeine Chance aus.

In den holländischen Holzschuhen war es äußerst schwierig, mit dem Spaten zu arbeiten. Trotz des warmen Wetters war es uns streng verboten, uns auszuziehen. So schwitzten wir uns halbtot in unseren Winter-Flanellhemden. Dazu die Läuse, die sich in unsere Körper einfraßen; der tragikomische Kampf gegen eine Plage, die man kaum sah, aber immer spürte; das ständige unbehagliche Jucken und Kratzen. Wir nannten sie die Alliierten der Nazis, und das waren sie auch. Eine große Entlastung bedeutete es, wenn man auf die Toilette gehen durfte; man konnte dann das Hemd ausziehen und einige besonders aggressive Läuse loswerden.

Sprechen während der Arbeit war verboten, statt dessen waren immer wieder die klatschenden Schläge von Latten oder Spaten zu hören und die folgenden Schmerzensschreie. Am Ende jedes Tages mußten wir halbtot geschlagene Leidensgenossen auf unserem Rücken zurück ins Lager tragen; denn sie mußten ja zum Appell da sein, tot oder lebendig. Am nächsten Morgen traten neue Häftlinge an ihre Stelle; die anderen hatten die Nacht zumeist nicht überlebt. Ärztliche Betreuung, Medikamente, Krankenhäuser - von all dem habe ich in Majdanek nichts gesehen und nichts gehört. Nur einen Steinwurf von unserer Arbeitsstätte entfernt lag eine friedliche Straße; wir sahen die Fahrzeuge vorüberfahren und sonntags die polnischen Bauern und Bäuerinnen in die Kirche gehen.

Das Glück war mir insofern gewogen, als ich nicht zum Ausheben von Gräben, sondern zum Anlegen von Beeten eingeteilt war. Ich wehrte mich, so gut ich konnte, gegen Läuse, Schläge, Hunger, aber gegen den Hunger wagte ich am meisten. Neben Feld 4 gab es in einer umzäunten Baracke eine Gruppe, die Schweineborsten bearbeitete. Diese angeblich kriegswichtige Produktion war vom Ghetto Miedzyrzec nach Majdanek verlegt worden. Eine frühere Nachbarin und gute Bekannte, Pesa Kaweblum, arbeitete dort. Dank guter Beziehungen gelang es mir, in diese Baracke für kurze Zeit hineinzukommen. Die dort Beschäftigten besaßen tatsächlich noch etwas Gold und Wertsachen, bekamen aber sehr wenig Brot. Nun hatte ich auf meinem Außenkommando neben einem polnischen Zivilisten auch einen slowakischen Häftling kennengelernt. Slowaken waren die ersten Erbauer des Majdanek-Lagers gewesen und die, die noch lebten, bekleideten im Lager hohe Funktionen. So auch dieser slowakische Jude; er bot mir an, Brot gegen Geld und Wertsachen zu tauschen. Bei meiner Gärtnertätigkeit und dem gerade erst hergestellten Kontakt zu den mit den Schweineborsten Beschäftigten sah ich eine Chance, durch Tauschhandel meinen Hunger zu stillen. So beschloß ich, einen Tag lang zu hungern, um mir dadurch das Startkapital einer Tagesration Brot zu verschaffen, und brachte Pesa Kaweblum diese Brotration. Dafür bekam ich eine Goldmünze. Für diese Goldmünze erhielt ich am nächsten Tag von dem Slowaken auf der Arbeitsstelle ein Brot in der Größe von mindestens vier Rationen. Ich aß mich mit zwei Rationen satt und handelte mit den restlichen zwei weiter und weiter. Daß das erworbene Brot fast immer total blau von Schimmel war, störte mich und meine Abnehmer weniger. Wir aßen es trotzdem und stillten so unseren Hunger zumindest vorübergehend.

Beim Passieren eines Frauenkommandos erkannte ich eines Tages zu meiner Überraschung ein Mädchen aus meiner Chewra, die mit mir zusammen in Warschau gewesen war, Sarah Nissenbaum. Zuerst war ich unglücklich, jemanden aus meiner Chewra in dieser Hölle zu sehen, dann aber wollte ich unbedingt wissen, was aus allen Freunden geworden war. Ich spürte wieder, wie nah sie mir standen, die einzigen Menschen, auf die ich noch zu hoffen wagte, nachdem meine Familie nicht mehr da war. Alle meine Wünsche und Träume waren mit ihnen verbunden. In Stunden der Depression hatte ich mir angewöhnt, intensiv an meine Chewra zu denken. Ich fühlte mich dann schnell wohler, besonders bei der Vorstellung, daß die Chewra weiter Geschichte machte und vielleicht noch immer mit den Nazis auf ihre Art und Weise Katz und Maus spielte. Daß es mein Pech war, in die Mausefalle gegangen zu sein, bedrückte mich so sehr, daß ich mich selbst bedauerte. Von Herzen wünschte ich, daß meiner Chewra das erspart würde, was ich selbst durchmachte. Als ich nun Sarah Nissenbaum im Lager antraf, meinte ich, die gleichen Gedanken an ihrem Gesicht ablesen zu können. Sie glaubten mich alle schon tot, und ich war hier.

Ich war entschlossen, jedes Risiko einzugehen, um mit Sarah zu sprechen. Ich mußte die mir unverhofft gegebene Möglichkeit nutzen, um zu erfahren, was aus meiner lieben Chewra geworden war. Wenn ich das wußte, würde ich leichter sterben oder hoffnungsvoller um das Leben kämpfen können.

Die Ungewißheit erdrückte mich. Im Vorbeigehen verabredeten wir uns, und am nächsten Tag trafen wir uns in unmittelbarer Nähe des Arbeitsplatzes. Sie sprach schnell, um die Minuten zu nutzen und das Risiko, erwischt und bestraft zu werden, zu verkleinern: Die Gebrüder Gellermann und Tovale Elfenbaum, die mich noch aus dem Ghetto von Miedzyrzec herausholen wollten, waren wegen der Aussichtslosigkeit aller eigenen Unternehmungen in das Warschauer Ghetto gegangen. Sie selbst war durch Denunzierung schon früher in das Ghetto von Warschau gekommen und mehr oder weniger durch Zufall mit einem Transport nach Majdanek verschickt worden. Mein Freund Mosche Ackereisen, mit dem ich seinerzeit zusammen in Warschau bei den Kidzinskis gewohnt hatte, war in die Umgebung von Radzyn zurückgekehrt, um sich dort zu verstecken. Man hat niemals wieder von ihm gehört. Die Schwestern Kamienietzki hatten für Fräulein Tisch aus Miedzyrzec, die ich auch aus dem Ghetto kannte, eine arische Kennkarte besorgt und ihr ihre Warschauer Anschrift als Anlaufadresse gegeben. Dieses Mädchen war dunkelhaarig und sah sehr jüdisch aus; sie wurde im Zug verhaftet und zur Gestapo nach Miedzyrzec gebracht. Unter der Folter erzählte sie alles. Einige Tage später erschien in der Warschauer Wohnung der Geschwister Kamienietzki statt Fräulein Tisch der Gestapomann Burger aus Radzyn, der sich früher als Beschützer der beiden Schwestern angeboten und sie vor der Besorgung arischer Papier gewarnt hatte. Er erinnerte die Schwestern an seine frühere Warnung und seine guten Absichten. Um diese noch einmal zu beweisen, erklärte er, er werde sie nicht an Ort und Stelle erschießen, wie er es mit Fräulein Tisch bereits getan hatte. Statt dessen verhaftete er sie und brachte sie in das bekannte Gefängnis Pawiak in Warschau. Am Ende war es dasselbe, denn die jüdischen Gefangenen wurden alle erschossen.

Das war meine Unterredung mit Sarah Nissenbaum. Ich gab ihr noch ein halbes Brot, dann verschwanden wir mit Tränen in den Augen in entgegengesetzten Richtungen. Ich sah es als ein Wunder an, nicht erwischt worden zu sein. Mit Frauen zu sprechen, war in Majdanek für einen Häftling das größte Vergehen. Trotz aller guten Wünsche habe ich sie nie mehr wiedergesehen. Ich hatte schon früher Schlimmes für meine Chewra befürchtet, jetzt hatte ich etwas mehr erfahren. Es blieb das letzte, das ich über die Freunde hörte. Auch nach dem Krieg habe ich nichts herausbekommen können. Wann immer heute ein neues Buch über Warschau und den Holocaust erscheint, suche ich nach ihren Namen. Gefunden habe ich bis heute nichts. Zurückdenkend sehe ich eine Genugtuung darin, daß meine Chewra Kämpferisches zumindest versucht hat. Ihrem Widerstand verdankte ich damals den Mut, nicht aufzugeben. Ich betrachtete es als notwendig, weiterzukämpfen, um der Nachwelt diese traurige Geschichte einmal erzählen zu können.

Unterdessen aber hatte ich eine schreckliche Angst vor dem Hungertod. So wollte ich keinesfalls sterben. Ich schmuggelte Wertsachen, und mein Slowake lieferte mir Brot, außen braun, innen blau vom Schimmel. In Majdanek schmeckte es wie Kuchen, ich aß mich satt und gab es weiter.

Eines Tages, als ich gerade ein Brot empfangen hatte und es in die Beete eingrub, um es am Feierabend in meinem Hosenbund in das Lager zu schmuggeln, tauchte plötzlich vor mir ein SS-Mann auf, der das beobachtet hatte. Er holte das Brot heraus und befahl: »Bück dich!« Ich tat es, und er gab mir als Akontozahlung mit einem dünnen schwarzen Rohr aus Gummi 25 Schläge auf den Hintern. Danach notierte er meine Nummer.

Ich wußte, was mich an diesem Abend erwartete. Als wir in das Lager einrückten, fand ich keine Ruhe. Eine furchtbare Strafe stand mir bevor. Würde ich sie durchstehen? Beim Appell, der sich wieder unendlich hinzog, wurde mir jede Minute zur Ewigkeit. Wie üblich wurden Nummern aufgerufen und Häftlinge gepeitscht. Das Mitzählen der Schläge war schon schlimm, aber ausgepeitscht zu werden... Endlich kam meine Nummer 1377 dran. Ich lief hin, riß die Mütze vom Kopf und nahm, wie in Majdanek üblich, stramme Haltung ein. Der Rapportführer, ein SS-Mann, hielt die Meldung in der Hand. Ich wurde nichts gefragt, hörte nur das Urteil: 50! Schon war ich mit den Füßen in dem Bock, Wanjas Foltertisch, eingespannt. Wanja griff schnell nach meinem Kopf, um ihn zwischen seine Beine zu nehmen. Und schon hörte ich meine eigenen Schreie, hörte Wanjas Lachen im Takt der Peitschenschläge, hörte das Mitzählen von vielen tausend Häftlingen: eins, zwei, drei ... Die Schmerzen waren unerträglich, und ich schrie, so laut ich konnte. Nach ungefähr 10-20 Schlägen konnte ich nicht mehr schreien, auch die Schmerzen waren andere, ich fühlte jetzt eher ein Schlagen wie auf ein Holzbrett. Ich merkte gar nicht, wann es aufhörte, es war wohl überstanden, als Wanja von meinem Kopf wie ein Reiter vom Pferd abstieg. Ich sah noch die beiden SS-Männer, wie sie sich den Schweiß aus den Gesichtern wischten und die Lederpeitschen wieder umdrehten. Sie hatten mich mit der dicken Seite der Peitsche geschlagen. Die schmale Seite war für die Pferde reserviert. Einen dieser SS-Männer habe ich später oft in Auschwitz gesehen. Sein Name war Wieczorek.

Wie ich danach den Weg zu den Reihen meines Blocks schaffte, weiß ich nicht mehr; wahrscheinlich hat mich Leo getragen oder geführt. Nach dem Appell bin ich mit Hilfe von Leo, der im gleichen Block war, auf der Schlafpritsche gelandet. Ihm verdankte ich auch, daß ich einen Tag auf der Pritsche bleiben konnte. Nach 75 Peitschenhieben an diesem einem Tage war meine körperliche Verfassung erbärmlich. Ich fühlte, wie ich auseinander fiel. Jedes Körperteil spürte ich einzeln, nichts war in mir ganz, und wohin ich auch faßte, fühlte ich Schmerz, Blut und Wunde. Geistig jedoch war ich nicht gebrochen. Als ich dann etwas zu mir kam, sah ich einige Bekannte aus meiner Heimatstadt und meinem Block um mich versammelt, Wolf Turkeltaub, Bunim Süßmann, Blumenfeld, Leibisch Bäcker und noch einige. Sie fragten, ob es nicht doch besser sei, sich mit der zugeteilten Ration Brot zu begnügen, als so zugerichtet zu werden. Ich widersprach heftig: Es gebe nichts Schlimmeres als den Hungertod, und jeder Versuch, dem zu entgehen, lohne sich. Ich würde deshalb weitermachen, wenn sich wieder eine Möglichkeit ergäbe.

Nachdem ich schon so viel durchgemacht hatte, war ich überzeugt, daß der Hunger für Menschen meines Alters das größte aller Leiden ist. Man kann dieses Martyrium nicht beschreiben, kann dieses Gefühl auch nicht annähernd anderen vermitteln. Nur wer es am eigenen Leib verspürt hat, kann mitfühlen und verstehen.

Nach drei Tagen ging ich wieder in das gleiche Kommando. Ich ging nicht, ich kroch. Als Folge der Auspeitschung konnte ich in den nächsten 14 Tagen nicht sitzen und tat alles, buchstäblich alles, stehend. Mein Hintern war schwarz, man konnte die Peitschenhiebe einzeln sehen und zählen. So komisch es klingt - die Schläge hatten auch eine therapeutische Wirkung, nur kann ich niemand diese Roßkur empfehlen: Meine Krätze, die sich in Form von Beulen hauptsächlich am Hinterteil festgesetzt hatte, wurde förmlich aufgeklopft. Ich hatte zwar große Schwierigkeiten, Hemd und Hose aus dem Blut und Eiter der Wunden zu reißen, aber nachdem das überstanden war, bildeten sich an dieser Stelle keine Beulen mehr.

Nach diesem »Abenteuer« wußte unser Blockältester, Mosche Poer, daß ich ein Organisator war. Er wußte nicht, daß ich verschimmeltes Brot organisierte, er glaubte, es sei Schnaps und Wurst. Jedenfalls rief er mich zu sich und sagte: »Du Hurensohn, hast du deinen Blockältesten vergessen? Wenn du leben willst, denke an ihn.« Ich vergaß in der Tat nicht, an ihn zu denken. Am nächsten Tag war ich vor Angst aus seinem Block verschwunden. In Majdanek wurde sehr selten geschrieben, schon gar nicht, wenn es um das Schlagen oder Töten von Juden ging. Darüber wurde nicht Buch geführt. Aus welchem Block die Opfer kamen und wen es gerade traf, war unwichtig. Dran kamen alle. So war es mir möglich, einfach in einem anderen Block im selben Feld zu verschwinden.

Das muß etwa im Juli oder August 1943 gewesen sein. Damals mehrten sich die Fälle, daß vereinzelt Häftlinge erfaßt und in Transporten verschickt wurden; ob in das Krematorium oder in andere Konzentrationslager, wußte niemand. Nun liegt es zwar in der Natur der Sache, daß ein Häftling sich immer vor seinen Verfolgern zu verstecken sucht. Wenn man jedoch darüber nachdachte, war es tatsächlich unvorstellbar, daß es irgendeinen Platz auf der Welt gab, an dem es schlimmer zuging als in Majdanek. Mit diesem Gedanken beschloß ich, mich ab sofort weder zur Arbeit zu melden noch mich zu verstecken. Es dauerte nicht lange, und ich wurde gefaßt. Doch mein Gewissen quälte mich diesmal nicht mehr.

Wie ich nach dem Krieg erfuhr, wurden nur wenige Wochen später, am 16. Oktober 1943, alle Juden in Majdanek, insgesamt 18.000 Männer, Frauen und Kinder, an einem einzigen Tag erschossen.

Ich weiß bis heute nicht genau, wie lange ich in Majdanek war. Es gab ja keinen Kalender, man lebte von einem Tag zum anderen. Es müssen 3 oder 4 Monate gewesen sein, eine beachtenswert lange Lebenszeit für einen einfachen Häftling in diesem Lager. Manchmal dachte ich, schon immer dort gewesen zu sein. So schwer und langsam verging dort die Zeit. Aber ich lebte noch immer, und wie es aussah, würde ich Majdanek bald lebend verlassen.

Dann war es soweit: In ziemlicher Unordnung wurden wir aussortiert und in Viehwaggons zu je 40-50 Häftlingen verladen. Wie Schwerverbrecher wurden wir behandelt. In vier Gruppen mußten wir uns im Halbkreis auf den Boden setzen und die Hände immer nach vorne halten, damit jede Bewegung kontrolliert werden konnte. Jede Unterhaltung war strengstens verboten. Zwei mit Karabinern bewaffnete SS-Männer saßen auf Schemeln an den Schiebetüren im Waggon. Ihre Blicke waren ständig auf uns gerichtet. Bei jeder auffallenden oder ihnen nicht passenden Bewegung stießen sie mit dem Kolben des Karabiners zu.

Es war eigentlich ein gutes Zeichen, daß wir diesmal nicht als ungezählte Krematoriumsware, sondern als eine Gruppe von Schwerverbrechern transportiert wurden.

AUSCHWITZ

Am nächsten Morgen kamen wir in Auschwitz an. Ich wußte über dieses KZ ziemlich viel, und als wir das Tor passierten mit der berüchtigten Inschrift »Arbeit macht frei«, erinnerte ich mich an einen heimlichen Wunschgedanken, mit dem ich früher gespielt hatte, von dem ich aber, weil ich mich schämte, nie jemand erzählte. Ich hatte mir gewünscht, in Auschwitz zu sein, zu leiden, aber zu überleben, damit ich nach dem Krieg als jüdischer Mensch den Kopf hochhalten könnte im Gegensatz zu anderen, die sich vielleicht drückten oder die vielleicht sogar in irgendeiner Weise mit den Nazis kooperierten. Was für ein dummer, kindischer Gedanke! Ich betrachtete es als eine Sünde, in unserer Zeit als Jude nicht zu den Leidenden zu gehören. In meiner Naivität ging ich so weit, daß ich einen jüdischen Nichtleidenden automatisch unseren Gegnern und ihren Helfern zurechnete. Jetzt war ich in Auschwitz, und Majdanek lag hinter mir. Ich raffte mich zu neuer Hoffnung auf. Ich wollte leben!

War es wirklich der Wille zum Leben oder war es die Angst vor dem Sterben, was mich vorwärts trieb? Die Summe meiner Leiden hatte inzwischen eine Dimension erreicht, daß ein normales Grab sie nicht fassen würde. Von den zwölf Plagen Pharaos hatte ich all die, die sich auf Personen bezogen, am eigenen Leib verspürt. Der Tod konnte da nur eine Erlösung sein. Daß ich mir das vorher nicht hatte vorstellen können, bedauerte ich jetzt mehr und mehr. Lohnte es sich noch nach all dem, was ich hinter mir hatte, dem Leben ein Ende zu machen? War es nicht zu spät? Sollte alles Leiden umsonst gewesen sein? Gab es überhaupt noch Schlimmeres? Ich kam mir vor wie einer, der den ersten und auch den letzten Zug zur Abfahrt verpaßt hatte, den Zug zum Sterben und den Zug zum Leben. Mir blieb nichts anderes übrig, als meine Gedanken vor mir herzuschieben und mein Schicksal dem Zufall zu überlassen - gemäß dem hebräischen Sprichwort: »Was der Verstand nicht macht, wird die Zeit tun.«

Wir wurden auf einem großen leeren Platz gesammelt. Dort mußten wir uns ausziehen und standen nackt stundenlang bis zum Abend. Es war sehr kalt. Auf dem Platz waren zwei große Holzbottiche mit kaltem und heißem Wasser aufgestellt; wir mußten hintereinander in beide hinein. Danach bekamen wir gestreifte Häftlingskleidung und Stoffschuhe mit Holzsohlen. Doch in das Innere des Lagers von Auschwitz sind wir nicht gekommen. Wir warteten auf dem Platz, unter Bewachung, sahen die Blocks und die Häftlinge. Dann wurden wir auf bereitstehende Lastautos verladen und in das etwa 10 km entfernte Außenlager Buna-Monowitz gebracht. Auch hier das übliche Ritual, der langandauernde Appell, unendliches Zählen, Bad und Entlausung, die Untersuchung nach versteckten Sachen. So standen wir wieder, in Fünferreihen angetreten, den Herrenmenschen machtlos ausgeliefert. Jeder Häftling wurde, wie auf einem Sklavenmarkt, genauestens besichtigt. Wer akzeptiert wurde, bekam eine Nummer in den linken Arm tätowiert. Meine Nummer war 128262. Einige ausgemergelte Häftlinge, sogenannte Muselmänner, wurden ausgemustert, mitgenommen und nie mehr gesehen. Selektion.

Bei der Nacktparade in und nach dem Bad erweckte mein von den Peitschenhieben gezeichnetes Hinterteil besondere Aufmerksamkeit. Ich wurde von Funktionshäftlingen herumgeführt und anderen Häftlingen gezeigt und dabei bedauert. Ich dachte mir, hier kann es nicht ganz so schlecht sein wie im Ghetto von Miedzyrzec und in Majdanek.

Die etwa 500 Häftlinge aus Majdanek wurden in einem großen Zelt untergebracht. Für eine Quarantänezeit wurden wir hier von allen anderen Häftlingen des Lagers getrennt gehalten. Unsere Zeltgruppe wurde morgens geschlossen zum Appell und zur Arbeitsstelle geführt, die sich ungefähr 4 km entfernt befand. Hier mußten wir in einem tiefen Kanal mit matschigem, lehmigem Boden arbeiten. Wir standen bis zu den Knien im Wasser und unsere Holzschuhe blieben kleben im Lehm. Wenn wir den einen Schuh herauszogen, blieb der andere stecken, und wir rutschten immer wieder aus. Unter diesen Verhältnissen mußten wir mit dem Spaten die Loren mit Lehm beladen und dann nach oben ziehen. Infolge der starken Steigung kam es vor, daß die vollbeladenen, schweren Loren zurückrollten. Hierbei gab es oft Verletzte. Zu beiden Seiten des Grabens standen auf den Böschungen die SS-Männer und beobachteten uns. Immer wieder riefen sie Häftlinge zu sich, bearbeiteten sie mit Holzlatten oder Karabinerkolben und stießen sie wieder in den Kanal zurück. Unten warteten die Kapos, gaben eine Flut von Schimpfworten von sich und schlugen noch einmal zu. Eine Hölle! Abends mußten wir Verletzte und halbtot Geschlagene auf dem Rücken ins Lager tragen, damit sie auf dem Appellplatz mitgezählt werden konnten. Für diese mitgeschleiften Häftlinge war es fast immer der letzte Appell. Rapide schwanden unsere Kräfte. Viele wurden beim Ausrücken aus den Reihen gezogen und nie mehr wiedergesehen, weil sie direkt nach Auschwitz in die Gaskammern gebracht wurden. Die Reihen der aus Majdanek gekommenen Häftlinge lichtete sich zusehends. Auch ich fühlte mich am Ende meiner Kräfte. Die außergewöhnlich schwere Arbeit, die ständige Beobachtung durch die SS, die Hungerrationen des Lagers, dazu kaum eine Möglichkeit, mit einem Leidensgenossen ein Wort zu wechseln - all das kann kein Mensch auf dieser Welt länger als 1-2 Monate aushalten.

Nach etwa 6 Wochen war die Quarantäne beendet, und das Zeltlager mit dem Arbeitskommando wurde aufgelöst. Wir wurden nach

Berufen in andere Kommandos aufgeteilt und in verschiedene Blocks verlegt.

Das Lager Buna-Monowitz - von uns nur kurz Buna genannt - war für rund 10.000 Häftlinge angelegt, die vom Reichssicherheitshauptamt als Sklavenarbeiter an die IG-Farbenindustrie vermietet wurden. Der Plan sah vor, daß wir uns zunächst zum Nutzen der IG-Farben mehr oder weniger totarbeiten sollten, um dann liquidiert zu werden. Ich kam in das Kommando Nr. 128. Es war ein Elektrikerkommando. Unser Kapo war ein Jude aus Halle, Erich Kohlbagen, von Beruf Dentist. Wir waren ungefähr 50 Häftlinge. Nach dem täglichen Appell, der wie in allen KZs stundenlang dauerte, auch bei Regen und Kälte, marschierten wir unter Marschmusik, die am Eingangstor gespielt wurde, zu unserer Arbeitsstätte, einer Baustelle etwa 4 km außerhalb. Zu je 5-10 Personen wurden wir zivilen Meistern zugeteilt und mußten all das arbeiten, was der Meister befahl. Die ganzen Baustellen dort unterstanden dem Obermeister Killian, einem gefürchteten Mann, der selten mit uns, hauptsächlich mit dem Kapo sprach. Meine Gruppe war eine Zeitlang dem Meister Hoppe aus Leipzig unterstellt, aber das wechselte. Seine Konversation mit uns beschränkte sich auf die Einteilung der Arbeiten. Er fragte niemals nach unseren Lebensbedingungen, er kannte sie, er brauchte nicht zu fragen. Ein- bis zweimal, manchmal dreimal am Tag kam er für 10 oder 20 Minuten und verschwand dann wieder, immer in einer blauen Monteurjacke, meist in hohen Stiefeln. In einem Stiefel steckte ein Zollstock, in dem anderen ein Eßbesteck, Löffel und Gabel in einem Stück, drehbar auf einem Niet. Er konnte also nur mit dem Löffel oder mit der Gabel essen, nie mit beiden zusammen. Ob das die neue Eßkultur im neuen, von den Nazis erstrebten Europa war?

Einen dieser Meister, der mit uns eher drei Worte zuwenig als eines zuviel sprach, der aber viel sah, ohne gesehen haben zu wollen, traf ich nach dem Krieg in Leipzig, als ich in eine Straßenbahn einstieg, die er als Schaffner fuhr. Ich begrüßte ihn und brachte mich in Erinnerung aus jener Zeit. Ich hatte ihn schon damals für völlig harmlos gehalten; vorzuwerfen hatte ich ihm eigentlich nichts. Doch an der nächsten Haltestelle war er verschwunden, und die Bahn wurde von einem anderen Schaffner übernommen. Allen diesen Meistern war befohlen worden, taub und blind zu sein. Die meisten von ihnen befolgten diesen Befehl. Sie hatten Ohren, um nichts zu hören, Augen, um nichts zu sehen, und Zungen, um nicht zu sprechen. Ein anderer Meister, mit dem ich ein paar Worte wechseln konnte, stammte aus Gleiwitz. Angeblich nutzte er seine Stellung, um nicht eingezogen zu werden. Ihm war auch eine Gehilfin, ein ukrainisches Mädchen, eine Zivilverschleppte, zugeordnet. Diese Maria war mir gegenüber offen. Sehr oft bot sie mir einen Teil ihrer kärglichen Brotportion an, was ich fast immer ablehnte. Wir sprachen ziemlich oft über den Krieg und die Politik und machten uns gegenseitig Mut. Nur einmal, kurz vor Weihnachten 1944, als die Kriegsverhältnisse sich bereits geändert hatten, gab mir dieser Meister selbst ein Stückchen Kuchen. Es war das erste Mal seit Jahren, daß ich Kuchen aß.

Ich betrachte es als meine Pflicht, einen der Meister besonders zu erwähnen, den Meister Kuss aus Leipzig. Er war klein und schmächtig und besonders freundlich zu uns. Wenn die SS in unsere Nähe kam, rief er uns immer »Sechs« zu, um uns zu warnen. Obwohl ich selbst seine Hilfe nicht in Anspruch genommen habe, weiß ich, daß er verschiedenen von uns geholfen hat. Eines Tages verschwand er, und wir sahen ihn nicht wieder. Es wurde erzählt, er sei erschossen worden. Mir persönlich war es unmöglich, Genaueres zu erfahren, aber es war bekannt, daß er Antinazi war. Wir waren alle traurig, ihn verloren zu haben. Er war einer, der uns den Glauben an die Menschheit zurückgeben konnte.

Ich hatte das Glück, in einer Halle zu arbeiten, und war geschützt vor Regen und Kälte. Das war möglicherweise mitentscheidend für mein Überleben. Diejenigen meiner Leidensgenossen, die im Freien arbeiten mußten, z.B. Kabel verlegen, Zement, Kohle, Eisen abladen u.ä., hatten kaum eine Chance, zu überleben. Drei bis vier Monate, mehr konnte man unter den gegebenen Umständen und bei dieser Ernährung nicht überstehen. Im Winter wurde es noch schlimmer. Zum Schutz gegen die Kälte polsterten wir Brust und Rücken mit

Papier von den Zementsäcken aus, aber auch das war strengstens verboten. In Scharen gingen die Menschen dabei ein, und die noch Verbliebenen sahen wie Schatten aus.

Viele waren zu Skeletten abgemagert, ihre Füße waren wie Streichhölzer. Andere bekamen dicke Bäuche, geschwollene Beine und Furunkel. Eine weitverbreitete Krankheit war Durchfall. Raucher, die ihre mageren Rationen gegen Tabak eintauschten, und passionierte Händler, die mit ihren Rationen irgendwelche Geschäfte machten, sie alle trugen zu ihrem Ruin selber bei und spielten damit den Nazis ungewollt in die Hände. Von den zugeteilten Rationen allein konnte man unmöglich leben, vom Tausch noch weniger. Manche versuchten, ihre Rationen in kleine Happen einzuteilen und in Abständen zu sich zu nehmen, und quälten sich damit selbst. Sie trugen diese kleinen Häppchen tagsüber mit sich herum und legten sie nachts unter den Kopf, um sie für später aufzubewahren. Dadurch konnten sie sich tagsüber nicht ablenken und nachts nicht schlafen. Dieser selbst inszenierte Wettkampf zwischen Magen und Seele war ein Nagel mehr zum eigenen Sarg.

Eine kaputtgegangene Brille, ein fehlendes Medikament, häufiges Nachdenken, ein Anflug von Apathie und ein Hauch von Nachlassen und Nachgeben, einmal die Selbstkontrolle verlieren, und schon war man als Muselmann abgestempelt, und das war der Anfang vom Ende. Unsere Chance zum Überleben glich der eines Seiltänzers, der auf dem Seil ein Meer überqueren soll.

Doch wenn ich an Majdanek und an die Quarantänezeit im Zelt zurückdachte, konnte ich trotz allem zufrieden sein. Um nicht aufzufallen, hielt ich mich zurück, hielt besonders zum Kapo eine möglichst weite Distanz. Er war sehr streng, bemühte sich jedoch, gerecht zu sein. Gegenüber dem, was um ihn herum geschah, war er ziemlich gleichgültig oder tat zumindest so. Er konnte auch nicht helfen. Was aber sein Kommando anging, war er seinen Häftlingen ein strenger Vater, der sie gewissenhaft in Ordnung hielt. Seine Aufmerksamkeit richtete sich darauf, daß alle gewaschen und einigermaßen gekleidet aussahen. Er kümmerte sich auch darum, daß wir im Block gut untergebracht waren, und kontrollierte mit den Meistern, ob wir die Arbeiten zur Zufriedenheit ausführten. Und die Hauptsache, er ermahnte uns immer wieder, nicht negativ aufzufallen. So war er gefürchtet, aber zugleich von uns geschätzt und geachtet. Ich kann mich daran erinnern, daß er während der Selektionen alles Menschenmögliche getan hat, damit sein Kommandobereich verschont blieb. Als er mich am ersten Tag auf der Arbeitsstelle ansprach, zitterte meine Stimme – ich weiß nicht mehr, ob vor Angst oder Respekt - und ich beging den Fehler, ihn mit »Herr Kapo« anzusprechen. Mit den Worten: »Was bin ich für ein Herr für dich?« bekam ich zwei kräftige Backpfeifen verpaßt, daß ich beinahe fiel. Aber ich verstand sogleich, daß ich diese Ohrfeigen zu Recht erhalten hatte. Meine KZ-Schulung hatte versagt. Es waren wirklich die ersten gerechten Schläge, die ich als Häftling erhielt. Denn in den KZs und Gefängnissen galt das ungeschriebene Gesetz, daß es keine Herren gibt. Ich hatte dieses Gesetz verletzt. Vorarbeiter und erster Gehilfe des Kapos war Herschi Bergasin, ein ausgesprochen feiner Kerl, der immer pedantisch sauber aussah und besonders auf die Sauberkeit des Kommandos achtete. Er hat überlebt und wohnt heute in Montevideo.

Im Buna-Werk arbeiteten Tausende von Zivilisten, Fremdarbeiter aller Nationen, sogar englische Kriegsgefangene und russische Wlassow-Soldaten. Morgens bekamen wir eine Portion Brot mit etwas Margarine, abends eine Suppe. Außerdem war unser IG-Arbeitgeber so großzügig, uns im Werk eine Suppe zusätzlich zu spendieren. Diese sogenannte »Buna-Suppe« hatte eine grüngraue Farbe, war frei von Kartoffeln oder sonstigen eßbaren Einlagen, geschweige denn Gemüse, Fett oder gar Fleisch. Trotzdem erhob sie den Anspruch, zur Spinat-Familie zu gehören, wahrscheinlich aufgrund der graugrünen Farbe. Die Techniker, Ingenieure und Direktoren, die oft in das Werk kamen, wollten diese Suppe weder essen noch auch nur sehen. Schade, denn es war reines Gift der IG-Farbenindustrie.

Durch die Arbeit ergaben sich zwangsläufig Kontakte mit den Zivilisten in unserer Nähe. Ich konnte wieder mit dem Organisieren anfangen! Nach wie vor war ich entschlossen, alles zu riskieren, um nicht dem Hunger zu erliegen. Bald schmuggelte ich aus dem Lager Hemden, Decken und Pullover und verschacherte sie für Brot und Margarine. Sobald ich mich satt gegessen und noch eine Reserve für einen Tag hatte, hörte ich auf. Diesem Vorsatz blieb ich treu in meinem ganzen weiteren Lagerleben.

Selbstverständlich war das Organisieren von Lebensmitteln sehr gefährlich. Wurde man erwischt, dann wurde man schwer geschlagen, oft auch in ein Strafkommando oder ein Straflager versetzt. Es war immer das eigene Leben, mit dem man spielte. Anders als in Majdanek hatte ich hier jedoch Glück und blieb unentdeckt. Allerdings brachten mir meine Verbindungsleute manchmal nur Brot und manchmal nur Margarine. So kam es einige Male vor, daß ich ein Paket von einem Pfund Margarine ohne Brot auf einmal aß.

Durch den Kontakt mit den Zivilisten erfuhren wir auch Näheres über die Kriegslage. Die Nachrichten erfüllten uns mit Mut und neuer Hoffnung. Wir konnten sogar des öfteren Zeitungen in die Hände bekommen, so wurde der »Völkische Beobachter« und die »Oberschlesische Zeitung« von uns in das Lager geschmuggelt.

Eine große Genugtuung erlebten wir, als das Werk bombardiert wurde. Wir Häftlinge verkrochen uns nicht, aber wir genossen es sehr, wie sich die SS-Leute in Sicherheit brachten, so daß weit und breit nichts mehr von ihnen zu sehen war. Man hätte bei jedem Fliegeralarm leicht flüchten können, aber wohin? Es gab ja keine Juden mehr, bei denen man untertauchen konnte. Unsere Welt war längst untergegangen. Außerdem markierte die Bombardierung für uns den Anfang vom Ende aller Schrecken. Trotz allem hatten wir nicht aufgehört, von ihm zu träumen.

Vielleicht ist es schwer verständlich, warum die abgeworfenen Bomben uns Häftlinge glücklich machten, obwohl sie uns doch ebenfalls gefährdeten. Aber diese Bomben galten allen Menschen in Buna, ohne Unterschied von Rasse, Glauben und Nationalität. Fallende Bomben haben keine Adresse, sie bedrohen unterschiedslos jeden. Alle anderen Leiden: Schläge, Selektionen, Aussiedlungen, Vergasung, Erschießung usw. wurden in diesem Lager nur uns Juden zugefügt. Einmal leiden wie alle Menschen, ohne Unterschied von Glauben und Rasse, das tat nicht so weh.

Eines Tages wurde in der Mitte des Lagers, nahe beim Appellplatz, ein Bordell errichtet. Man baute eine Baracke auf, umzäunte sie mit Stacheldraht und schaffte ungefähr 20 weibliche Häftlinge dorthin. Angeblich waren es Mädchen aus allen Nationen. Prominente Häftlinge, Blockälteste, Kapos aus verschiedenen Nationen konnten gegen Coupons der Lagerleitung zu ihnen. Eine Rassenvermischung durfte jedoch nicht erfolgen. Unter den Mädchen befanden sich deshalb keine Jüdinnen. Juden durften sich sexuell nicht befriedigen. Ihre Gefühle sollten mit Hilfe des Broms, das in die Lagersuppe gemischt war, erstickt werden.

Die erste Arbeit meines Kommandos im Bunawerk bestand darin, in neu erstellten Gebäuden, wie z.B. im Kraftwerk, Bau 02/703 genannt, eine provisorische elektrische Beleuchtung zu installieren. In den Kellerräumen herrschte totale Finsternis. Außerdem war noch kein Boden gelegt; große und kleine Betonklötze, Unebenheiten und viele Löcher behinderten und gefährdeten uns. Bis die ersten Lampen angebracht waren, hatten sich verschiedene Häftlinge alle möglichen Gelenke gebrochen. Diese Menschen haben wir niemals wiedergesehen. Später wurde ich mit einigen anderen Häftlingen zum Setzen von großen Elektromotoren auf Betonsockeln herangezogen. Es war eine Arbeit, bei der man uns weder auf Zeit noch auf Leistung festlegen konnte. Wir sabotierten sie, soweit wir konnten, unterhielten uns dabei, schmiedeten Pläne und träumten von einer Zukunft. Ein Hauptthema war immer wieder das Essen. So erzählten wir uns, wie gut und wieviel man früher zu essen hatte. Demnach hatte kaum einer jemals Schwarzbrot oder billige Speisen wie z.B. Kartoffeln gegessen. Was die Zukunft betraf, so war unser größter Wunsch, einen ganzen Laib Weißbrot, möglichst mit Butter, nach eigenem Gusto aufessen zu können. Dabei lief uns das Wasser im Mund zusammen. Unsere Zukunftshoffnungen bezogen sich hauptsächlich auf Israel: ein eigenes Land zu haben, nie mehr auf die

Gnade von anderen angewiesen zu sein. Wir beneideten alle, die schon dort waren. Es war ein Traum, an den kaum einer wirklich glauben konnte, obwohl niemand an dem kläglichen Ende der Nazis zweifelte. Einige träumten, als Überlebende durch die Welt zu reisen und über die unvorstellbaren Vorgänge in den Ghettos und KZs zu berichten. Die Nachwelt sollte über den größten Völkermord der menschlichen Geschichte unterrichtet werden. Diese Gespräche endeten meist im Katzenjammer, besonders dann, wenn wir von den umgekommenen Familienangehörigen sprachen und von dem jetzigen schweren Leben und dem, das uns noch erwartete, falls wir durchkämen.

Als unverdrossener Optimist zeichnete sich bei diesen Gesprächen in unserer Gruppe ein Pole aus, der zu sagen pflegte: »Leidensgenossen, macht euch keine Sorgen, wer Talent in den Fingern hat, wird nie im Leben untergehen.« Er soll ein professioneller Taschendieb gewesen sein.

Selbst in den Stunden der Verzweiflung hatte es in den Ghettos und Städten immer wieder Juden gegeben, die den Schal des Gebetes umlegten und mit dem Gebetbuch in der Hand und den Worten »Schma Israel« auf den Lippen dem Tod ins Auge sahen. Andere waren durch eigenes Leid und Familientragödien so sehr erschüttert, daß sie gegen Gott rebellierten. Sie hatten durch das Erlebte jeglichen Glauben verloren.

In meinem Kommando 128 gab es einige - hauptsächlich Juden aus Ungarn und Griechenland -, die des Jom-Kippur gedachten, indem sie fasteten. Wie an diesem Tag, dessen Datum sie sich ausrechneten, fasteten sie auch am Tischa b'Av. Sogar Pesach wollten sie, ohne Brot zu essen, durchhalten. Von ihren Lippen konnte man an allen diesen Tagen Worte des Gebetes ablesen. Der Kapo Kohlhagen zeigte Respekt und Verständnis für sie. Ein kompromißloses Bekennen und ein eiserner Wille bewegte diese Menschen. Die magere Brotration von Auschwitz in Händen zu halten und nicht zu essen, das war ein Heroismus besonderer Art.

In einer Gruppe meines Kommandos arbeitete mit mir zusammen der Franzose Spiro. Er war jüdischer Abstammung, hatte früher in Paris gelebt und dort angeblich die kommunistische Jugendbewegung angeführt. Spiro war ein feiner, angenehmer und gebildeter Mann, mit dem man alles mögliche diskutieren konnte. Er kritisierte alle, die aus dem Lager Hemden, Pullover u.a. schmuggelten und für Brot eintauschten. Seine Kritik wurde besonders heftig, wenn jemand dabei erwischt wurde und schwer büßen mußte. Das passierte leider häufig, und die Strafen waren schwer. Spiro war der Meinung, dieser Tauschhandel sei unmoralisch; denn jedes entnommene Kleidungsstück fehle einem anderen Häftling. Er war eigentlich der einzige, der diese Auffassung von einer übergeordneten KZ-Gerechtigkeit vertrat. Für ihn war es leicht, Moral zu predigen, da er bei seinen Freunden, den französischen Ärzten im Krankenbau, reichlich Unterstützung fand. Er ging fast jeden Abend zu ihnen und erzählte dann am nächsten Morgen, was er über die politische Lage erfahren hatte. Nach seinen Angaben gehörte er einer französischen Widerstandsgruppe an, die sich im Krankenbau organisierte. Er tröstete uns mit guten Nachrichten über das baldige Ende des Krieges. Ob er überlebt hat, weiß ich nicht.

Es ist schon einiges über Auschwitz und die Nebenlager geschrieben worden. Aber die Appelle am Morgen und am Abend können nicht oft genug geschildert werden. In diesen langen, kalten, immer dunklen Stunden lehnten wir uns mit dem Rücken aneinander, um die Kälte leichter zu ertragen, oder wir standen eng voreinander, um uns durch den Atem etwas Wärme anzuhauchen. Aber selbst das war verboten. Wenn ein Häftling entflohen war, was immer wieder vorkam, mußten wir so lange angetreten bleiben, bis der Geflüchtete aufgrund des in der ganzen Gegend ausgelösten Alarms gefaßt worden war und der Alarm abgeblasen wurde. Dann war es keine Seltenheit, daß wir 6 oder 8 Stunden stehen mußten. Das gleiche Ritual spielte sich ab, wenn Häftlinge gehängt wurden. Gehängt wurde nur während des Appells. Alle mußten zusehen. Unvergeßlich bleibt mir, wie drei Berliner jüdische Jungen gehängt werden sollten und vorher schrien: »Kameraden, Kopf hoch, wir sind die letzten!«

Der Lagerälteste Kutschera, ein Deutscher mit dem grünen Winkel der Berufsverbrecher auf der Jacke, genoß es sonst sichtlich, wenn er dem Abgeurteilten die Schlinge um den Hals legen konnte, nachdem zuvor das Urteil verlesen worden war: »Im Namen des Reichsführers SS wird der Häftling Nr. xy zum Tod durch den Strang verurteilt.« Aus mir unbekannten Gründen wollte Kutschera bei den drei Jungen einigen von uns das Umlegen der Schlingen überlassen. Doch unter den Häftlingen fand sich keiner, der seine Hand mit einer solchen Tat beschmutzen wollte.. Wir standen in Fünferreihen angetreten auf dem Appellplatz. Immer wenn Kutschera sich der vordersten Reihe näherte, trat jeweils die ganze Fünferreihe einige Schritte zurück. Wenn er es an einer anderen Stelle versuchte, war es dasselbe. Mit jedem Schritt, den er auf die Menge zu tat, trat die ganze Menge mit entsprechenden Schritten zurück. Das geschah spontan und ohne jede Verabredung, in einem Akt passiven Widerstands. Für Kutschera wurde die Lage zusehends peinlicher. Schließlich mußte er selbst unter den Augen der Häftlinge und der drei zum Tode Verurteilten auf das Schafott steigen und die Schlingen um den Hals der Verurteilten legen.

Ein andermal fehlte ein 16jähriger Junge aus Ungarn, der noch nicht lange im Lager war, beim Appell. Wir mußten stundenlang in Regen und Kälte stehen. Schließlich fand man heraus, daß der Junge von seinem Kapo mißbraucht worden war. Dieser hatte ihn getötet und im Sand vergraben. Die Hunde der SS entdeckten ihn. Der Kapo wurde öffentlich geschlagen und gesteinigt, bis er tot war. Auch das war SS-Justiz.

Mit dem sich hinziehenden Krieg wurde die Situation im Lager immer schlechter. Die Selektionen mehrten sich. Besonders morgens und abends, beim Aus- und Einrücken, aber auch sonst wurden ganze Blocks nach sogenannten Muselmännern durchsucht. Wer schwach oder abgemagert war, wurde mitgenommen. Die Selektierten mußten sich sofort ausziehen, die Kleider wurden ihnen abgenommen. Nackt wurden sie - auch bei Regen und Kälte - auf die bereitstehenden Lastautos getrieben und zum Hauptlager Auschwitz in die Gaskammern gebracht. Nicht nur die Opfer, jeder im Lager wußte genau, daß die Fahrt im Krematorium endete. Es kam zu erschütternden Szenen, wenn Väter, Brüder, Verwandte und Freunde voneinander Abschied nahmen.

Unter den Häftlingen von Auschwitz waren alle europäischen Nationen vertreten. Einige erhielten von Zeit zu Zeit Lebensmittelpakete. Diese Häftlinge konnten wahrlich von Glück sagen; ihre Chancen zu überleben waren viel größer. Nur wir Juden, wir erhielten nichts außer Schlägen. Wir haben auch niemals von einem Roten Kreuz gehört oder gar von dort etwas erhalten.

Viele neue Transporte kamen an, zuletzt sehr viele aus Ungarn. Von den Häftlingen, die schon länger im Lager waren, gingen jetzt viele aus Verzweiflung an den elektrisch geladenen Lagerzaun und verendeten dort. Wenn sie von den Wachen am Zaun bemerkt wurden, wurden sie noch beschossen und blieben in den Drähten hängen. Es gab Wochen, in denen man sich nur für Stunden, vielleicht auch nur für Minuten, aus der Mutlosigkeit aufraffte. Die langen Tage und Nächte vergingen entweder in völliger Apathie oder in Verzweiflung, Qual und Sorge über die Aussichtslosigkeit unserer Lage. Es war ein Vegetieren ohne Ende. In dieser Verfassung kam es so weit, daß die große Strafe, der Tod, zu einer kleinen wurde und weniger zählte als die vielen kleinen Schikanen, mit denen sie uns quälten.

Eine dieser Schikanen bestand darin, daß wir alle Taschen unserer Kleider, auch die Hosentaschen, zunähen mußten; es war ganz einfach verboten, Taschen zu haben. Jeder von uns besaß Hemd und Unterhose, Jacke und Hose, Streifenmütze, Suppenschüssel und Löffel. Ausgehungert und ausgemergelt, wie wir waren, froren wir immer, und die beiden Hosentaschen waren der einzige Ort, wohin man die Hände hätte stecken können, um sie am eigenen Körper zu wärmen, wenn man nicht gerade arbeiten oder strammstehen oder die Mütze vor den SS-Männern abnehmen mußte.

Ich merkte eines Tages, daß ich hinten am Hals einige Furunkel bekam. Als diese immer größer und gefährlicher wurden, ging ich in den Krankenbau. Der Häftlingsarzt sagte mir, daß es sich um Folgen der schlechten und mangelhaften Ernährung, aber auch des Typhus handeln könnte. Medikamente und bessere Nahrung konnte er mir nicht geben. Damit ich der Selektion entging, mußte man operieren, das heißt, die Furunkel aufschneiden. Ich erklärte mich hierzu bereit. Narkose und Verbandszeug gab es nicht, nur Bandagen aus Papier. Ich legte mich auf ein Feldbett, auf den Bauch, Hände und Füße wurden an den Seitenstangen festgebunden, der Kopf festgehalten. Dann wurde, ohne jegliche Betäubung, unter starken Schmerzen einfach geschnitten. Wochenlang hatte ich Angst, daß man meine Papierbandagen im Nacken sah. Denn gerade auf diese Stelle am Nacken wurde beim Passieren des Lagertors besonders geachtet. Kopf und Bandage drückte ich nach unten, den Kragen der Streifenjacke zog ich nach oben. So hatte ich Glück und kam jedes Mal durch. Als ich nach dem Krieg meine erste Kennkarte ausgestellt bekam, wurden die Narben als besondere Merkmale eingetragen. Ich lachte nur. Diese Zeichen am Hals habe ich heute noch.

In Block 11, wo mein Kommando untergebracht war, hauste auch die Lagerkapelle, die beim Ein- und Ausmarsch zu spielen hatte. Es waren 50 Musiker aus aller Länder. Hier lernte ich einen Polen aus Bromberg kennen, mit dem ich mich ein wenig anfreundete. Eigentlich war es eine Zweckfreundschaft. Die Kapelle galt als halbprominent und befreit von Kommandoarbeiten im Werk, war also immer im Lager. Mein Freund Buson organisierte Wäsche, Pullover, Halstücher; ich nahm sie ab und gab ihm dafür hauptsächlich Tabak.

Der Blockälteste hieß Glückstein, ein Jude, der sich vor dem Kriege zum Christentum bekannt hatte und durch die Nürnberger Gesetze wieder Jude geworden war. Glückstein war ein Männlein von sehr kleiner Statur und auffallender Pedanterie, der es verstand, immer oben zu schwimmen. Im Lager nannten ihn alle »Pipel«. Seine Sympathien galten deutlich der Lagerprominenz, den großen Organisatoren, den korrupten SSMännern, den Kapos, Blockältesten und anderen Funktionshäftlingen, die es fertigbrachten, im KZ relativ gut zu leben, gut zu essen und zu trinken.

An einem Sonntag überraschte uns der Lagerälteste Kutschera mit einem Besuch im Block. Pipel sprang auf und schrie: »Stillgestanden, Mützen ab«, wie es Vorschrift war. Kutschera ging langsam zwischen den Bettpritschen herum und inspizierte alles genau. Aus mir unbekannten Gründen lenkte Pipel, der ihn begleitete, seine Aufmerksamkeit auf mich. Kutschera schaute mich an und entdeckte, daß ich einen Pullover anhatte, was verboten war. Dieser vollgefressene brutale Riesenmensch mit Händen wie Bärenpfoten pflegte seine Justiz an Ort und Stelle auszuüben. Es war seine Gewohnheit, Delinquenten rechts so kräftig zu ohrfeigen, daß sie nach links kippten. Im nächsten Moment verpaßte er ihnen dann eine Linke, so daß sie zurückkippten. Seine Opfer durften nicht umfallen. Sie mußten die Ohrfeigen stehend ertragen, damit er in ihren Augen die Angst sehen und genießen konnte. Wie Fußballspieler, die zwei Schußbeine haben, ohrfeigte er mit der rechten und linken Hand gleichstark. Er tat es rechts und links jeweils im Bruchteil von Sekunden. Nach einigen Ohrfeigen gönnte er sich eine Pause der Befriedigung, lachte dann und gab Töne wie ein Wilder von sich. Ich weiß nicht mehr, wieviel Ohrfeigen ich verpaßt bekommen habe. Als ich mich auf meiner Pritsche von ihnen erholte, kam Pipel zu mir und sagte, quasi als Entschuldigung, es tue ihm Leid, daß er Kutscheras Aufmerksamkeit auf mich gelenkt habe und daß diesmal ich das Opfer sein mußte. Ich war schon lange genug im Lager und mußte wissen, daß der Lagerälteste niemals den Weg durch einen Block machte, ohne sich eine Befriedigung dieser Art zu verschaffen. Pipel hatte recht, einer mußte das Opfer sein. Es war mein Pech, vielleicht an einer falschen Stelle gestanden zu haben. Menschen von Kutscheras Brutalität sind auch unter Berufsverbrechern nicht unbegrenzt zu finden. Ich kann mir nicht vorstellen, daß er je an ein Ende von Auschwitz gedacht hat. Ich weiß auch nicht, was aus ihm geworden ist, ob er mit den SS-Leuten oder in der sonstigen Verbrecherwelt untergetaucht ist.

Die Geste von Pipel, sich bei mir zu entschuldigen, imponierte mir. Ich war es nicht gewohnt, daß sich jemand für Schläge entschuldigte. Offenbar bestand seine Schlauheit darin, sich keine unnötigen Feinde zu machen. Trotzdem habe ich nie gewußt, wie ich ihn als Mensch einordnen sollte. Sicher gehörte er weder zu den 36 Gerechten noch in den Hof des Rabbi von Gur. Angeblich hat er überlebt und sich irgendwo verkrochen, warum, wird er selber am besten wissen. Ob als Opportunist oder als Hochstapler, er hatte jedenfalls Fasson und gehörte auch in dieser Hinsicht der gehobenen Klasse an.

Sein Stubenältester Kogut stammte wie er aus Lodz. Dessen Welt bestand vor allem aus Lodz; er teilte die Leidensgenossen in zwei Kategorien ein, die aus Lodz und die anderen. Er war ein anständiger jüdischer Mensch, der Ordnung liebte und bemüht war, einen guten Namen zu behalten. Wenn er jemandem geholfen hat, dann konnte es allerdings nur ein Lodzer gewesen sein. Und es konnte wiederum nur ein Lodzer gewesen sein, bei dem er bei der Essensausgabe mit der Kelle tiefer in das Suppenfaß griff.

In diesen Zeiten, in denen durch Selektionen und Transporte die Gesichter so schnell wechselten, entstanden dennoch einige Freundschaften. Teilweise waren sie nur von kurzer Dauer, teilweise hielten sie über den Krieg hinaus bis heute. Damals freundete ich mich auch mit Jakob Hendeles an, der später mein Schwager wurde.

Bei jedem neu ankommenden Transport hofften wir, Verwandte, Bekannte oder Freunde zu treffen, die uns Neues aus der Welt außerhalb des Lagers berichten konnten. Aber nur selten hörten wir etwas; denn die Neuen kamen meistens nicht aus der Freiheit, sondern aus einem anderen KZ. Man sehnte sich zwar danach, Freunde wiederzusehen, und war enttäuscht, wenn das nicht der Fall war. Aber man wußte nie, ob das ein Grund zur Freude oder zur Sorge war. Wo mochten die Freunde sein? Gerettet, geflohen, gestorben? Verschleppt, erschlagen oder halb verhungert in einem KZ vegetierend? Ein Neuankömmling konnte von großem Glück sagen, wenn er durch Unterstützung eines ihm bekannten Häftlings in einem guten Kommando landete; das konnte für seine Zukunft entscheidend sein. Es kam aber auch vor, daß unter den neu angekommenen Zivilisten und Häftlingen einer erkannt wurde, der keine saubere Weste hatte und uns schon einmal Leiden im Dienste unserer Verfolger zugefügt hatte. Für diesen hatte dann die Stunde geschlagen. Mit ihm wurde abgerechnet.

Ich hielt immer Ausschau nach meinen Landsleuten und hatte die stille Hoffnung, jemanden aus meiner Chewra zu finden.. Leider vergeblich. Eines Tages entdeckte ich dann doch einige Freunde: Abraham Schuchmacher, Getzel, Jesaja Rosenkranz. Da ich zu jener Zeit schon ein verhältnismäßig lang gedienter Häftling und ziemlich vertraut mit allem war, versuchte ich, ihnen mit Rat und Tat zur Seite zu stehen und auch mit einem Stück Brot und einer Suppe zu helfen. Diese Freunde machten mich eines Tages vor dem Appell mit Ajzyk Kupiec bekannt. Er hatte Radzyn als begeisterter Zionist Anfang der 30er Jahre verlassen und war nach Palästina in einen Kibbuz gegangen. Aus besonderen Gründen und unter ungewöhnlichen Umständen verließ er später wieder Palästina und nahm am Spanischen Bürgerkrieg teil. Er war inzwischen ein begeisterter Kommunist. Mit spanischen Veteranen fand er danach Asyl in Frankreich und lebte in Paris. Dort war er als Jude von der Gestapo verhaftet und nach Auschwitz verschickt worden. Er erinnerte sich an meine ältere Schwester Idessa; wir kannten unsere Familien. Er war für uns schon früher eine Sensation gewesen. An diesem Morgen erzählte er mir, daß er aus Jaworzno, einem anderen Nebenlager von Auschwitz, gekommen sei, wo die Häftlinge in Kohlengruben arbeiteten. Ich habe ihn danach nie mehr in Buna gesehen, da er schon bald wieder in ein anderes Lager verlegt wurde. Nach dem Kriege hörte ich, daß er überlebt hat.

Das Jahr 1944 ging seinem Ende zu, und der Krieg nahm für die Nazis eine ungünstige Wende. Wir fühlten, daß wir das Schlimmste hinter uns hatten. Damit wuchs auch der Wille zum Durchhalten und überleben.

WIR VERLASSEN AUSCHWITZ

Im Januar 1945 nahmen die Bombardierungen zu. Auch Artilleriefeuer konnten wir jetzt hören, das immer näher kam. Jeden Tag wurde etwas anderes über das Lager erzählt. Unruhe und Spannung wuchsen. Nur kein Risiko mehr eingehen, nicht auffallen, sich von Tag zu Tag durchmogeln. Vielleicht schaffte man es doch, obwohl es sich noch niemand so recht vorstellen konnte.

In dem Werk, in dem wir arbeiteten, fehlten jetzt immer mehr Meister; angeblich wurden sie eingezogen. Die Arbeitsdisziplin ließ nach, die Produktion ebenfalls. Auf den Straßen des Werkes sah man uniformierte Burschen, die der Flak angehörten. Die Zivilarbeiter, mit denen wir sprechen konnten, machten uns Mut: Die russische Front rückte näher und näher. Spannung lag in der Luft. Die stramme deutsche Ordnung geriet durcheinander. Im Lager wurden Akten verpackt oder verbrannt. Die Selektionen wurden weniger, Interesselosigkeit weit und breit. Das Lager sollte evakuiert werden. Alle irgendwie noch gehfähigen Kranken wurden aus dem Krankenbau entlassen, die Schwerkranken erschossen. Manche sprachen von einer Evakuierung per Bahn, andere von einer Liquidierung. Aber es sollte anders kommen. Die Kriegslage erlaubte keinen geordneten Transport mehr, weil es keine Transportmittel mehr gab. So verblieb nur der Fußmarsch. Möglicherweise war es für unsere Liquidation auch schon zu spät.

Am 16. Januar 1945 wurden wir morgens nach einem kurzen Appell in Fünferreihen in Marsch gesetzt. Wir merkten, daß das bisher so gut geplante Programm der SS nicht mehr ganz nach ihrem Willen durchgezogen werden konnte. In eisiger Kälte marschierten wir, nur notdürftig bekleidet, in Richtung Westen. Unsere SS-Bewacher begleiteten uns in Autos, auf Motorrädern, Fahrrädern und Pferdewagen. Sie erschossen alle, die vor Schwäche umfielen und damit den Marsch verzögerten, und das waren nicht wenige. Wer zufällig noch einen Pullover oder eine Decke bei sich hatte, konnte die Kälte besser ertragen. Am meisten litten diejenigen, die in Holzschuhen Kilometer um Kilometer marschieren mußten. Viele von ihnen hinkten, hatten wunde Füße, rutschten immer wieder auf den glatten Straßen aus. Es war ein elendes, trostloses Bild, dieser Zug von tausenden ausgemergelten, kahlgeschorenen, geschundenen Häftlingen in ihrer lumpigen Streifenkleidung, der sich langsam auf der Straße nach Westen bewegte.

Nach einem Marsch von etwa 40 km erreichten wir Nikolajew und übernachteten dort in einer Ziegelei. Wir hatten lediglich ein Dach über dem Kopf und lagen deshalb dicht beieinander, um uns gegenseitig mit unseren Körpern zu wärmen. Wir waren sehr erschöpft und froh, daß wir den Kopf irgendwo hinlegen konnten. Zu essen hatten wir nur das, was von der Doppelration, die wir vor dem Abmarsch am Morgen bekommen hatten, übrig geblieben war.

Auf der Straße, auf der wir marschiert waren, hatten wir so gut wie keine Zivilisten gesehen. Möglicherweise war sie unseretwegen für den normalen Verkehr gesperrt worden. Unterwegs sahen wir jedoch andere Kolonnen marschierender Häftlinge aus Auschwitz und den Nebenlagern. Am nächsten Tag wurde das Artilleriefeuer schwächer. Wir marschierten noch einmal ungefähr 30 km und kamen dann in Gleiwitz an. Unterwegs wurden wieder alle, die gehunfähig wurden oder vor Schwäche umfielen, auf der Stelle erschossen. Die Disziplin mußte eben erhalten bleiben. Es war ein unendlicher schwerer

Marsch in klirrender Kälte, Schnee und Eis. Für viele ein Marsch in den Tod, für die anderen eine Qual.

Gleiwitz war Grenzstation zwischen Deutschland und Polen und Sammelstelle für Häftlinge aller KZs, für die Männer wie für die Frauen. Wir hatten noch keine Frauentransporte gesehen, aber man erzählte sich, daß Frauen hierher unterwegs seien. Dabei war das Chaos schon groß genug, als wir ankamen. Zwischen Tausenden von Häftlingen bewegten sich viele SS-Männer, Zivilisten waren keine zu sehen. An einer Stelle gab es Brot, an einer anderen konnte man eine Decke und ein paar Schuhe bekommen, dort eine Suppe oder einen Lagertee. Wir sahen SS-Männer, die offenbar Reiseproviant gefaßt hatten, zwei große Kommißbrote und zwei Schmalz- oder Fleischdosen. Einige Häftlinge stürzten sich auf den Proviant, worauf einige der SS-Leute zurückschlugen; andere fanden sich damit ab, und es erfolgte keine Bestrafung. Niemand wurde dafür erschossen, wie wir es sonst gewohnt waren.

Wir befanden uns in einem leicht umzäunten, großen Lager außerhalb der Stadt. In den armseligen Baracken waren vorher Fremdarbeiter untergebracht gewesen. Das Lager war jedoch nicht groß genug, um alle Häftlinge aufzunehmen, und so war jeder froh, der in dieser Unordnung einen Platz fand, wo er sich hinlegen konnte. Unser Schicksal erschien uns von Minute zu Minute ungewisser. Gleiwitz in dieser Unordnung konnte unmöglich unser Ziel sein. Vielleicht wuchs der SS jetzt alles über den Kopf. Das Wahrscheinlichste war noch, daß wir in ein anderes KZ verfrachtet werden sollten. Von Waggons war aber nichts zu sehen. Dafür wurde von bevorstehender Liquidierung gesprochen, von einer Brunnenvergiftung, von Massenerschießungen. Unwillkürlich mußte ich an Majdanek denken, wo an einem Tag 18.000 jüdische Lagerinsassen erschossen worden waren.

Immer wieder hörten wir die Artillerie. Die meisten suchten verzweifelt nach einem Versteck, aber in diesem Fremdarbeiterlager gab es kaum Möglichkeiten. In dem Durcheinander konnte man sich auch kaum mit anderen beraten, um vielleicht gemeinsam etwas zu unternehmen. So suchte auch ich nach einem Versteck und fand schließlich eines in der Attika eines Waschraumes in einer alten Baracke. Als ich hinaufkletterte, traf ich dort schon zwei Bekannte aus Auschwitz an. Sie hatten sich reichlich mit Brot versorgt und wollten so lange aushalten, bis die Russen einmarschierten, falls sie nicht vorher erwischt würden. Wer wußte schon, was jetzt das Richtige war? Diese beiden Lagergenossen - Krzepicki und sein Cousin - überredeten mich jedenfalls mit allem Nachdruck, nicht bei ihnen in diesem Versteck zu bleiben. Wenn sie es auch nicht offen zugaben, so war der eigentliche Grund doch darin zu sehen, daß ich keine Brotreserve hatte und daß sie befürchteten, ich würde ihnen über kurz oder lang als Hungriger zur Last fallen.

Es war das erste Mal, daß ich mit meiner Lagergewohnheit falsch lag. Mein Prinzip im Lager war es gewesen, alles, was ich bekam, sofort zu essen. Ich hielt es für besser, mich einmal satt zu essen, als dauernd etwas in Reserve zu halten und dauernd innere Kämpfe mit mir selber ausfechten zu müssen. Ich kann also behaupten, daß mir niemals mein Brot gestohlen wurde. Doch in Gleiwitz wurde mir dieses Prinzip zum Verhängnis. Denn Krzepicki und zwei andere Häftlinge wurden wenige Tage später von den Russen befreit. Sie überlebten, und als ich sie nach dem Krieg zufällig wiedertraf, habe ich ihnen ihre Unkameradschaftlichkeit selbstverständlich verziehen.

Ich verließ also das Versteck, weil ich niemandem zur Last fallen wollte. Was tun? In diesem Chaos in die Stadt zu gelangen, wäre mir wohl noch gelungen. Aber durch meine Kleidung, meinen kahlgeschorenen Kopf und meine körperliche Verfassung wäre ich sofort als Häftling aufgefallen, und man hätte mich sofort wieder verhaftet oder erschossen. Nur wer in dieser Stadt oder ihrer Umgebung eine Adresse von Bekannten hatte, mit deren Unterstützung er rechnen konnte, hatte eine Chance zu entkommen. Ich suchte weiter nach einem Versteck, fand aber keines.

Nach etwa zwei Tagen Aufenthalt in Gleiwitz funktionierte die SS-Maschinerie wieder. Die Waggons rollten an, und wir wurden wieder strenger an die Kandare genommen. Je nach Lagerzugehörigkeit wurden wir gesammelt und in die Waggons verladen. Nach 19 Monaten Lageraufenthalt in Auschwitz verließ ich Gleiwitz und fuhr ins Ungewisse. Ich fuhr in dem Gefühl, daß allmählich auch für unsere Obrigkeit die Reise ins Ungewisse ging.

Es war der 21. oder 22. Januar 1945 und bitter kalt, als wir wie die Heringe in offene Waggons hineingestopft wurden.

150-200 Häftlinge in einem Wagen! Es gab keine Möglichkeit zu sitzen, von liegen ganz zu schweigen. Als einzigen Schutz gegen Schnee oder Regen hatten wir zerfetzte Lagerdecken, die wir über die Köpfe hielten. Die einzige Wärmequelle war die Körperwärme. Vor der Abfahrt bekamen wir etwas Proviant, weil sich in Gleiwitz ein Proviantlager befand, das ja doch bald in die Hände der Russen fallen würde. Der Transport wurde von SS-Männern bewacht, die in den Häuschen außerhalb der Waggons saßen. Wir fuhren weiter Richtung Westen. Nach einigen Tagen plagte uns der Hunger, vor allem aber hatten wir unter Durst zu leiden. Durch das ständige Stehen in völliger Unbeweglichkeit waren die Beine eingeschlafen, angeschwollen und gefühllos geworden. Die menschliche Notdurft schuf Probleme, aber weil die Wagen offen waren, konnten sie einigermaßen gelöst werden. In dieser Situation ergaben sich bald Reibungen und Aggressionen; dann aber breiteten sich Apathie, Melancholie und Hysterie mehr und mehr aus. Einige schimpften, andere schrien, manche zerkratzten sich gegenseitig die Gesichter, viele starben stehend.

Manchmal dauerte es Stunden, bis man merkte, daß der stillgewordene Nachbar tot war. Die Toten wurden auf den Wagenboden gelegt und die noch Lebenden standen auf den Toten. Dadurch konnten wir allmählich die Arme freier bewegen und hatten mehr Luft. Manchmal hielten die Waggons einige Stunden, meistens außerhalb der Siedlungen, damit wir möglichst wenig von der Zivilbevölkerung sahen und möglichst nicht von ihr gesehen wurden. Aus dem Zick-Zack-Kurs des Zuges war zu entnehmen, daß wir ins Ungewisse fuhren.

Unser Zustand war unbeschreiblich. Mit den letzten Kräften rangen wir um das Leben, eingepreßt in die Waggons, Tote zur Seite und unter den Füßen, dem Hunger, Durst und der Kälte ausgesetzt. Ich kann mich nicht erinnern, auf dieser Fahrt etwas zu essen erhalten zu haben. Wahrscheinlich gab es ein paar Mal etwas Wasser oder auch eine Suppe oder Brot, ich weiß es jedenfalls nicht mehr. Man konnte einfach nicht mehr richtig denken. Doch ich erinnere mich genau, daß die SS-Posten immer noch den Zug bewachten. Dabei waren es nur wenige Häftlinge, die aus diesem Zug sprangen oder bei Aufenthalten verschwanden, und sie taten es wahrscheinlich nur, um diese Tortur zu beenden. Die meisten waren wie gelähmt und fanden nicht mehr die Kraft zum Abspringen.

Mitentscheidend für das Durchhalten auf dieser Fahrt war, an welcher Stelle man im Waggon stand. In der Wagenmitte hatte man es wärmer, an den Wänden mehr Ellbogenfreiheit. Diese Plätze waren auch deshalb besonders begehrt, weil die dort Stehenden die ersten waren, wenn es einmal etwas gab. Denn es gab nie etwas für alle, sondern immer nur für einige wenige, die in der Unordnung etwas mehr Glück oder Beweglichkeit entwickelten. Das wiederum brachte die Menschen weiter aus ihrer Selbstkontrolle. Alle waren dem Verrücktwerden nahe, alle kämpften gegen einschlafende Füße und Hände, für etwas Wasser und Brot.

Diese furchtbare, unendliche Fahrt ging zuerst nach Wien, von dort in die Tschechoslowakei (nach meiner Erinnerung nach Prag und Pilsen), von dort nach Hamburg-Neuengamme. Überall wurden wir wegen Überfüllung der Lager nicht aufgenommen. Stundenlang standen wir auf Abstellgleisen, fuhren schließlich weiter von Süden nach Norden, von Osten nach Westen, ohne festes Ziel. Obwohl wir unterwegs angewiesen wurden, uns durch Decken beim Vorbeifahren an Städten und Dörfern unkenntlich zu machen, wurden wir von vielen Menschen gesehen, und unsere Rufe nach Brot und Wasser konnten nicht einfach überhört werden. Ich kann mich nur an einen Fall in der Tschechoslowakei erinnern, wo uns von einer Brücke aus Brotscheiben zugeworfen wurden. Ansonsten sahen wir im Vorbeifahren nur schweigende, versteinerte Gesichter.

Wir müssen sichtbar gewesen sein; denn unser Zug war sehr lang, wurde von zwei Lokomotiven angetrieben, eine vorn und eine hinten, und fuhr immer ziemlich langsam.

Mit der Länge der Fahrt nahm auch das Springen aus dem Zug wieder zu. Diese Menschen wollten erschossen werden, sie hatten genug.

Gegen Hunger und Durst leckten wir den Schnee, der sich auf den verrosteten Eisenkanten des Waggons ansammelte, mit unseren Zungen auf. Aber auch das war nur denjenigen vergönnt, die an den Waggonwänden standen. Die in der Mitte stehenden Häftlinge gingen leer aus. Woher die Kraft nehmen, durchzuhalten? Mit dem Gedanken, doch zu springen, fiel ich in einen Halbschlaf. Ich sah meine Schwester Sonia und ein zweites, mir früher nahestehendes Mädchen ganz in meiner Nähe; beide flehten mich an und riefen: Halte durch, bleib stehen! Du mußt noch etwas leiden, es dauert noch etwas, aber du schaffst es!

Ich weiß nicht, ob mein Traum drei Minuten oder drei Stunden gedauert hatte. Aber ich erwachte aus tiefer Depression als neuer Mensch mit neuer Hoffnung und dem festen Willen, nicht aufzugeben. Dieser Traum war mir bis zur endgültigen Befreiung eine Quelle der Hoffnung, aus der ich schöpfen konnte, wann immer ich zu verzagen anfing. Er half mir viel. Und schließlich gab mir auch die alte Devise wieder Kraft, die mir schon in Majdanek und Auschwitz weitergeholfen hatte: Es geht nicht nur um unser Leben; mit dem Sterben eines jeden von uns erfüllt sich ja gerade das, was Hitler und die Nazis sich wünschen. Schon deswegen, unseren Feinden zum Trotz, wollte ich weiterleben. Außerdem wollte ich mir die Art meines Sterbens nicht von den Nazis vorschreiben lassen. Die Fahrt ging weiter und der Kampf um das Überleben auch. Nachdem uns wegen Überfüllung viele Konzentrationslager nicht hatten aufnehmen können, landeten wir endlich, nach 11 qualvollen Tagen und Nächten, in Nordhausen (Harz) im Lager Dora. Von den ursprünglich in Gleiwitz verladenen 10.000 Häftlingen sollen nur knapp 6.000 diese Fahrt überstanden haben. Das Ausmaß der

Tragödie wurde uns erst bei der Entladung der Waggons richtig bewußt. Erst jetzt stellten wir fest, wie viele Tote unter unseren Füßen lagen oder an unserer Seite standen. Die Toten wurden auf einem Haufen gesammelt und von einem Spezialkommando abgeholt.

Auch die noch Lebenden waren halbtot beim Aussteigen aus den Waggons. Kaum einer konnte sich auf den Beinen halten. Man fühlte die eigenen Glieder nicht mehr, sie waren wie aus Holz. Wir reagierten apathisch, ließen alles über uns ergehen. Uns war in diesem Zustand alles egal - nicht aber unseren Peinigern.

DORA-NORDHAUSEN

Nach dem üblichen KZ-Ritual: baden, filzen, entlausen, Nummern verteilen, zählen, zählen und immer wieder zählen, wurden wir in Baracken zu je 200 Mann untergebracht. Das Lager lag am Fuße eines Berges, in dessen Nähe sich noch mehrere KZs befanden. In diesem Lager von etwa 4-5.000 Häftlingen gab es keine Gaskammern und kein Krematorium. Hier sollten wir uns für Führer und Reich - als eine der vielen Formen der Endlösung - in einem kriegswichtigen deutschen Industriewerk totarbeiten.

Entsetzt war ich über das Aussehen meiner dortigen Leidensgenossen: In ihre Haare waren Streifen, sogenannte Läusestraßen, geschoren. Bis dahin kannte ich nur kahlgeschorene Köpfe, doch mit diesen Längs- und Querstreifen waren die Häftlinge noch mehr dem Spott preisgegeben.

Das Werk war 3 km vom Lager entfernt im Berg untergebracht. Es bestand aus einer kilometerlangen, unterirdischen Arbeitsstraße. In der Mitte des Stollens war ein Laufband auf Schienen, in Abständen von ungefähr 200 m waren breite Inseln für Werkstätten, Lager usw. ausgebaut. Hergestellt wurden V 1- und V 2-Geschosse, die Geheimwaffen Hitlers. In den ersten Tagen arbeitete ich an der Herstellung der V 1, die wie ein Miniaturflugzeug aus Metall aussah.

Bald wurde ich zur V 2 abkommandiert und arbeitete auf einer großen Insel beim Haupteingang des Werkes.

Die Häftlinge waren ein Gemisch aus vielen Nationen, zivile Fremdarbeiter gab es nicht. Die leitenden Beschäftigten waren samt und sonders deutsche Zivilisten. Natürlich waren wir als Arbeiter für dieses geheime Werk besonders geeignet, weil wir das, was wir sahen, nur ins Grab mitnehmen konnten. Mit dem Nichtüberleben wurde von vornherein kalkuliert. Wir waren zum Tode Verurteilte, die vor der Hinrichtung noch etwas leisten mußten.

Unzählige SS-Männer überwachten uns auf Schritt und Tritt. Jeder Arbeitsgang wurde von ihnen überprüft, ja sie führten sogar verschiedene Arbeiten selbst aus. Es war das erste Mal, daß ich uniformierte SS-Männer mit Schraubenziehern und Meßgeräten hantieren sah. Über dem Fließband befanden sich unter der Decke in 6 m Höhe Prüfstellen, aus denen per Kabel Messungen an den vorbeirollenden V 2-Geschossen vorgenommen wurden. Von dort aus konnte die SS alle Arbeitsplätze und Arbeitsvorgänge überblicken.

Es war strengstens verboten, mit einem Zivilisten zu sprechen. Auch jede Unterhaltung zwischen den Häftlingen war untersagt, ausgenommen die reinen Arbeitsbesprechungen. So habe ich in der ganzen Zeit dort nie ein Wort mit einem der Zivilisten gewechselt. Meine Aufgabe war es, mit einem großen automatischen Schraubenzieher die vielen Deckel, die sich auf dem Geschoß befanden, glatt und dicht zu schließen. Ich war der letzte Arbeiter am Fließband. Nach einer letzten Überprüfung wurde das Geschoß auf einen bereitstehenden Doppelwaggon verladen, mit Netzen getarnt und nach Peenemünde transportiert. Es fehlte nur noch vorn der Korb mit Dynamit. War er eingesetzt, wirkte das Ganze wie ein Ei in Ellipsenform. Anfangs waren es etwa 20 bis 30 Geschosse, die täglich gefertigt wurden, nach einigen Wochen 60 bis 80.

Bald beobachteten wir, daß viele Geschosse zurückkamen. Wir machten uns zur Gewohnheit, jede Neuanfertigung mit dem Schraubenzieher zu markieren, um feststellen zu können, ob sie wieder zurückkamen. Das bestätigte sich auch. Die Gründe hierfür wurden uns nie bekannt. Es gab uns aber trotzdem eine gewisse Genugtuung.

In der Gruppe, in der ich arbeitete, wurden wir von einem lettischen Vorarbeiter beaufsichtigt. Er war ein Antisemit, kräftig und niederträchtig. Neben mir am Fließband stand Okrongly, ein Friseur aus Lodz, den ich von Auschwitz her gut kannte. Da er wegen seines Alters und seiner Schwäche nicht ganz mit kam, wurde er von dem Vorarbeiter schikaniert und geschlagen. Als ich versuchte, ihn zu verteidigen, bekam auch ich von dem Letten schwere Schläge. Schließlich war ich in meiner Arbeit so schnell, daß mir etwas Zeit übrigblieb, Okrongly zu helfen. Er überlebte zwar noch das Lager Dora, schaffte es aber später in Bergen-Belsen nicht mehr.

Morgens nach dem Appell, bevor wir zur Arbeit ausrückten, bekamen wir eine karge Brotration. Das nächste Essen, eine Suppe, sollte abends nach der Rückkehr von der Arbeit und nach dem Appell ausgeteilt werden. Doch dazu kam es immer seltener. Das Werk, geheim und kriegswichtig, war von den Alliierten aufgespürt worden. Fast jeden Abend, wenn wir uns formierten, um ins Lager zurück zu gehen, gab es Fliegeralarm. Zwar war das Werk selbst vor Bomben sicher, da es tief im Berg lag. Aber wir durften es bei Alarm nicht verlassen. Statt uns nun etwas Ruhe zu gönnen, wurden wir sogleich wieder zur Arbeit herangezogen. Der Alarm dauerte meist bis Mitternacht, und bis wir dann ins Lager zurück marschiert waren, war es schon 1 oder 2 Uhr nachts und man mußte froh sein, wenn man für den übermüdeten Körper noch zwei bis drei Stunden Schlaf fand. Denn zwischen 4 und 5 Uhr in der Früh wurden wir bereits zum Appell geweckt, damit wir um 7 Uhr wieder am Fließband stehen konnten. So arbeiteten wir im Werk Dora 16-18 Stunden am Tag, die ganze Woche lang, außer am Sonntag. Wir fingen bei Dunkelheit an und hörten bei Dunkelheit auf, ohne einmal die Sonne zu sehen.

Nach einer gewissen Zeit wurden uns wegen der dauernden Fliegeralarme die Suppe und das Brot morgens zusammen verabreicht. Die SS machte sich jetzt eine besondere Freude daraus, nicht mehr einzelne Brotportionen, sondern jeweils einen Laib für 5 oder 6 Häftlinge auszugeben. Wir sollten ihn selbst unter uns aufteilen. Wer schon einmal Hunger gelitten hat, kann sich vorstellen, wie sich das auswirkte. Es kam zu Szenen, an denen die SS bestimmt ihre Freude hatte. Manche Häftlinge gerieten sich buchstäblich in die Haare und verloren jede Kontrolle über sich. Wo Hunger herrscht, sind alle Maßstäbe des Menschseins außer Kraft gesetzt.

Als es auch in unserer Gruppe zu äußerst unangenehmen Streitereien kam, entschloß ich mich, die Einteilung der Brotration in die Hand zu nehmen. Es war die erste und einzige Funktion, die ich je in einem Lager freiwillig übernommen habe, und ich kann mir das Kompliment machen, daß es mir gelang, sie zur vollsten Zufriedenheit der Gruppe auszuüben. (In einer anderen Gruppe war mein Freund Rafael Olewski in der gleichen Funktion erfolgreich.) Die Portionen wurden so genau geschnitten, daß auch bei einem Nachwiegen kein Gewichtsunterschied hätte entdeckt werden können; zudem wurden sie ausgelost. Ich selbst begnügte mich stets mit der am kleinsten aussehenden Portion und gewann damit das Vertrauen der anderen. Es war ein kleiner Verzicht, aber er befriedigte mich, weil dadurch die Kameradschaft erhalten blieb.

Das Regime sowohl im Werk wie im Lager war äußerst streng. Der Lagerchef war ein brutaler SS-Mann, an dessen Name ich mich nicht mehr erinnere. Wir nannten ihn Pferdekopf wegen der Form seines Schädels, die einer Kombination von Pferd und Esel ähnelte. Er war immer dabei und schlug selbst und sehr brutal zu.

Sonntags, wenn das Werk nicht arbeitete, hatten wir die Ehre, unter der persönlichen Aufsicht des Chefs die Arbeiten für die Woche vorzubereiten. Die V 2 hatte die Form einer Ellipse und bestand aus zwei Hälften, Oberschale und Unterschale von etwa 2m Durchmesser und 20m Länge; die Oberfläche war aus hellgrün gestrichenem Aluminium. Die Schalen hatten sehr scharfe Kanten. Sie lagerten, mit Netzen getarnt, vor dem Werk auf einem großen Platz. Auf diesem Platz lag auch ein großer Berg Glaswolle. In das Geschoß wurden Elektromotoren unterschiedlicher Größe eingebaut und mit vielen Kabeln verbunden, schließlich wurde das Ganze mit Glaswolle ausgefüllt.

Sonntags mußten die Schalen und die Glaswolle in das Werk gebracht werden. Jede dieser Schalen wurde von 16 Mann, je acht an jeder Seite, getragen. Es war der Tag, an dem die großgewachsenen Häftlinge ihre Länge bedauerten; kleinere Häftlinge hatten leichter zu tragen. Schläge wurden gleichmäßig verteilt. Wegen seiner Größe hatte es mein Freund Jakob Hendeles besonders schwer. Die Kanten der schweren Schalen schnitten blutig in seine Schultern ein. Für das Tragen gab es keinerlei Hilfsmittel, und es waren auch keine erlaubt. Der Pferdekopf wollte uns »auf Vordermann bringen«. Er wollte uns Arbeiten beibringen und uns eine Lektion dabei erteilen, weil wir »Saujuden« - so seine Worte - nicht arbeiten konnten oder nicht wollten, weil wir als russische Kommunisten oder amerikanische Kapitalisten am Krieg schuld waren, und weil wir den Krieg gewollt hatten. Nach dem Tragen der Schalen kam die zweite Bescherung: Wir mußten die Glaswolle in großen Ballen auf den Armen ins Werk bringen, und zwar im Laufschritt. Die Glaswolle schnitt in die Haut, wo sie nicht von der Kleidung bedeckt war. Besonders für Gesicht und Augen waren die kleinen und kleinsten Glassplitter gefährlich. Ein Glasfaden im Auge konnte wochenlang quälen; ihn herauszubringen, war unmöglich. Diese Sonntagsarbeiten waren das Privatvergnügen des Pferdekopfes. Sie waren schlimmer als der 16stündige Arbeitstag.

In diesem Lager des Schweigens hing das Wort »Sabotage« immer in der Luft. Und immer wieder wurden Menschen im Werk gehängt, angeblich wegen Sabotage, aber in Wirklichkeit wohl eher, um uns Angst einzujagen. Die Gehängten blieben zur Abschreckung einen Tag und eine Nacht hängen, damit sie von allen gesehen wurden. Eines Tages erlebte ich einen Höhepunkt dieser Exekutionen ausgerechnet an meinem Arbeitsplatz auf der Insel. Dieser Platz wurde anscheinend deswegen gewählt, weil er am Haupteingang zum Stollen lag und von allen Häftlingen passiert wurde. Diesmal war eine Musikkapelle bestellt. Der Galgen wurde an der Wand aufgebaut. Es war am frühen Nachmittag. Viele hohe SS-Uniformierte erschienen. Unter ihnen erkannte ich plötzlich den Gestapochef meiner Heimatstadt Radzyn, Fischer aus Erfurt. 1942 hatte ich seinen Namen meinem Gedächtnis eingeprägt, als im Haus des Judenältesten Lichtenstein ein Paket mit Gold und Juwelen zum Versand an seine Heimatanschrift fertiggemacht wurde. Jetzt, 1945, sah ich ihn wieder bei dieser Henkerparade. Ohne jeden Zweifel erkannte ich ihn. Typen dieser Art bei Anlässen dieser Art kann man nicht vergessen. Für eine knappe Stunde wurden wir von der Insel abgezogen. Als wir zurückkamen, hingen dort 22 Menschen aller Nationalitäten, nur 5-8 m von meinem Arbeitsplatz entfernt. Totenstille herrschte, bis das Fließband anlief und die normalen Geräusche wieder zu hören waren. Es war ungeheuerlich, bei diesem grauenhaften Anblick zu arbeiten. Die leblosen Körper von 22 Menschen pendelten und drehten sich vor unseren Augen, 48 Stunden lang. Kein Wort wurde gewechselt, alle sahen, alle schwiegen.

Ohne jeden Kontakt zur Außenwelt und zu anderen Menschen erfuhren wir über die Kriegslage so gut wie nichts. Aber einiges wurde anders. Von den markierten Geschossen kamen nach unseren Feststellungen 60-70% zurück. In den Gesichtern der SS-Leute und der Zivildeutschen war weder Begeisterung noch Freude zu sehen. Auf einmal fehlten die Elektromotoren und andere Teile der Produktion, und die Geschosse blieben auf dem Band stehen. Bald mußte das Werk aufhören zu arbeiten, es fehlte an allem. Wir hatten lange unter der deutschen Ordnung und Perfektion gelitten. Jetzt sollten wir die deutsche Unordnung erleben, die wir durchaus begrüßten.

BERGEN-BELSEN

Damit wir nicht in die Hände der Alliierten fielen, mußten wir liquidiert oder evakuiert werden. Schon bald war es soweit: Wir wurden wieder einmal auf dem Appellplatz gesammelt und in Eile in bereitstehende Waggons verladen. Diesmal dauerte die Reise nur einen Tag, dann kamen wir in Bergen-Belsen an. Aber dieses KZ war schon hoffnungslos überfüllt, und wir fanden keine Aufnahme. Die rechte Hand wußte nicht mehr, was die linke tat. So wurden wir in die Wehrmachtskaserne neben dem Lager eingewiesen. Mit den ausziehenden deutschen Soldaten gaben wir uns die Klinke in die Hand. Das Durcheinander war unglaublich. Aber zum ersten Mal zogen wir nun in Blocks ein, die menschenwürdig ausgestattet waren mit ausgezeichneten Waschräumen und sauberen Betten, dreistöckig übereinander. Für uns war das nach all den hinter uns liegenden Jahren ein großer Luxus. Vom üblichen KZ-Ritual war keine Rede mehr, keiner sprach mehr von Appell oder von Arbeit. Aber alle sprachen vom Essen, davon gab es nichts, aber auch gar nichts. Die Küchen und Proviantlager in diesem großen Kasernenkomplex waren von der SS und von ungarischen Soldaten, Hitlers Verbündeten, bewacht.

Wir durchwühlten jeden Abfall- und Misthaufen nach Kartoffelschalen oder anderen Abfällen. Nach zwei Tagen gab es absolut nichts Eßbares mehr auf dem riesigen Kasernengelände. Wir legten uns in unsere Betten, genossen das immer näher kommende Artilleriefeuer und lebten von den guten und schlechten Nachrichten, die von Mund zu Mund gingen und von Stunde zu Stunde wechselten. Doch der Hunger setzte uns immer mehr zu. Die SS sah man immer weniger, wir wurden nur noch von den ungarischen Soldaten bewacht. In diesem Chaos soll auch hin und wieder eine Suppe verteilt worden sein. Aber vielleicht hörte nur einer davon, der Zweite sah sie und der Dritte bekam sie. Vielleicht.

Was die Lagerordnung und die Verpflegung anging, so versuchten jetzt einige von der Lagerprominenz mitzumischen. Unter ihnen waren viele Polen, sogenannte Funktionshäftlinge, und es war auffallend, wie gut sie noch auf den Beinen waren. Die anderen Häftlinge, vor allem die jüdischen, waren so schwach und erschöpft, daß sie sich kaum noch bewegen konnten. Trotzdem war nichts zu holen, weil nichts vorhanden war.

Meine Freunde und ich waren sehr abgemagert; unser Gewicht muß zwischen 40 und 50 Kilo gewesen sein. Wir lagen meistens auf unseren Wehrmachtsbetten, entschlossen, uns ruhig zu verhalten und kein Risiko mehr einzugehen. Die nächsten fünf Tage vergingen buchstäblich ohne jegliches Essen. Der Hunger und die durch ihn hervorgerufenen Kopfschmerzen wurden von Stunde zu Stunde unerträglicher. Ich fiel plötzlich in starke Depressionen, bekam unbeschreibliche Angst und glaubte, wenn ich heute nicht etwas äße, würde ich den morgigen Tag nicht mehr erleben. Ich schleppte mich zum Küchengebäude und sah, daß es an den Eingängen von Häftlingen, meist Polen, bewacht wurde. Zudem war es von ungarischen Soldaten umstellt. Es war unmöglich, durch den Haupteingang in die Küche zu gelangen. An der Seite aber entdeckte ich ein kleines Kellerfenster, das offen stand. In diesem Keller, das wußte ich, wurden Rüben gelagert. Diese Rüben waren das einzig Eßbare im Lager, das mir vor Augen kam. Sie waren die einzige Chance, mein Leben zu retten. Davon war ich fest überzeugt.

Ich legte mich auf die Lauer und sah, wie immer wieder Häftlinge durch dieses Fenster mit einem Hechtsprung in den Keller sprangen. Anschließend kamen sie teils unter Schlägen, teils ohne Schläge durch das Fensterchen oder den Eingang mit ein paar Rüben wieder heraus. Daß man drinnen einen Bekannten haben mußte, um heil herauszukommen, daran wollte ich lieber nicht denken. Dann sah ich, daß sich in dem Gebäude mein polnischer Geschäftsfreund aus Auschwitz befand, Buson aus Bromberg, wie er sich vorzustellen pflegte. Vielleicht setzte ich in diesem Moment auf ihn. Ich überlegte jedenfalls nicht lange und band meine Hosenbeine an den Knöcheln zusammen, um Stauraum für die Rüben zu schaffen. Mit dem Gedanken an Buson war ich dann mit einem Hechtsprung ebenfalls im Keller des Hauses. Das war geschafft, aber wie kam man hier heil wieder heraus? Ich füllte mir ein paar Rüben in den Hosenbund und fing an, mit den vor den Fenstern stehenden Polen und Ungarn zu verhandeln. Sie waren mit Stöcken bewaffnet und warteten schon auf mich. Würden sie mich totschlagen? Wie viele Stockhiebe konnte ich noch ertragen? Mein Pech wollte es, daß ich mich praktisch allein im Keller befand. Wenn drei oder vier Häftlinge auf einmal aus dem Keller krochen, war die Chance größer, mit wenig Schlägen davonzukommen. Das hatte ich vorher beobachtet. Diese Rechnung ging also nicht auf. Da stand plötzlich mein Freund Buson vor mir. Ich blickte ihn erfreut und hoffnungsvoll an - und stand auch schon in einem Hagel von Schlägen und Beschimpfungen. Das Blut lief mir übers Gesicht, ich taumelte von einer Kellerstütze zur anderen und muß wohl für kurze Zeit das Bewußtsein verloren haben. Ich hörte noch seine gepfefferten Worte gegen die Juden, sah aber nicht mehr, wie er verschwand. Das war der Pole Buson aus Bromberg.

Als ich mich wieder hochrappeln konnte, fing ich an zu überlegen. Nach diesen Schlägen wollte ich erst recht nicht mit leeren Händen aus dem Keller herauskommen. Ich stopfte mich voll mit Rüben und sagte dann den Bewachern vor dem Fenster, daß ich alle Rüben abgeben würde, wenn sie mich ohne Schläge aus dem Keller herausließen. Sie waren einverstanden. Ich steckte meinen Kopf hinaus, kroch dann halb heraus und fing an, zuerst meine Jacke, dann die Hose zu leeren, wobei ich die Rüben immer weiter weg warf. Die Wachleute standen mit ihren Stöcken in der Hand, begannen dann aber, die Rüben einzusammeln. Mit meiner letzten und größten Rübe baute ich ab. Nach den Prügeln von Buson kam es jetzt auf einen Stockhieb mehr oder weniger nicht mehr an. Die Operation war gelungen. Diese eine Rübe in meiner Hand war mein Sieg.

Als ich wieder auf meinem Bett lag und zu essen anfing, fühlte ich mich wie ein ausgehungertes Tier nach einem Raubzug. Mein Vertrauen kehrte zurück. Jetzt war ich sicher, daß ich es geschafft hatte. Mit dieser einen Rübe konnte ich mindestens vier Tage überleben.

Schon am dritten Tag erreichten die englischen Truppen das KZ Bergen-Belsen. Es war der 15. April 1945. Und ich lebte.

FREI

15. April 1945. Wenn ich an die Torturen des Ghettos, die Leiden von Majdanek, die Angst von Auschwitz, den Hunger im Lager Dora und in Bergen-Belsen zurückdenke, so fing an diesem Tag für mich und meinesgleichen die Welt von neuem an. Die Freude war ungeheuer, es gab nur lachende und weinende Gesichter. Man hätte aus Stein sein müssen, um von diesen Gefühlen nicht mitgerissen zu werden, so unerfreulich auch alles um uns herum war.

Ich zog die traurige Bilanz. Ich hatte meine ganze Familie verloren: Vater, Mutter, Großmutter, Bruder, zwei Schwestern, Schwager und Schwesterkind. Die Art, in der mir diese Angehörigen einzeln entrissen wurden, mag auch in diesem Inferno einmalig gewesen sein. Alle zwölf Freunde meiner lieben Chewra waren von Nazimördern umgebracht worden, außerdem Hunderte von Verwandten, Freunden und Bekannten. Daß ich am Leben blieb, hatte ich dem Zufall zu verdanken. Auch in den prekären Situationen, die sich für mich ergaben, hatte ich niemals das Gefühl, etwas Heroisches geleistet zu haben. Alles, was ich getan hatte, war entweder aus Ein breira oder aus Daffke geschehen.

Es war mir ein Trost und eine Genugtuung, daß ich mich zusammen mit meinen Freunden, wenn auch bescheiden, so doch mit allen uns gegebenen Mitteln, den Nazimördern widersetzt hatte. Daß es meiner Chewra nicht beschieden war, diesen Tag zu erleben, erfüllte mich mit Trauer. Daß ich ihn erlebte, dafür mußte ich dem Schicksal dankbar sein. Dankbar war ich auch dafür, daß ich durchhalten konnte, ohne unseren Mördern je freiwillig gedient zu haben, und daß ich niemals gegen mein Volk und meine Leidensgenossen zu handeln brauchte. Ich war niemals Mitglied oder Helfer oder Mitarbeiter eines Judenrates, der jüdischen Polizei, nie Kapo, Blockältester oder Stubenältester gewesen. Das war mein moralisches Kapital. Niemals vergaß ich, woher ich kam, was ich war und wohin ich gehörte. Ich war immer auf der Seite, die es schwerer hatte, aber die gerechte Seite war. Auch wenn ich die Wahl gehabt hätte, ich hätte mich selbst in den schwersten Stunden in der Haut der Gepeinigten wohler gefühlt als in der Haut der Peiniger und ihrer Helfershelfer.

Vielleicht hatte ich Fehler gemacht, möglicherweise auch Unrecht getan, aber meine Absichten waren gut. Ich kämpfte und wehrte mich mit allen mir zur Verfügung stehenden Mitteln. Heute weiß ich, daß es unter den Überlebenden viele gab, die Ähnliches, möglicherweise noch Schrecklicheres erlebt haben, und respektiere alle die, die sich den Nazimördern noch mehr widersetzt haben.

Es war der Tag des Cheschbon-hanefesch für alle Überlebenden. Am Ende dieser Zeit der Schrecken wurde uns bewußt, wie leicht es doch war, in einer normalen, freien Gesellschaft Menschlichkeit zu beweisen. Zugleich wußten wir, wie schwer es in der Hölle der Ghettos und KZs gewesen ist. Der teuflisch ausgeklügelte SS-Vernichtungsapparat war doch gerade darauf angelegt, mit dem Unmenschlichen das Menschliche, mit dem Bösen das Gute auszulöschen.

Überleben wollten alle. Viele setzten ihre Ellbogen ein und versuchten um jeden Preis, es besser zu haben und mehr zu gelten als die anderen. Viele scheiterten an ihrer Bescheidenheit, andere kämpften am Rande des mit ihrem Gewissen zu Vereinbarenden. Für alle war es eine harte Schule, jeder Charakter verlor die Maske angesichts der Zerreißproben. Wer diese gut und glücklich bestand, hat im Fach Menschlichkeit sein Examen verdient.

Bei meiner eigenen Cheschbon-hanefesch konnte ich zufrieden sein. Ob ich es meiner Erziehung oder Bescheidenheit zu verdanken habe, daß ich überlebte, steht dahin, aber hauptsächlich wohl dem glücklichen Zufall. Daß ich noch lebte, betrachtete ich auf jeden Fall als meinen persönlichen kleinen Sieg in meinem sonst so verlustreichen Krieg.

Wie ein Gestrandeter unter Gestrandeten, als Leidender mit allen Leidenden verbrüdert, stand ich vor dem Scherbenhaufen meines Lebens, in dem es nichts mehr zu kitten oder zu reparieren gab.

Mein Holocaust hatte vor knapp fünf Jahren angefangen. Mit meinen 17 Jahren war ich damals noch sehr jung, und inzwischen war ich um vieles älter als um die fünf Jahre geworden. Die Zeit der Jugend, in der das Fundament eines Menschen gelegt und seine Persönlichkeit gebildet wird, die Zeit der fröhlichen Streiche, der unbeschwerten Freundschaften, der Schule, der ersten Liebe, diese Lebensperiode des Lachens und Lernens, von der man ein Leben lang zehrt, sie kommt bei mir und meinesgleichen nicht vor. Sie wurde, weil wir als Juden geboren wurden, aus unserer Biographie gestrichen. Es waren jene Jahre, die wir in der Hölle verbrachten, unter Teufeln in Menschengestalt.

Kein böser Traum, kein Greuelmärchen und kein Horror-Phantasiegebilde kommt an die Wirklichkeit in dieser Hölle heran. Diese fünf Jahre kamen mir vor wie lebenslang, ich glaubte dort geboren und immer dort gewesen zu sein. Manchmal mußte ich mein Gedächnis strapazieren, um mich überhaupt an die Zeit vorher, vor 1939, zu erinnern.

Meine Welt bestand in diesen Jahren nur aus Juden und Nichtjuden. Ich sah die Welt geteilt in Gepeinigte und Peiniger, sah auf der einen Seite die Geschlagenen und Getöteten und auf der anderen die Schläger und Mörder. Uns Juden war immer die Rolle der Geschlagenen zugewiesen. Auch nach der Befreiung wagte ich nicht, an eine Vertauschung der Rollen zu denken, obwohl ich es mir doch vorher so gewünscht hatte: Nur einmal wollte ich in der Rolle der anderen sein, und dann sterben. Die Tatsache des an uns begangenen, himmelschreienden Unrechts traf uns noch mehr als die uns zugefügten Leiden. Was ich an den Tatorten der Vernichtung unseres Volkes gesehen und miterlebt hatte, konnte ich weder Gott noch den Menschen vergeben. Wie ein verwundetes Tier glaubte ich damals, nach der Befreiung, meine Wunden der Welt mit ihrer normalen Moral, ihren normalen Parteien, Organisationen und Religionen zur Schau stellen zu müssen, damit die Menschen nicht nur auf das Verbrechen der Mörder, sondern auch auf das an uns Juden begangene Unrecht hingewiesen würden.

Aus diesem Trauma zu erwachen in dem Bewußtsein, daß man die Welt und die Menschen anders sehen und anders beurteilen muß - das zu bewältigen, war mein Problem und das all meiner Leidensgenossen.

Einsam, wie von der Welt bis dahin vergessen, standen wir als befreite Neugeborene und als Sehenswürdigkeiten da und ließen gleichmütig alles über uns ergehen. Unsere Befreier und bald darauf die für uns eingesetzten Helfer und Sozialfürsorger verschiedener Organisationen waren mehr als gut zu uns. Sie tanzten um uns herum wie Leute, die unschuldig einen Unfall verursacht haben, um die geretteten Opfer, die schwer verletzt, aber doch mit dem Leben davongekommen sind.

Das Schicksal der jüdischen überlebenden nach der Befreiung unterschied sich gänzlich von dem der überlebenden anderer Völker. Diese wurden alsbald mit Musik und Pomp in ihre Heimatländer zurückgebracht. Wir Juden waren die einzigen, die kein Heim und keine Familien hatten. Wir wollten nicht zu unseren Friedhöfen zurückkehren; wir hielten uns an das uns verbliebene »Jüdische«. Das wurde uns durch Vertreter jüdischer Organisationen und der jüdischen Brigade aus Israel erleichtert.

Versuche von meist nichtjüdischer Seite, uns jetzt wieder mit schönklingenden Parolen von der Gleichheit aller Menschen ohne

Unterschied von Rasse, Farbe und Religion zu überzeugen, stießen bei uns auf nüchterne Ablehnung. Davon wollten wir nichts mehr hören. Die bittere Erfahrung der jüngsten Zeit bestätigte, daß unsere zweitausend Jahre alten Sorgen und Probleme andere sind als die der anderen und niemals mit ihren verschmelzen können. Unsere waren und bleiben spezifische. Es ist nicht unsere Schuld, daß es so ist.

Nach diesen schweren Leidensjahren wollten gerade wir jüdischen Neugeborenen mit eiserner Konsequenz als Juden weiterleben, der jüdischen Gemeinschaft angehören und als Volk weiter existieren. Keinesfalls wollten wir auf die sogenannte Vernunft der Menschen vertrauen oder auf sie warten. Von dieser »menschlichen Vernunft« darf die jüdische Existenz nie wieder abhängig gemacht werden.

Wir Auschwitz-Überlebenden wollten auf die Zeiten der »letzten Tage«, wie in der Bibel geschrieben, nicht mehr warten. Die Rolle der ewig Schwachen, Bemitleideten, Unschuldigen, in die wir gedrängt wurden, sie war uns in unserer Geschichte nie gut bekommen. Als solche waren wir nach Auschwitz gekommen. Daß sich das ändern muß, das haben wir in und nach Auschwitz gelernt.

Erst nach der Befreiung wurde uns die Tragödie des Lagers Bergen-Belsen voll bewußt. Es war ein großes Glück gewesen, daß der Transport, zu dem ich gehörte, nicht in das KZ selber, sondern in die naheliegende Wehrmachtskaserne von Bergen-Belsen kam. Im KZ waren mehr als 50.000 Männer und Frauen unter den furchtbarsten Bedingungen untergebracht. Jeder zweite von diesen Häftlingen starb in den ersten sechs Wochen nach der Befreiung, nachdem sie Nahrung, Medizin und Pflege erhalten hatten. Die Engländer taten ihr Bestes, waren aber auf dieses Inferno nicht vorbereitet.

Mit Genugtuung sahen wir, wie die SS-Leute, unsere Peiniger von gestern, zur Bestattung dieser Toten in Massengräbern herangezogen wurden. Nur die ehemaligen Funktionshäftlinge waren körperlich noch in der Lage, sich an diesen Mördern zu rächen. Bei den normalen Häftlingen, die fast alle auf 40-50 kg Gewicht abgemagert waren, ertranken die Rachegefühle in den Tellern der leichten, süßen Suppenspeise, die uns von den Engländern gereicht wurde. Sie sollte unsere kranken, des Essens entwöhnten Mägen für eine normale Verdauung konditionieren und uns nach und nach wieder ein menschliches Aussehen zurückgeben.

Es dauerte drei oder vier Wochen, bis ich das erste Mal die Kaserne verlassen konnte. Nicht weit vom Lager entfernt entdeckte ich ein Einfamilienhaus, das offenbar unbewohnt war. Getrieben von dem unbestimmten Gedanken, mich rächen zu müssen, aber auch ein wenig ängstlich öffnete ich die Tür. Das Haus war leer. Eine Wollmütze hing am Eingang, die zog ich anstelle der Streifenmütze an. Ich suchte nach etwas Eßbarem, fand aber nichts. Doch hinter dem Haus sah ich einen Käfig mit zwei Kaninchen. Wenn ich nicht Jude gewesen wäre, hätte ich wahrscheinlich die Kaninchen geschlachtet und das Fleisch mitgenommen. Ich hatte in den letzten Jahren so viel Blut gesehen, aber Tiere töten, das konnte ich nicht. Ich nahm einen Sack und machte langsam den Käfig auf. Es müssen entweder meine Überredungskünste gewesen sein oder ein erster Wiedergutmachungsakt gegenüber einem jüdischen Naziverfolgten, daß die Kaninchen freiwillig in den Sack krochen. Hunger kann sie nicht dazu bewogen haben, denn der Sack war leer. Ich nahm den Sack auf den Rücken. Die zwei Kaninchen sprangen so lebhaft hin und her, nach oben, nach unten, in alle Richtungen, daß ich manchmal beinahe umfiel. Trotzdem schaffte ich es, den Sack in das Lager zu bringen. Es müssen an die zehn Menschen im Raum gewesen sein, als ich mit meinem Raub ankam. Essen wollten alle, aber keiner konnte schlachten, keiner konnte töten. Wir öffneten den Sack und schenkten den beiden Kaninchen ihre Freiheit wieder.

In den Tagen nach der Befreiung, als jedem von uns klar wurde, daß es keine jüdische Familie ohne Tote, ja kaum eine mit Überlebenden gab, bahnten sich verständlicherweise viele Freundschaften an. Jeder versuchte, sich an den anderen anzulehnen; denn jeder spürte die Einsamkeit. So wurde auch die Freundschaft zwischen Jakob Hendeles und mir enger, trotz unterschiedlicher Charaktere und Lebensansichten. Wir wagten gemeinsam die ersten Schritte in das neue Leben. Beide waren wir des Lager- und Gruppenlebens müde und strebten danach, aus dem Lager hinauszukommen. Aber auch außerhalb des Lagers war das Leben kurz nach Kriegsende nicht einfach. Unsere Ernährung und Kleidung stellten uns vor große Probleme. Mit einem lachenden und einem weinenden Auge erinnere ich mich, wie ich in einer Keksfabrik in Hannover darum bat, mir Kekse zu verkaufen. Selbstverständlich wurde damals nichts verkauft. Aber im Pförtnerhaus schenkte man mir einen Karton mit einem Pfund Keksen. Es war eine Delikatesse. Ich schickte auch meinen Freund Jakob hin, und er bekam ebenfalls einen Karton. Das war ein großer Fang. Eine Stunde später wechselten wir Jacke und Mütze, und es klappte zum dritten Mal. Wir versuchten es sogar noch einmal, aber da ging nichts mehr. Es durfte wieder gelacht werden.

Ich denke daran, wie wir uns gemeinsam ein Fahrrad organisierten, auf dem wir zusammen vom Lager nach Celle und zurück radelten. Celle war die nächste größere Stadt, etwa 20 km entfernt. Oder wie wir aus einem in Celle lagernden Rübenberg immer wieder einen halben Sack Rübenschnitzel holten und daraus Schnaps brauten. Diese Kunst erlernten wir von einem Russen, selbstverständlich gegen Entlohnung in Naturprodukten. Unser erstes Produkt war mindestens 100%iges Gift. Das nächste war nur noch verfärbtes Wasser. Beide wurden gemischt, und das Gemisch schmeckte unseren slawischen Kunden nach eigenen Aussagen vorzüglich. Jedenfalls schmeckte es besser als das Kölnisch Wasser, das sie gelegentlich tranken, nur der Geruch war nicht so gut. Noch einen Vorteil hatte diese unsere kurzlebige Fabrikation. Auch wenn wir nicht davon kosteten, waren wir rein vom Dampf ständig betrunken. Auch am nächsten oder übernächsten Tag nach dem Brauen hatten wir noch unseren zusätzlichen Spaß; denn sobald man Wasser nachtrank, fühlte man sich wieder wie betrunken. Jedenfalls kamen wir durch unsere Braukünste bald zu einem kleinen Motorrad, das viel Aufsehen und noch mehr Lärm beim Fahren machte.

Das eigentliche KZ Bergen-Belsen war inzwischen evakuiert worden. Die Insassen, soweit sie nicht in den umliegenden Krankenhäusern untergebracht waren, wurden in unsere Wehrmachtskaserne einquartiert. Es wurde ein jüdisches Verwaltungskommitee unter der Leitung von Josef Rosensaft gegründet. Obgleich wir in Celle ein

Zimmer gemietet hatten, verbrachten Jakob und ich die meiste Zeit in der Kaserne. Dort waren jetzt auch Frauen, die aus anderen KZs hergebracht worden waren. Manchmal kam es vor, daß man SS-Leute mit einem großen Sündenregister entdeckte. Wer die früheren Peiniger wiedererkannte, rechnete an Ort und Stelle mit ihnen ab. Gleiches galt für Häftlinge, die sich etwas zuschulden hatten kommen lassen. Die SS-Männer konnten trotzdem von Glück sagen, daß ihnen nicht Gleiches mit Gleichem vergolten wurde. Ihre Methoden konnten auf sie nicht mehr angewendet werden; jetzt galten die demokratischen, menschlichen Gesetze. Sie selbst zeigten sich davon überrascht; denn sie wußten genau, was sie getan und welche Strafen sie eigentlich verdient hatten.

Eines Tages las ich in der Zeitung, daß Zeugen gesucht wurden gegen einen SD-Mann Fischer. Ich meldete mich und wurde sofort nach Dachau als Zeuge gerufen. Dort verbrachte ich zehn Tage und wurde mehrmals von alliierten Offizieren vernommen. Ich berichtete, was ich wußte von Fischer in Radzyn und in Miedzyrzec, und natürlich auch, daß ich Fischer im Lager Dora gesehen hatte, und alles, alles, was ich über ihn erfahren hatte. Ich machte mir bewußt, daß eine Konfrontation kommen würde, und hatte deswegen schlaflose Nächte. Ich lebte noch ganz in der Vergangenheit, und jetzt sollte ich einem der Hauptmörder meiner Familie und meiner Landsleute gegenübertreten! Andererseits wollte ich von ihm selber hören, was er mit seinen letzten Sonderjuden gemacht hatte, nachdem er ihnen persönlich versprochen hatte, sie am Leben zu lassen. Was geschah unter anderem mit den beiden jungen Menschen Simon und Andzia, die beschlossen hatten zu heiraten und dann unter seiner Obhut kaserniert wurden? Dabei war mir klar, daß niemand von denen, die sich ihm anvertraut hatten, überlebt hatte. Aber ein einziges Mal hätte ich gern mit dieser Kreatur - ich weigerte mich, ihn »Mensch« zu nennen - gesprochen und ihm anschließend ins Gesicht gespuckt. Vielleicht sogar ein einziges Mal meine Hände schmutzig gemacht und ihm ins Gesicht geschlagen.

Dann war es soweit. In Begleitung von einigen Offizieren und Wachleuten wurde ich in einen Saal geführt, in dem in zwei Reihen etwa 60 SS- und Kriegsverbrecher standen. Sie waren teils in Uniform, teils in Zivil und alle kurzgeschoren. Der Anweisung gemäß fing ich in einer Ecke an, nahm mir Zeit und schaute jedem lange und direkt in die Augen, so gut ich konnte. Es war eigentlich das erste Mal, daß ich den Mördern so nah in die Augen blickte. Ich hatte es immer als mein Glück und einen der Hauptgründe für mein Überleben betrachtet, daß ich nur ganz selten einem SS-Mann in den Blick geraten war. Ich wurde einfach übersehen. Diejenigen, die in das Blickfeld der SS geraten waren, sind alle umgebracht worden.

Ich ging langsam, Schritt für Schritt, von einem zum anderen und suchte den einen Mörder unter vielen. Ich hatte die eine Reihe schon fast passiert, und es beschlichen mich Zweifel: Würde ich ihn erkennen? Würde ich noch in der Lage sein, von ihm Auskunft zu verlangen über die auf seinen Befehl Erschlagenen? Plötzlich, als letzten in der Reihe, sah ich Fischer. Ich brauchte meine ganze Kraft, um mit dem Finger auf ihn zu zeigen. Ich konnte ihn aber weder fragen noch ihm ins Gesicht spucken, wie ich mir vorgenommen hatte, meine Kräfte reichten zu nichts mehr. Ich sah ihn nur eine Sekunde wie im Nebel und muß dann ohnmächtig geworden sein. Erst auf einem Sofa im Nebenzimmer kam ich wieder zu mir. Später erfuhr ich, daß Fischer als SS-Verbrecher nach Polen ausgeliefert wurde. Mein Cousin Mayer Turkeltaub sagte in einem Prozeß dort gegen ihn aus.

Als ich nach dieser Zeugenaussage zurückkam nach BergenBelsen, fühlte ich eine tiefe Erleichterung.

Die folgenden Wochen und Monate verbrachten wir zwar noch im Schatten der traurigen Vergangenheit, aber auch in absoluter Sorglosigkeit im Hinblick auf die Zukunft. Wie nach einer schweren Krankheit lebten wir in Rekonvaleszenz, bei freiem Logis in der Kaserne von Bergen-Belsen und freier Kost von Joint of America. Langsam kehrten wir auch in die menschliche Kultur zurück. Wir erinnerten uns wieder an Musik, Theater, Vorträge und Bücher. Die Geschlechter gewannen wieder Anziehungskraft füreinander, das Sexuelle lebte auf, und bald setzte eine regelrechte Heiratsepidemie ein. Jakob und ich lernten zwei Schwestern, Dora und Balla, kennen. Wir vier waren viel zusammen, Dora meist an der Seite von Jakob, Balla an meiner. Aus Freundschaft wurde bald mehr. Ich konnte mir damals nicht vorstellen, eine Frau zu heiraten, die nicht das gleiche mitgemacht hatte wie ich. Daher war ich dem Schicksal dankbar, daß Balla den gleichen Leidensweg, ja sogar den Marsch von Auschwitz her hinter sich hatte und am gleichen Tag wie ich in Bergen-Belsen befreit wurde. Wir heirateten 1946 in Marburg. Dadurch wurde mein Freund Jakob mein Schwager; er heiratete Dora.

Wenn Balla und ich in Bergen-Belsen spazieren gingen, wurden wir manchmal von Lagergefährtinnen angehalten, die Balla umarmten und küßten, weil sie unter Einsatz ihres Lebens im Lager in jeder Weise den Mithäftlingen geholfen hatte. Bei einer Busfahrt nach Hannover wurde Balla von einer Frau erkannt, die ihr um den Hals fiel - sie war dank ihrer Hilfe am Leben geblieben. Das machte mich sehr stolz, es war ein bewegendes Erlebnis. Etwas Ähnliches erlebten wir einige Jahre später in New York. Wie mir meine Frau immer wieder erzählte, hat sie ihrerseits Dora sehr viel zu verdanken, möglicherweise auch, daß sie am Leben geblieben ist. Unsere Kinder und ich sind Dora ewig dafür zu Dank verpflichtet.

Diese Zeit war ein Leben in einer klassenlosen Gesellschaft. Wir besaßen alle das gleiche Nichts, aßen das gleiche Essen, trugen die gleiche Kleidung, hatten die gleichen Sorgen und Freuden. Sowohl gesellschaftlich als auch sonst herrschte Gleichheit, Kameradschaft, Hilfsbereitschaft und Harmonie. Es war ein Leben im gleichen Takt, in einer Gemeinschaft, für die das Leben zur gleichen Zeit aufgehört und wieder angefangen hatte. Diese Übergangszeit wurde bald von einer anderen Periode abgelöst.

Auf einmal entbrannte das Rennen nach dem Geld und all dem, das man dafür kaufen konnte. Jeder wollte wieder mehr haben und etwas Besseres sein als sein Nachbar. Ob dies ein Zeichen war für die Rückkehr zur Normalität? Ich weiß es nicht. Jedenfalls wurde das Lager Bergen-Belsen bald zu einem Stützpunkt des damals blühenden Schwarzmarktes, und die große Mehrheit nahm daran teil. Den Anstoß gaben neu angekommene Juden aus Rußland, für die dieser Handel den dortigen Kampf um das überleben fortsetzte.

Wenn man uns damals, vor oder während dieser Periode, nach Israel überführt hätte, man hätte, glaube ich, uns selbst und Israel einen guten Dienst erwiesen. Obwohl wir skeptisch und mißtrauisch waren, steckte auch eine Menge Konsequenz und Anpassungsfähigkeit in uns. Wir waren zu jedem neuen Anfang bereit.

DIE REISE NACH POLEN

Nach Radzyn zurückzukehren, hatte ich nie das Bedürfnis gespürt. Zum polnischen Land, zu seiner Kultur und zu seinen Menschen fühlte ich mich weniger denn je hingezogen. Meine Erlebnisse während des Krieges hatten nur bestätigt, wovon ich schon früher überzeugt gewesen war: Für uns Juden war Radzyn kein Ort und Polen kein Land zum Leben. Dennoch ließ ich mich von Jakob zu einer Reise nach Polen überreden. Seine Familie hatte in seiner Heimatstadt Warthenau (Zawiercie) Wertsachen versteckt, die er jetzt wiederhaben wollte. Angeblich sollten auch zwei Brüder von Balla dort überlebt haben. So entschloß ich mich, Jakob zu begleiten.

Ich zog meine besten Kleidungsstücke an, eine englische Uniform und englische Schuhe, die drei Nummern zu groß waren. Diese Ausstattung hatten wir von den Engländern erhalten. Es muß im September 1945 gewesen sein, wir fuhren, meist per Bahn, über die Tschechoslowakei. Die Züge waren verwahrlost, oft ohne Abteiltüren, und überfüllt von russischen Soldaten. Außerdem befanden sich unter den Mitfahrenden viele zweifelhafte Gestalten, die sich auf ihre Art und Weise austobten. So erinnere ich mich an eine Szene mit einigen russischen Soldaten und ein paar Mädchen, die sich in einem Abteil vergnügten und dabei abwechselnd mit breiten Militärmänteln die fehlende Tür ersetzten. Nachts ging oft das Licht aus, und Gepäckstücke verschwanden. Es war eine Reise voller Abenteuer. Wir erklärten überall, daß wir zur Familienvereinigung nach Polen reisten. Auf dem Rückweg nach Deutschland erklärten wir das gleiche; da waren dann auch die Brüder von Balla mit von der Partie.

In Warthenau konnte Jakob einen Teil der versteckten Wertsachen aufspüren, wenn auch unter abenteuerlichen Umständen und nicht ganz ohne Risiko. Wir merkten rasch, daß die Polen, die jetzt in den früheren jüdischen Wohnungen saßen, diese samt allem, das sich dort befand, als ihr rechtmäßiges Eigentum betrachteten. Es hatte Scherereien gegeben, als jüdische Heimkehrer Ansprüche auf ihr Eigentum erhoben. Mit manchen Rückkehrern hatten die Polen wegen solcher Forderungen brutal abgerechnet, nicht wenige sogar umgebracht. Die besten Juden waren für sie eben diejenigen, die nicht zurückkehrten. So lebten die Juden in Warthenau, deren Zahl sich an den Fingern abzählen ließ, erneut abgesondert und in Angst, besonders dann, wenn sie sich um das bemühten, was ihnen früher gehört hatte.

Wie wir hörten, war es ebenso in den anderen Städten des Landes. Die Polen sprachen von Hunderten oder Tausenden von Juden, die zurückgekehrt seien, und dabei waren es leider nur Einzelne. In ihrem Judenhaß sahen sie jeden hundert- oder tausendfach. Der damals von den Polen organisierte Widerstand gegen die russischen Besatzer richtete sich in großem Maße auch gegen die Juden. Immer wenn polnische Widerstandskämpfer Züge oder Busse anhielten, suchten sie zuerst nach Juden, um sie zu töten. Ich war auf manches vorbereitet gewesen, aber von dem Ausmaß des Antisemitismus nach all dem, was geschehen war, wurde ich immer wieder überrascht. So schlimm hatte ich es mir nicht vorstellen können. Schweren Herzens entschloß ich mich, trotzdem nach Radzyn zu fahren. Vielleicht war ein Wunder geschehen und jemand aus meiner Familie war zurückgekehrt? Oder jemand aus meiner Chewra? Oder Verwandte, Bekannte? Das zu klären, war Grund genug, die Reise zu wagen. Nie wäre ich sonst auf die Idee gekommen, denn niemals verspürte ich

Sehnsucht nach dieser Stadt und dem Land. Die einzigen Menschen, die ich dort wiedersehen wollte, waren die wenigen anständigen Polen, die uns geholfen hatten. Falls sie noch lebten. Vielleicht wollte ich auch noch einen letzten Blick auf die Stadt meiner Kindheit werfen, und dann einen Schlußstrich unter ein trauriges Kapitel ziehen.

Meine Reise war begleitet von Angstgefühlen, verlief aber ohne Störungen. Während der langen Fahrt erinnerte ich mich daran, wie ich schon zweimal in diesem Zug als »Arier« unter Lebensgefahr gereist war. Diesmal fuhr ich als freier Mensch und doch wieder in Angst um das Leben. Damals wie heute aus demselben Grunde: nur weil ich als Jude geboren war. Früher war es die SS, jetzt die polnische Volksarmee, die Züge anhielt, Juden aussortierte und sie tötete. Dieser Gedanke erfüllte mich mit Abscheu vor den Menschen in diesem Land.

In der ehemaligen Wohnung meiner Eltern angelangt, fand ich keine ruhige Minute. Erinnerungen wurden wach: die ganze Tragödie unserer Familie, die Nachrichten über Verhaftungen und Tod, die hier vergossenen Tränen, die hier erlebten Sorgen, Schmerzen und Leiden. Nein, hier bleiben konnte ich nicht. Nachdem ich in der Nacht kaum ein Auge zugetan hatte, ging ich morgens in die Stadt. Ich sah kaum ein freundliches Gesicht. Außer den Juden waren sie fast alle noch da, und sie vermißten die Juden nicht. Denen, die in den jüdischen Geschäften standen, war allerdings keine Begeisterung anzusehen. Dabei hatten sie doch immer davon geträumt, die jüdischen Geschäfte zu übernehmen, wie überhaupt die Rolle der Juden in der Wirtschaft einzunehmen. Trotz des Boykotts hatten sie sich früher gegen die jüdische Konkurrenz nicht durchsetzen können, jetzt schien es ihnen nicht besser zu gehen, obwohl keine Juden mehr da waren. Dann stand ich vor dem Büro des Elektrizitätswerkes, sah die fünf Treppenstufen vor mir, auf denen mich tagtäglich die kleine Sarah erwartet hatte, sah, wie sie ihre dünnen Ärmchen nach mir ausstreckte. Ich ging an den Häusern der Gestapo vorbei, stand vor dem Haus, in dem sich mein Bruder versteckt hatte, und dachte an meine Chewra. Als ich wieder im Haus meiner Eltern war, konnte ich kaum noch atmen. Ich fühlte mich wie auf einem Friedhof, jedes Haus ein Denkmal. Hier würde ich niemals lachen können, hier konnte ich nicht leben.

Auf der Straße hatte ich einen Polen getroffen, der mit meinem Vater gut bekannt gewesen war. Er war Angestellter in einer Schnapsfabrik und trug einen Mantel meines Vaters. Als ich ihn beiläufig darauf aufmerksam machte, ohne jede Absicht, von ihm etwas zurückzufordern, wurde er mißtrauisch und tat, als würde er mich nicht kennen und sich meines Vaters nicht erinnern. Schließlich machte er sich noch in ordinären Beschimpfungen Luft.

Zu einem besonderen Erlebnis wurde mein Besuch bei Domaratzki, dem technischen Leiter des E-Werkes. Er war früher ein großer Antisemit gewesen, obwohl er sein Brot immer bei Juden verdient hatte. Ich hoffte insgeheim, daß er durch den Krieg geheilt worden sei; aber das war leider nicht der Fall. Er zeigte sich sehr überrascht, mich lebend zu sehen; damit hatte er nicht gerechnet. In meiner Wißbegier bedrängte ich ihn mit Fragen über Lichtenstein und seine kasernierten Juden (Lichtenstein war Mitinhaber des E-Werkes gewesen). Er hatte alle gekannt und mußte deshalb etwas über sie wissen. Aber er umging immer wieder dieses Thema. Statt dessen kam er mehrfach auf das Fotografenmädchen aus Warschau zurück, das uns geholfen hatte und angeblich deswegen - nach der Verhaftung ihres Bruders, meines Begleiters in Miedzyrzec - ebenfalls verhaftet wurde. Das deutete er an, wollte aber auch darüber nicht sprechen. Auf meine Frage, ob das Mädchen lebte und wo es sich befände, weil ich es dann aufsuchen wollte, erklärte er, das würde ich noch früh genug erfahren.

Ob er tatsächlich alles wußte? Ich fühlte mich bei diesem Frage- und Antwortspiel sehr unwohl und schöpfte Verdacht. Im weiteren Gespräch kam er mir gekünstelt und sacharinsüß vor, besonders als er sich bemühte, mir seine Zufriedenheit über mein Überleben vorzuspielen. Die Wahrheit sah anders aus; ich merkte, daß er sich im Stillen die Hände rieb über den kapitalen jüdischen Fisch, der ihm ins Netz gegangen war. Es war für ihn klar, daß ich in Radzyn nicht lange bleiben würde, er wollte aber unbedingt wissen, wie lange. Davon schien jetzt alles abzuhängen, möglicherweise auch mein Leben. Mit aller Überzeugungskraft, die mir zu Gebote stand, versicherte ich ihm, daß ich mindestens zehn Tage zu bleiben gedächte. Ich spürte, was in seinem Kopf vorging. In zehn Tagen könnte er es schaffen, mich liquidieren zu lassen, vielleicht schon früher... In mir meldete sich der gleiche Instinkt, der mir bisher das Leben gerettet hatte. Ich wußte jetzt, daß ich am nächsten Tag aus dieser Stadt verschwinden mußte.

Die Wohnung meiner Eltern war von jüdischen Rückkehrern belegt, die vorübergehend hier Unterschlupf gefunden hatten. Was ich von ihnen, nachdem ich berichtet hatte, zu hören bekam, war haarsträubend: Es gab wieder eine stramm organisierte antisemitische Organisation, der selbstverständlich auch Domaratzki angehörte. Unter dem Deckmantel der Volksarmee, deren Widerstand gegen die russische Besatzung gerichtet war, arbeitete sie daran, die aus ihren Verstecken oder den KZs zurückgekehrten Juden zu liquidieren, um das Nachkriegs-Polen judenfrei zu halten. Zwei aus Radzyn stammende Familien, Ponczak und Kleinbaum, die bei Bauern überlebt hatten, waren die letzten Opfer dieser Antisemitenbande. Beide Familien wurden von Angehörigen der Volksarmee erschossen. Nach dem Gespräch mit Domaratzki hatte ich keinen Zweifel, daß ich als nächster auf der Liste dieser Bande stehen würde. Durch Zufall erfuhr ich, daß morgens früh um 5 Uhr ein russischer Lastwagen nach Warschau fuhr, und daß er gegen Bezahlung Fahrgäste mitnahm. Ich erkundigte mich nach der Abfahrtsstelle und schlich mich rechtzeitig dorthin. Auf dem Lastwagen befanden sich an die 20 Personen, meist Frauen mit großen Körben, die mit Lebensmitteln in der Großstadt Tauschgeschäfte machen wollten. Schweigsam und abweisend stand ich in einer Ecke, ich wollte mit niemandem sprechen und auch nicht angesprochen werden, um nicht als Jude zum Gesprächsthema zu werden. Die beiden russischen Fahrer waren wie üblich betrunken. Unterwegs prallten wir beim Überholen eines anderen Lastwagens gegen einen Telegrafenmast. Eine Frau war sofort tot, viele wurden aus dem Wagen geschleudert und verletzt. Mir passierte nichts. Von der Fahrerei hatte ich aber reichlich genug. Ich schlug mich zur nächsten Bahnstation durch und fuhr nach Kattowitz und von dort nach Warthenau.

Bei dieser Fahrt in Unsicherheit und Angst lief noch einmal der Film der letzten fünf Jahre vor mir ab.

Damals wie heute trage ich in mir Gefühle des Dankes und der Sympathie, von Liebe und Anerkennung für die dünne Schicht des polnischen Volkes, die Menschenliebe und Erbarmen mit den vor ihren Augen gepeinigten jüdischen Mitmenschen bewiesen hat. Voll Dankbarkeit denke ich im besonderen an die Polen, die meinen Freunden und mir geholfen haben. Es gab doch unzählige Fälle, in denen Polen unter Gefahr für ihr eigenes Leben Juden gerettet haben. Die Namen dieser beinahe heiligen Helfer sind in Jadwaschem in Jerusalem, in der Straße der Gerechten, verewigt und der Geschichte des jüdischen Volkes eingeschrieben.

Zugleich empfinde ich Ekel und Abscheu den vielen Polen gegenüber, die ihren Antisemitismus praktiziert haben. In ohnmächtiger Trauer denke ich an die vielen Juden, die aus den Todeszügen sprangen und von Polen in den Wäldern, wo sie sich versteckten, ihrer Habe beraubt und erschlagen oder denunziert und für den Preis von 1 kg Speck oder Zucker an die Gestapo abgeliefert wurden. Ich denke an die kurz nach dem Krieg Ermordeten und an die im Nachkriegspolen gegen Juden organisierten Pogrome. Nach dem Holocaust der Nazis war dies das häßlichste Blatt in der jüdischen Geschichte, geschrieben von Polen und in Polen.

Viele Menschen aller Länder und Nationen haben direkt oder indirekt, mit oder ohne Absicht, irgendwo und irgendwann in dieser Zeit den Nazis Hilfe geleistet. Viele Politiker, Minister und Staatspräsidenten, Partei-, Gewerkschafts- und Kirchenführer haben nach dem Krieg ihre Scham, ihre Reue und ihr Bedauern ausgedrückt und im Namen ihrer Völker um Verzeihung gebeten bei den Opfern und bei den Hinterbliebenen. Doch noch kein polnischer Politiker oder Regierungsvertreter hat es in all den Jahren seither für nötig befunden, bei den jüdischen Opfern und deren Hinterbliebenen um Verzeihung zu bitten.

Wie die Polen nach dem Krieg die 3 Millionen in Polen ermordeten Juden je nach Bedarf einmal als jüdische und dann wieder als polnische Opfer des Faschismus vermarktet haben, ist eine Beleidigung für die Toten wie für die Überlebenden. Wo - außer in diesem Land - waren nach Kriegsende Judenverfolgungen und Pogrome möglich?

Auch die letzten Polen jüdischer Abstammung, die auf Freundschaft, Toleranz und Integrität im neuen sozialistischen Polen hofften, sind bitter enttäuscht worden. Freiwillig oder zwangsweise haben sie dieses Land verlassen. Diejenigen, die der jüdischen Kultur noch nahestanden, konnten sich außerhalb Polens in das Judentum wieder integrieren. Diejenigen, die dem polnischen Volk und seiner Kultur so verbunden waren, daß sie vom Judentum abrückten, sind zu Flüchtlingen in aller Welt geworden, haben ihre eigenen Werte meistens verloren und nur selten neue gewonnen. Sich dem Judentum zu entziehen, ist kaum leichter, als Jude zu sein.

WIEDER IN DEUTSCHLAND

Wie viele andere waren auch Jakob und ich vom Kampf um die materielle Existenz voll in Anspruch genommen. Es war nicht leicht, Wurzeln zu schlagen, die Vergangenheit zu bewältigen und in das normale Leben zurückzufinden. Wir wohnten zusammen, aßen zusammen, und hatten eine gemeinsame Kasse. Unsere Freundschaft vertiefte sich so sehr, daß wir Lager-Brüder wurden. Ich hatte das Glück, daß ich einflußreiche Leute der Wirtschaft kennenlernte, bei denen ich Unterstützung fand. Meine KZ-Vergangenheit war mir kaum ein Hindernis, im Gegenteil, sie hat mir wohl eher manche Türen geöffnet. Die meisten Menschen, mit denen ich in Berührung kam, zeigten sich, ohne je gefragt zu haben, freundlich und entgegenkommend. Einige fühlten sich verpflichtet, symbolisch etwas Gutes zu tun, eine Art Wiedergutmachung in privater Initiative. Ich will in diesem Zusammenhang keine Vergleiche anstellen, aber auch nicht leugnen, daß mich solche Menschen aufs Tiefste beeindruckten.

Damals setzte im jüdischen Leben in Deutschland eine rege pro-israelische Tätigkeit ein. In Israel wurde gekämpft, die illegale Emigration dorthin dauerte an, Kommissionen und Delegationen kamen und gingen. Ich stand fast abseits und war beschämt darüber.

Mein Gewissen quälte mich; trotzdem brachte ich den Mut nicht auf, mein Leben wieder zu ändern. Ab und zu hörte ich, daß in meinem Alter manche auf die Schulbank zurückkehren, ich jedoch schwankte hin und her. Die Angst davor, wieder in eine Notlage zu geraten, lastete auf mir. Eine chronische Angst im Blick auf das Morgen, die Unsicherheit, ob ich auch in Zukunft das noch haben werde, was ich heute schätze und besitze, ist mir eingebrannt. Das bezieht sich nicht nur auf das Materielle, sondern auf alles, was ich schätze und anstrebe. Auch auf Israel und die Freiheit.

Ob diese Einstellung eine Folge der Leidensjahre ist? Ich weiß es nicht. Wir haben oft darüber diskutiert, ob Überlebende des Holocaust sich auch charakterlich verändert haben.

Ich sah in den schweren Zeiten Menschen, die mit allerletzter Kraft um ihr Leben kämpften. Ich sah, wie viele Menschen unter dem Druck ihrer Leiden zusammenbrachen. Ich erlebte musterhafte Freundschaften, sah, wie sich Menschen in der Not den letzten Bissen teilten, wie sie füreinander zu jedem Opfer bereit waren. Es gab reine, aus dem Leiden gewachsene Menschenliebe, wie sie von den Religionen gepriesen wird.

Es gab aber auch Menschen, die dem Mithäftling den Bissen aus dem Mund stahlen, ohne Rücksicht auf freundschaftliche oder sonstige Bindungen; das galt sogar für Väter und Söhne. Neben denen, die peinlich auf Menschlichkeit und Moral achteten, gab es andere, die sie mit Füßen traten, lauthals und ohne Skrupel. Manche bewahrten sich selbst in Stunden der Verzweiflung ihr Vertrauen auf Gott, andere wurden fanatisch antireligiös und rebellisch. Doch nur selten gelang es unseren Peinigern, gute menschliche Eigenschaften durch die von ihnen geförderten unmenschlichen zu ersetzen. Ich denke hier nicht an Ghettoprominenz und Funktionshäftlinge, sondern an die sogenannten grauen Moorsoldaten, zu denen ich gehörte. Zweifellos haben Majdanek und Auschwitz bei denen, die überlebten, Spuren hinterlassen. Wir neigen leichter zu extremen und radikalen Positionen, in jedem Fall zu Ungeduld und Erregbarkeit. In den Jahren der Versklavung haben wir den Wert der

Freiheit und Unabhängigkeit schätzen gelernt. Mir scheint, die Angst der Vergangenheit hängt immer wie ein Damoklesschwert über uns. Keine Versprechungen und Resolutionen von Parteien, Regierungen und Völkern reichen aus, um uns von diesem Auschwitz-Komplex zu befreien. Das Mißtrauen haben wir in Auschwitz gelernt, Vertrauen konnten wir nach Auschwitz nur begrenzt wieder für möglich halten. Doch möchte ich bekennen, daß es einzig und allein Israel ist, dem ich alles Jüdische anvertraue, das ich allen anderen nicht anvertrauen würde.

Viele von meinen Bekannten, viele, viele reisten legal oder illegal nach Israel. Ich sah mich wieder auf die Probe gestellt und rang in einem schweren Gewissenskampf um die richtige Entscheidung. Aufgrund meiner Überzeugungen mußte ich jetzt - egal wie - nach Israel gehen, meiner Erziehung zufolge vielleicht sogar in einen Kibbuz. Aber ich bin nicht gegangen. Ich fühlte mich zum Individuellen, zum Familienleben mehr hingezogen, vom Zusammenleben in Gruppen hatte ich genug. Auch fühlte ich mich nicht in der Lage, wieder zu kämpfen, wie es von uns Juden verlangt wurde. Ich hatte das Gefühl, meinen Teil an Schuld und Leiden im Leben geleistet zu haben. Ähnlich wie Adam und Eva im Garten Eden, war ich inzwischen vom Leben korrumpiert worden. Daß ich meiner Theorie zufolge unrecht handelte, davon war ich damals und bin ich heute überzeugt. Ich gebe zu, diesmal den leichteren Weg, den des bequemen Egoismus, gewählt zu haben, und lebe seitdem mit einem schlechten Gewissen. Wenn ich gleich nach der Befreiung durch die Engländer nach Israel gegangen wäre, wäre ich sicher ein guter Israeli und Zionist geworden. Doch das gilt auch für viele andere und kann keine Entschuldigung sein.

Auch meine Frau war zionistisch erzogen und fühlte sich nach Israel und sogar zum Kibbuz leben hingezogen. Es bedurfte vieler Diskussionen und Auseinandersetzungen, bis wir zu einem gemeinsamen Weg fanden.

In Marburg lebten wir längere Zeit in einer kleinen Dachwohnung in Untermiete. Die Hauswirtin war eine anständige, religiöse ältere

Dame, mit der wir uns gut verstanden. Sie hatte früher Juden nie näher gekannt, und nachdem sie feststellte, daß wir weder Hörner noch Klauen haben, war sie mit uns sehr zufrieden. Eines Tages erklärte sie uns, wenn es wieder eine Judenverfolgung gebe, würde sie uns verstecken, darauf könnten wir uns verlassen.

Ein ähnliches Schuldgefühl und den Drang zu einer Wiedergutmachung empfinden offenbar recht viele Menschen in diesem Land. Als Jude kann man das eigentlich nur positiv werten. Trotzdem fühlt man sich unwohl dabei. Leider scheint es auch für Menschen, die keine Antisemiten sind, selbstverständlich zu sein, daß sich Judenverfolgungen wiederholen können - selbst nach Auschwitz. Die spontane Äußerung der alten Dame in Marburg hat sich mir eingeprägt, weil sie so typisch ist. Offenbar gibt es uns gegenüber vor allem zwei mögliche Verhaltensweisen: daß die Menschen uns entweder aus Haß ersticken oder daß sie uns aus Liebe erdrücken wollen. Dabei wären wir froh, Menschen wie alle anderen zu sein und ein Volk wie alle anderen, ohne uns je wieder auf andere verlassen zu müssen.

DREI DATEN

In meinem neugewonnenen Leben waren drei Daten von größter Bedeutung:

15. April 1945

Es war der Tag der Befreiung und mein erster Geburtstag in einem neuen Leben. Der größte Völkermord aller Zeiten war zu Ende; Auschwitz, Majdanek, Treblinka und andere Stätten des Schreckens hörten an diesem Tag auf zu existieren, nachdem 40% des jüdischen Volkes vernichtet worden waren. Ein großer Tag für einen einfachen jüdischen Menschen wie mich, den zu töten die Mörder vergessen hatten.

An diesem Tag gedachte ich meiner Eltern, meiner Familie und meiner Angehörigen. Ich gedachte all derer, denen es nicht vergönnt war, diesen Tag der Befreiung zu erleben.

Das Wissen, Opfer und Zeuge des größten Verbrechens in der Geschichte der Menschheit gewesen zu sein, quälte und erdrückte mich. Das Erlebte zu verschweigen, verstand ich als ein Unrecht den anderen Menschen gegenüber. Es erzählend zu vergegenwärtigen, fiel mir äußerst schwer.

Der Faden von Auschwitz ist auch heute, nach 40 Jahren, nicht durchrissen. Alles was jüdisch ist, mit Israel zusammenhängt, mit Angst, Terror, Gefahr und Verfolgung, ist an diesen Faden geknüpft. Auch wenn Auschwitz, wie es war, nicht mehr existiert: Geblieben ist der Name, das Auschwitz-Symbol, als Maßstab für Völkermord, Terror und Unmenschlichkeit, insbesondere uns Juden gegenüber.

29. November 1947

An diesem Tag wurde von den Vereinten Nationen mit großer Mehrheit die Gründung des Staates Israel beschlossen. Es war der Tag des Weltgewissens. Für Menschen meiner Vergangenheit brachte er ein Wiedererwachen des Vertrauens, aber auch der Dankbarkeit. Mit diesem Beschluß, so glaubte ich, war endlich das Gewissen der Welt nach dem himmelschreienden Unrecht von Auschwitz erwacht. Endlich hatten die Völker eingesehen, daß es für das jüdische Volk unzumutbar ist, immer als Minderheit zu leben und auf die Gnade und das Wohlwollen anderer Völker angewiesen zu sein.

Schon heute, nach 40 Jahren, sind leider viele Völker dieser Auschwitz-Hypothek müde geworden. Sie orientieren ihre Interessen mehr an den Lachen des Öls als an den Blutlachen der Konzentrationslager.

Leider gibt es auch im Gremium der Vereinten Nationen viele Anzeichen dafür, daß erneut nach einem jüdischen Sündenbock gesucht wird. Lüge und Fanatismus, die Symptome von Auschwitz, mehren sich dort. Doch eines haben wir Juden aus der alten und jüngeren Geschichte lernen müssen: niemals mehr auf die Welt und ihr Gewissen, auf ihre Politiker, Parteien und Kirchen zu setzen. Niemals wieder dürfen wir auf andere angewiesen, niemals wieder wehrlos und abhängig sein.

15. Mai 1948

An diesem Tag wurde der Staat Israel gegründet. Es war der größte Tag des ganzen jüdischen Volkes in den letzten zweitausend Jahren. In der Freude über dieses umwälzende, lang ersehnte Ereignis verblaßten sogar die Leiden der jüngsten Vergangenheit.

Es steht einem Überlebenden des Holocaust nicht das Recht zu, das jüdische Leiden der Nazizeit gegen die Gründung des Staates Israel aufzurechnen. Unsere Tränen galten an diesem Tag den 6 Millionen Opfern, die ihn nicht erlebten. Doch in dem Erreichten sahen wir unbewußt auch einen kleinen Ausgleich und Trost für unsere Leiden und Opfer.

An diesem Tag wurde der Traum von Jahrhunderten Wirklichkeit. Das jüdische Volk konnte sein Schicksal endlich wieder in die eigene Hand nehmen. Zweitausend Jahre des Wanderns und gebückten Lebens, der Verfolgung und Verachtung, immer in der Minderheit, ohne Heimat und eigenes Land, gingen zu Ende.

An diesem Tag sind wir Juden als Menschen und Volk allen anderen gleich geworden. Uns einte die Überzeugung, daß wir ein zweites Auschwitz nur mit diesem eigenen Staat verhüten können. So habe ich in mein jüdisches Glaubensbekenntnis mit eingeschlossen, daß die Existenz des jüdischen Staates die Voraussetzung für die Existenz des jüdischen Volkes ist. Mit meiner Auschwitznummer am Arm sind auch meine Erinnerungen daran eintätowiert, daß der Holocaust nur für uns Juden erfunden wurde und daß kein einziges Volk gegen Auschwitz kämpfen wollte. Seit diesem Tag und dank diesem Staat wird sich Auschwitz niemals mehr wiederholen.

Durch die Beschreibung der Schreckensjahre, wie ich und meine Leidensgenossen sie erlebt haben, glaube ich, gegenüber den von den Nazis ermordeten jüdischen Männern, Frauen und Kindern eine kleine Schuld abgetragen zu haben. Mir ist dadurch ein wenig leichter geworden, aber ob ich dadurch zu mehr Ruhe komme, weiß ich nicht. Nach wie vor kann ich mich mit dem größten Unrecht nicht abfinden:

Warum? Warum mußten wir Juden so viel und so viel mehr als andere Völker leiden? Warum wurden wir, nur weil wir als Juden geboren wurden, von unseren Mitmenschen zum Leiden und Sterben gezwungen? Warum?

GLOSSAR

Askan (hebr.): einer, der in kommunalen oder gesellschaftlichen Angelegenheiten tätig ist.

Bar Kochba: Anführer des letzten Großaufstandes der Juden gegen die Römer im Jahre 132 n. Chr.

Ben Thora (hebr.): Thora-Kenner, Thora-Gelehrter.

Bialik, Chaim Nachman: jüdischer Dichter (1873-1934).

Bobes (russ.): Großmütter (in der jiddischen Umgangssprache).

Brit-Mila (hebr. »Bund der Beschneidung«): die zum Zeichen des Bundes zwischen Gott und Israel am 8. Tag nach der Geburt durchgeführte rituelle Beschneidung und Namensgebung (nach Mose 17).

Chanukka (hebr. »Weihe«): Lichterfest zur Erinnerung an den Aufstand der Makkabäer und die Wiedereinweihung des Tempels in Jerusalem; national-religiöser Feiertag.

Chassidim (hebr. »die Frommen«): Anhänger einer um 1750 entstandenen religiösen Bewegung, der es um Verinnerlichung der jüdischen Religion ging.

Chata (poln. »Kate«): ärmliches, meist strohgedecktes Dorfhaus.

Cheschbon-hanefesch (hebr.): seelische Einkehr, Gewissensbilanz.

Chewra (hebr. »Bruderschaft«): im Sinne von Freundeskreis, Clique.

Chuzpa (hebr.): Unverschämtheit.

Daffke (jidd.): Trotz.

Dibbuk: Geist eines Toten, der in den Körper eines Lebenden fährt. Titel eines jiddischen Dramas von Sch. Anski (1863-1920).

Ein breira (hebr. »kein Ausweg«): Gefühl der Ausweglosigkeit.

Eizes (jidd.): Beratung, Rat geben.

Erez-lsrael (hebr.): das Land Israel.

Esther (pers. »Stern«): Heldin des nach ihr benannten biblischen Buches; sie rettete als jüdische Gemahlin des Perserkönigs Ahasveros die Juden vor Hamans Mordanschlag.

Gerechte: 36 Gerechte leben, verborgen und unbekannt, nach alter jüdischer Vorstellung irgendwo in der Welt.

Gemara (hebr. »das Vollendete«): Erläuterungen des Talmud, insbesondere der Mischna.

Haschomer-Hazair (hebr.): jüdisch-zionistische sozialistische Jugendorganisation.

Hulliet (poln. »böse Winde«): Winde, die aufwühlen und durcheinanderwirbeln; Anfangsworte eines jüdischen-Liedes.

Jeshiva-Schule (hebr.): Schule für jüdische Religionsstudien; an ihr lehrte damals der wegen seiner Weisheit in der jüdischen Welt berühmte Rabbi Leiner.

Joints of America (engl.): Jüdische Hilfsorganisation in den USA.

Jom Kippur (hebr.): Versöhnungsfest; strenger Fast- und Bußtag.

Josche Kalb: Titel eines jiddischen Dramas von Israel Joschua Singer (1893-1944).

Kadisch (aram. »Heiliger«): Totengebet, besonders der Söhne bei der Beerdigung ihrer Eltern.

Keren Kayemet (hebr.): Jüdischer Nationalfonds, für den auch öffentliche Sammlungen durchgeführt wurden.

koscher (jidd.): tauglich, sauber; rein im Sinne der jüdischen Speisegesetze.

Kriminäler (jidd.): Strafanstalten.

Lag Baomer (hebr.): Halbfeiertag im Zusammenhang mit dem letzten jüdischen Aufstand gegen die Römer. Es ist eine alte jüdische Tradition, an diesem Tag Ausflüge in Wälder zu unternehmen.

Mikva (hebr.): Ritualbad zum Untertauchen.

Negev, Jehuda, Galilea: Provinzen in Israel.

Pesach (hebr.): Passahfest zum Gedächtnis des Auszugs aus Ägypten, an dem Juden nicht Brot, sondern Matze essen.

Purim (hebr.): Freudenfest zur Erinnerung an die Rettung der persischen Juden durch Esther und Mardochai; national-religiöser Feiertag.

Rabbi von Gur: Bekannter Rabbi aus der polnischen Stadt Gur.

Rav (hebr.): Offiziell bestellter Rabbiner für kommunale Angelegenheiten.

Sabbatleuchter: charakteristisch geformte Leuchter aus Silber oder Messing, in denen am Freitagabend zum feierlichen Beginn des Sabbat-Ruhetages Kerzen entzündet werden.

Schliach-Zibur (hebr.): Vorbeter, Vertreter der Gemeinde.

Schma Israel (hebr. »Höre, Israel«): das 5. Mose 6, 4-9 entnommene jüdische Hauptgebet, in Not und Verzweiflung oft als Hilferuf gesprochen.

Stadlanut (hebr. »Fürsprache«): Überreden durch Bitten und Einflußnahme.

Stetl (jidd. »kleine Stadt«): In den von Juden bewohnten Kleinstädten Osteuropas hatte sich, oft in Abgrenzung gegen feindselig antisemitische Nachbarn, eine selbständige jüdische Kultur entwickelt, die mit dem Krieg untergegangen ist.

Stiebel (jidd. »Stube«): ein als Gebetshaus benützter kleiner Raum.

Tarbut-Schule (hebr.): hebräisch-zionistische Schule.

Tallit (hebr. »Mantel«): Gebetsschal aus Wolle oder Seide, der in der Synagoge zum Gebet angezogen wird.

Talmud (hebr. »das Lernen«): Nächst der Bibel Hauptwerk des Judentums, aus vielhundertjähriger mündlicher Überlieferung entstandene Zusammenfassung der Lehren des nachbiblischen Judentums. Besteht aus der Mischna, der Aufzeichnung der Vorschriften, und der Gemara, der Aufzeichnung der über die Mischna geführten Diskussionen.

Tefillin (hebr. »Gebet«): Gebetsriemen, die für das Morgengebet um Hand und Kopf gelegt werden.

Thora (hebr. »Lehre«): die fünf Bücher Mose; jede Synagoge bewahrt in der heiligen Lade eine geschriebene Thorarolle für die gottesdienstlichen Lesungen.

Tischa b'Av (hebr.): Trauer- und Festtag in Erinnerung an die Zerstörung Jerusalems und des Tempels im Jahre 587 v. Chr.

treife (hebr.): untauglich, im Sinne von illegal.

Zeena-reena (hebr. »Gehe und sehe«): Altjiddische Bibel-Paraphrase der 5 Bücher Mose.

Zores (jidd.): Sorgen und Leiden, die sich angehäuft haben.

BILDER

Balla und Joseph Schupack (circa 1950)

Balla Schupack (circa 1950)

Balla und Joseph Schupack (circa 1950)

Joseph Schupack (circa 1950)

Balla und Joseph Schupack (circa 1950)

Joseph Shupack und Joel (circa 1950-51)

Joseph Schupack (circa 1955)

Joseph Schupack und Mark (circa 1962)

Joseph Schupack (circa 1985)

AMSTERDAM PUBLISHERS HOLOCAUST BIBLIOTHEK

Die Reihe **Holocaust Überlebende erzählen** besteht aus den folgenden Geschichten von Überlebenden:

Holocaust Erinnerungen von Hank Brodt: Eine Kerze und ein Versprechen, von Deborah Donnelly

Wie wird der vierzehnjährige Junge die Grausamkeiten auf sich alleingestellt überleben und seine Menschlichkeit behalten können?

Diese schockierenden Erinnerungen des Holocaust-Überlebenden Hank Brodt (1925-2020) zeigen persönliche Einblicke in die innere Welt eines Jungen unter der Herrschaft des Nazi-Regimes. Sie offenbaren fürchterliche Wahrheiten auf ehrliche und sachliche Art und Weise.

Hank Brodt durchlebte eine der dunkelsten Abschnitte in der Menschheitsgeschichte: Er überlebte den Zweiten Weltkrieg. In eine arme Familie in Boryslaw (Polen) hineingeboren, wurde er in ein Waisenhaus gegeben. Hanks Kindheit zerbricht, als die Nazis Polen gewaltsam an sich reißen. In den darauffolgenden Jahren kämpft er täglich um sein Überleben und mit dem Verlust seiner gesamten Familie. Seine Welt bestand aus stillem Widerstand, unsichtbaren Tränen und stillen Schreien, während er Arbeitslager und Konzentrationslager durchquerte, darunter eines, welches aus Schindlers Liste bekannt ist.

Es ist schwer vorstellbar, dass jemand, der solch schreckliche Ereignisse mitmachen musste, weiterleben und ein Leben in Dankbarkeit leben konnte- und das bis heute. Mithilfe seines standhaften Mitgefühls für andere, gelang es Brodt, seine Menschlichkeit zu behalten und weitermachen zu können.

Hank Brodts Holocaust-Memoire ist eine notwendige Erinnerung an eine der schlimmsten Zeiten in der Menschheitsgeschichte.

Rette meine Kinder: Vom Überleben und einem unwahrscheinlichen Helden, von Leon Kleiner und Edwin Stepp

Ein jüdischer Junge und seine Geschwister fliehen einer von Hass zerstörten Welt. Ein berüchtigter, brutaler Antisemit, der Juden jagt. Wieso riskiert dieser Mörder sein Leben, um das der Kinder zu retten?

Ein Elfjähriger und seine Geschwister kämpfen nach dem Einmarsch der Nazis in Polen um ihr Überleben. Wieder und wieder gelingt es ihnen, dem sicheren Tode zu entkommen, als die mörderischen Faschisten versuchen, ihre Heimatstadt Tluste für judenrein zu erklären. Doch es scheint, das Glück habe sie verlassen, als die Deutschen den Befehl geben, ihr Arbeitslager zu liquidieren.

Unerwartete Hilfe kommt von Timush, einem Mann, der für seine abscheulichen Taten gegen Juden bekannt ist. Nachdem er den Ruf ihrer Mutter: „Rette meine Kinder!" vernimmt, als sie zu ihrer Hinrichtung marschiert wird, setzt Timush alles daran, das Leben der Kinder zu retten und wenn es das eigene Leben ist.

Rette Meine Kinder ist eine wahre Geschichte über die Verwandlung eines Mannes, der einst von Hass und Gewalt getrieben war. Dieser Mann erbringt das höchste Opfer, um jene zu retten, die er einst töten wollte.

Gewinner der International Impact Book Awards 2011 in der Kategorie Life Experiences.

Aufschrei gegen das Vergessen: Erinnerungen an den Holocaust, von Manny Steinberg

Manny Steinberg (1925-2015) verbrachte seine Jugendzeit in den Konzentrationslagern Auschwitz, Vaihingen an der Enz und Dachau. Steinberg war insgesamt sechs Jahre in diesen Konzentrationslagern interniert und nahm sich nach seiner Befreiung vor, seine Autobiographie *Aufschrei gegen das Vergessen. Erinnerungen an den Holocaust* zu schreiben. Damit erfüllte er sich ein selbst auferlegtes Versprechen. Es dauerte zehn Jahre, bis er seine Lebensgeschichte zu Papier gebracht hatte und jetzt wird "Aufschrei gegen das Vergessen" von so vielen Lesern auf der ganzen Welt gelesen. Es erfüllt den Autor mit Dankbarkeit, dass seine Stimme gehört wird. Steinberg wollte Deutschland nie wieder besuchen, änderte aber jüngst seine Meinung im April 2015.

Der 90-jährige wurde mit weiteren sieben Überlebenden eingeladen, um an der Gedenkfeier zur 70-jährigen Befreiung des Konzentrationslagers Vaihingen an der Enz beizuwohnen, dem letzten Konzentrationslager, in dem Steinberg inhaftiert war. Begleitet wurde er auf dem für ihn sehr bewegenden Besuch von seiner Familie und von Freunden. Er besuchte mit ihnen auch das Konzentrationslager Dachau.

Steinbergs Lebensgeschichte umfasst das Wunder, wie ein Mann dazu bestimmt war zu überleben. Das Buch ist einerseits zwangsläufig ein Bericht menschlicher Grausamkeit, andererseits ein Zeugnis der Kraft von Liebe und Hoffnung. Durch die Veröffentlichung seiner Holocausterinnerungen wollte der Autor sicherstellen, dass auf der Welt niemals vergessen wird, was sich während des Zweiten Weltkriegs ereignete. Steinberg's eindrücklich geschilderte Erinnerungen gewähren historische Einblicke und beeindrucken als Plädoyer für Gerechtigkeit und Menschlichkeit in jeder Generation!

„Es vergeht kein Tag, an dem ich nicht an meine Kindheit oder an meine Familie denke, aber so lange es mir erlaubt ist, auf dieser Erde zu sein, wache ich jeden Morgen mit dem Gefühl von Glück und Segen auf."

"Als die deutschen Soldaten die Menschen töteten, die ich liebte, erkannte ich, dass mein Lebenszweck nicht bloß darin bestand auf der Welt zu sein, sondern zu leben."

Tote Jahre: Eine jüdische Leidensgeschichte, von Joseph Schupack

Vierzig Jahre danach erinnert sich ein in Polen aufgewachsener Jude an die Jahre der Verfolgung. Er beschreibt das Leben in Radzyn, einer typisch jüdischen Shtetl-Gemeinschaft im damaligen polnischen Generalgouvernement, dem Vorhof von Treblinka, Majdanek und Auschwitz, und dann den Untergang dieser Welt, wie er ihn, gerade 17 geworden, erlebt hat: mit zunehmenden Schikanen, ständiger Bedrohung, Grausamkeiten und nackter Gewalt; mit der Verschleppung und Ermordung der Geschwister, Eltern, Freunde; mit der Ausrottung einer ganzen Volksgemeinschaft.

Er beschreibt den eigenen Leidensweg und den verzweifelten Kampf ums Überleben, seine Erlebnisse in den Ghettos, in Majdanek, Auschwitz und anderen Konzentrationslagern wie Dora-Nordhausen und Bergen-Belsen. Er beschreibt seine Begegnungen mit Leidensgenossen, Kindern und Erwachsene, Gläubigen und Ungläubigen, Mutigen und Müdegewordenen, Hungrigen, Kranken, Erniedrigten. Es sind die Stimmen der Opfer, die er zu Gehör bringt. Das macht diesen nüchternen, um Wahrheit bemühten Bericht zur eindringlichen Anklage gegen den Wahnsinn des Antisemitismus.

"Ein unbeschreibliches Zeugnis der Grausamkeit, welches tiefe und ungeschönte Einblicke in die Abgründe des unmenschlichen Leidens und Sterbens in der Hölle zulässt."

*Holocaust Memoiren einer Bergen-Belsen Überlebenden.
Klassenkameradin von Anne Frank, von Nanette Blitz Konig*

Ein Denkmal zu Ehren des unverwüstlichen menschlichen Geistes

In diesen eindrücklichen Holocaust Memoiren schildert Nanette Blitz Konig ihre erstaunliche Überlebensgeschichte vom Zweiten Weltkrieg, während dem ihre Familie und Millionen andere Juden von den Nazis inhaftiert wurden und in hoffnungsloser Gefangenschaft lebten. Nanette ging auf das Joods Lyceum (jüdische Schule) in Amsterdam und war eine Klassenkameradin von Anne Frank. Sie sahen sich in Bergen-Belsen wieder, kurz bevor Anne starb. Während dieser emotionalen Treffen erzählte Anne, wie sich ihre Familie in einem Hinterhaus versteckte, von der Deportation, von ihrer Zeit in Auschwitz und von dem Plan ihr Tagebuch nach dem Krieg zu veröffentlichen. Diese ehrliche Geschichte vom Zweiten Weltkrieg beschreibt den durchgehenden Kampf ums Überleben, unter den brutalen, von den Nazis auferlegten, Bedingungen im Konzentrationslager. Darauf folgt Nanettes langer Weg zur Genesung nach dem Krieg und ihr harter Kampf gegen die Auswirkungen von Hunger und Krankheit. Sie erzählt davon, wie sie sich Stück für Stück ein neues Leben aufbaute, heiratete und eine Familie gründete.

Preisgekrönte Autorin und Holocaust-Überlebende Nanette Blitz Konig (geboren im Jahr 1929) ist dreifache Mutter, sechsfache Großmutter und vierfache Urgroßmutter. Sie lebt in der brasilianischen Stadt São Paulo.

Ihre Holocaust Memoiren sprechen im Namen jener Millionen von Menschen, die ihrer Stimme für immer beraubt wurden.

Liebesgrüße aus Auschwitz : Die inspirierende Geschichte des Überlebens, der Hingabe und des Triumphs zweier Schwestern Erzählt von Manci Grunberger Beran, von Daniel Seymour

Mukačevo in der Tschechoslowakei. Zwei junge Mädchen, Manci und Ruth Grunberger, wachsen zusammen mit ihren sechs Geschwistern in einer liebevollen, jüdischen Familie am Fuße der Karpaten auf, eine friedliche Region, bis sie von Ungarn im Jahr 1938 annektiert wird.

Sowie der Zweite Weltkrieg über Europa hinwegfegt, rückt das Territorium immer mehr in den Fokus der Nazi-Endlösung. Familie Grunberger wird nach Auschwitz deportiert, wo Josef Mengele darüber entscheidet, wer lebt und wer stirbt. Manci und Ruth verlieren ihren Vater, ihre Mutter und alle sechs Geschwister an die Gaskammern.

Die beiden Schwestern überleben sieben Monate in Auschwitz und einen fünfmonatigen Todesmarsch durch die Sudeten unter der Aufsicht von brutalen SS-Wachen, bevor sie nahe der dänischen Grenze gerettet werden. Verwandte aus Philadelphia hören von ihrem Überleben und kurz darauf sind Manci und Ruth unter den ersten Flüchtenden des Holocaust, die in die Vereinigten Staaten auswandern.

Aus diesen traumatischen Anfängen erblühen zwei erfüllte Leben. Die Schwestern haben unterschiedliche Werte, Interessen und Bewältigungsmethoden und doch wird das persönliche Band zwischen den beiden—die selbstlose, bedingungslose Liebe zueinander—über die Jahre hinweg nur noch stärker.

Ihre einzelnen Memoiren—erzählt in der ersten Person und begleitet von historischem Kontext—kommen zusammen, um ein erstaunliches Bild von Widerstandsfähigkeit und Überlebenswillen zu erschaffen. Ein Triumph des menschlichen Geistes, der sich über neun Jahrzehnte erstreckt.

*Holocaust Erinnerungen: Vernichtung und Überleben in der Slowakei,
von Paul Davidovits*

Diese Holocaust Memoiren begannen mit einem Fotoalbum, einem der wenigen Familienbesitztümer, die den Zweiten Weltkrieg überlebten. Nach dem Tod seiner Mutter ging das Album in den Besitz von Paul Davidovits über, dem bewusst wurde, dass er die einzig noch lebende Person war, die sich noch an die Menschen auf den Fotos, an ihre Beziehungen zueinander und an ihre Lebenswege erinnern konnte.

Davidovits erzählt nun die Geschichten der Bewohner seiner verlorenen Welt und führt uns durch seine Kindheit. Er schildert nicht nur eindrucksvoll den erschütternden und traumatischen historischen Verlauf, sondern schwelgt auch in den ergreifenden Momenten, die geprägt sind von Liebe, Mut, Großzügigkeit und Humor.

Davidovits' Geschichten sind einzigartig und fein geschliffen. Obwohl seine Memoiren persönlich sind, schwingt in seinen lebhaften Beschreibungen des Überlebens und des menschlichen Geistes, im Angesicht von Unmenschlichkeit und scheinbar unüberwindbaren Hindernissen, etwas Universelles mit, das für jede kommende Generation relevant bleiben wird.

Mein Marsch durch die Hölle. Die erschreckende Überlebensgeschichte eines jungen Mädchens, von Halina Kleiner und Edwin Stepp

Ein junges Mädchen ist plötzlich auf der Flucht vor den Nazis in ihrer Heimatstadt in Polen. Nachdem sie eine Aktion überlebte, mit der Czestochowa vollständig judenrein gemacht werden sollte, versuchen sie und ihr Vater in den späten Nachtstunden zurück nach Hause zu gelangen.

Als sie von einem Polizisten angesprochen werden, läuft Halina unerklärlicherweise von ihrem Vater weg und beginnt ihren langen Weg des Überlebens. Als sie es leid ist zu fliehen, meldet sie sich freiwillig für ein Arbeitslager. Diese Entscheidung verschafft ihr etwas Zeit, denn die Deutschen benötigen dringend Arbeitskräfte für die Kriegsanstrengungen. Halina arbeitet vom Herbst 1943 bis Januar 1945 in drei verschiedenen Lagern. Zunächst sind die Lager erträglich, auch wenn die Häftlinge hart arbeiten müssen und nur wenig zu essen bekommen. Aber mit der sich anbahnenden Kriegsniederlage der Deutschen verschlechtern sich auch die Bedingungen. Die Juden werden von Krankheiten heimgesucht und ihre Peiniger werden immer grausamer.

Als klar wird, dass der Krieg verloren ist, räumt die SS die Lager und schickt über 2.000 Frauen auf einen vier Monate langen Marsch, bei dem die Häftlinge in einem der kältesten Winter Europas über 800 Kilometer zurücklegen. Halina war eine von nur etwa 300 Frauen, die den Todesmarsch von Volary überlebten, und entschloss sich schließlich dazu, ihre höllische Überlebensgeschichte zu Papier zu bringen.

Das Cello singt noch immer. Eine generationsübergreifende Geschichte vom Holocaust und der transformativen Macht der Musik, von Janet Horvath

Eine gewaltige Geschichte von drei Generationen im Schatten des Holocaust. „Das Cello singt noch immer" ist die mitreißende, bewegende und wahre Darstellung einer persönlichen Entdeckungsreise durch die Vergangenheit. Als Kind leidet Janet unter der bedrückenden Stille um die Erfahrungen ihrer Eltern. George und Katherine, zwei professionelle Musiker und Überlebende des Holocaust, haben ihre Erinnerungen aus dem Zweiten Weltkrieg begraben, damit sie selbst leben können. Nur in der Musik drücken sich ihre versteckten Emotionen aus.

Nach fünf Jahrzehnten der Geheimnisse fällt Janet plötzlich eine Offenbarung in den Schoß und sie beginnt den schweren Weg zur Erkundung ihres schrecklichen Erbes. Sie erfährt, dass ihr Vater nach dem Krieg mit einem zwanzigköpfigen Orchester aus ehemaligen Konzentrationslagerinsassen in ganz Bayern aufgetreten war. Obwohl Janet selbst Cellistin geworden ist, hatte ihr Vater bis dahin nie davon erzählt. Zwei dieser Konzerte wurden im Jahr 1948 von dem legendären amerikanischen Maestro Leonard Bernstein dirigiert.

Janets Vater hatte mehr Glück als die meisten. Er wurde zur Zwangsarbeit in den Kupferminen von Bor ausgesucht und entging somit der Deportation in ein Vernichtungslager. Im Arbeitslager erhielt er ein Paar Handschuhe von einer Nazi-Wache, die der Musik besonders zugetan war, damit er seine Cello spielenden Hände schützen konnte.

Janets Memoiren sind ergreifend und erleuchtend. Durch eine Prise Humor und Anekdoten, die nur so vor Leben sprühen, verwebt sie die Leben ihrer Eltern mit dem ihren und fängt die Intensität ihrer Lebenserfahrungen authentisch ein. Die tiefliegenden Wunden der Familie werden durch die heilende Kraft der Musik geschlossen und ihre musikalische Schaffung verbindet Menschen von Generation zu Generation.

Der Lehrling Buchenwalds. Die wahre Geschichte eines Jugendlichen, der Hitlers Kriegsmaschine sabotierte, von Oren Schneider

Alexander Rosenberg ist ein intelligenter, neugieriger Jugendlicher, der viele Sprachen spricht, seine Briefmarkensammlung hegt und pflegt, Geige spielt und ein behütetes Leben mit seinen wohlhabenden Eltern in einer friedlichen Stadt in der Tschechoslowakei lebt. Der Aufstieg des Faschismus und Nazi-Deutschlands bringt seine behütete Existenz ins Wanken, wie auch jegliche Illusion einer Assimilation säkularer Juden im Europa der 1930er.

Mit den letzten finanziellen Mitteln und Kontakten tauchen die Rosenbergs unter – auf der Flucht vor der Gestapo. Verraten, verhaftet und nach Buchenwald verschleppt, dem größten Konzentrationslager Deutschlands, sind Alexander und sein Vater zur Kollaboration gezwungen, um einen Tag nach dem anderen zu überleben. Chaos befördert Alexander ins Herz einer großangelegten Sabotage. Als sein Vater bei einem Luftangriff schwer verwundet wird und verschwindet, obliegt es Alexander, durch Bestechungsmittel, Kriegsintrige und Talent das Leben seines Vaters zu retten.

Diese wahre Geschichte über innere Stärke, Einfallsreichtum und Optimismus wurde von Alexanders Enkel, Oren Schneider, dokumentiert und geschrieben. Sie ist Menschen weltweit gewidmet, die nicht aufgeben wollen.

www.ingramcontent.com/pod-product-compliance
Lightning Source LLC
LaVergne TN
LVHW010200070526
838199LV00062B/4428